# NOTRE-DAME

## DE

# CHASTRES

## OU

## HISTOIRE ANECDOTE ET RAISONNÉE

### DU CULTE ET DU PÈLERINAGE

### DE LA SAINTE VIERGE A CHASTRES

(PAROISSE DE BAR)

## PAR L'ABBÉ J.-B. BESSOU

CHANOINE HONORAIRE DE TULLE, CURÉ-DOYEN DE LUBERSAC

Ancien Supérieur de l'Institution d'Ussel

Ancien Professeur de Rhétorique

Membre fondateur des Sociétés historiques et archéologiques
de Tulle et de Brive

———— ✠ ————

OUVRAGE ORNÉ DE SEPT PLANCHES

## En vente au profit du Pèlerinage

## LIBRAIRIE DAMIEN SERRE, A TULLE

### ET CHEZ M. LE CURÉ DE BAR, par Corrèze

—

PRIX : **2** FR. **50**

# NOTRE-DAME DE CHASTRES

Imprimatur :

Tulle, le 24 août 1901.

† Henri, *Ev. de Tulle.*

N. D. DE CHASTRES   P. P. N

# NOTRE-DAME

## DE

# CHASTRES

## OU

## HISTOIRE ANECDOTE ET RAISONNÉE
### DU CULTE ET DU PÈLERINAGE
### DE LA SAINTE VIERGE A CHASTRES
#### (PAROISSE DE BAR)


### PAR L'ABBÉ J.-B. BESSOU
CHANOINE HONORAIRE DE TULLE, CURÉ-DOYEN DE LUBERSAC
Ancien Supérieur de l'Institution d'Ussel
Ancien Professeur de Rhétorique
Membre fondateur des Sociétés historiques et archéologiques,
de Tulle et de Brive

## TULLE
## IMPRIMERIE DE J. MAZEYRIE
—
1901

# Aux Habitants de Bar

C'EST à vous, Compatriotes aimés, que nous dédions ce travail entrepris pour la gloire de notre chère Dame de Chastres, qui, Reine au palais des cieux, a voulu, dans son royaume terrestre, se choisir au milieu de nous, dès la plus haute antiquité, une résidence spéciale, une maison de campagne, une demeure de Nazareth ; comme si Elle faisait ses délices d'habiter avec nous, de faire de notre Court, sa Court terrestre, de notre Chastres, son Chastres, son camp, sa citadelle dans notre région.

Notre premier dessein était de résumer, dans un chapitre préliminaire, en tête de cet opuscule sur Notre-Dame de Chastres, l'histoire de notre très ancienne paroisse de Bar, de sa vieille église et de son château plus ancien encore ; mais à cause de l'abondance et de l'intérêt de la matière, nous avons dû en faire l'objet d'un travail spécial dont ces pages sur notre cher pèlerinage ne sont qu'un épisode.

En vous les offrant aujourd'hui, après les longues années d'une attente que les circonstances ont imposée, nous ne faisons que vous rendre votre bien ; car, en consignant religieusement dans cet écrit les traditions que nos ancêtres, de père en fils, pendant des siècles, ont transmises jusqu'à nous, et en les présentant dans cet ordre lumineux que demande le poète latin (1), nous n'avons été que votre secrétaire scrupuleux.

L'heure de les écrire est venue. Ils ont disparu, en effet, ceux qui les gardaient comme leur trésor, ceux qui ont passé par la grande tribulation ; et nous, qui les avons connus, qui les avons entendus, nous n'avons déjà plus le droit de dire que nous formons même un petit nombre.

D'autre part, les générations nouvelles, emportées par le tourbillon de la vie moderne, ne s'intéressent pas au passé qu'elles apprennent à mépriser. Exaltées par les passions de l'intérêt et de la jouissance, elles se soucient peu d'être honnêtes, dignes, honorables, saintes, à l'exemple des ancêtres ; comme si nos traditions religieuses ne constituaient pas notre patrimoine moral le plus précieux et le plus beau ! comme si elles ne donnaient pas à notre paroisse, à nos familles, à nous-mêmes la physionomie qui nous est propre !

Tous les jours, ce qu'on appelle le progrès de la vie, et surtout l'instruction populaire déviée, con-

(1) Lucidus ordo. (HORACE, *Art poét.*, v. 41.)

somment la déchéance morale. Depuis que tous les enfants, petits forçats, vont obligatoirement à l'école, les rôles sont intervertis dans la famille. Les pères n'ont plus la parole dans les réunions, le soir : ils ont honte de ne connaître que des traditions surannées ; l'enfant est l'instituteur de la famille entière. Il préside ; la famille écoute, gonflée d'un sot orgueil, le précoce savant qui épèle sans comprendre le livre rudimentaire que lui fait lire monsieur l'instituteur. Et quels sont les sublimes enseignements qui arrivent par cet écho dans la famille ? Que contiennent ces livres classiques perfectionnés, dont la science doit faire le bonheur social ? des descriptions d'animaux domestiques, des procédés pour tenir une basse-cour, engraisser les terres, etc. L'enseignement ne tue pas seulement le surnaturel dans l'âme contemporaine ; il rapetisse l'homme en l'isolant du passé ; il l'avilit, en confinant son intelligence et son cœur dans un réalisme et un matérialisme grossiers. Enfin le journal révolutionnaire, lu par l'enfant en famille, allumant les colères et la révolte, complète l'éducation anarchique.

A un autre point de vue, il était urgent d'écrire cette histoire. Dans le cours des quinze dernières années, de nombreux essais ont été publiés — articles dans la *Semaine religieuse* et autres journaux, notices sur les pèlerinages, monographies des paroisses et des communes — dans lesquels la vérité est plus ou moins altérée ou méconnue. On ne sait parfois ce qui attriste le plus, dans certains de ces écrits, du manque de recherches et de réflexion, ou trop souvent, de la partialité et de la mauvaise foi révoltantes chez l'historien.

Il appartenait à un enfant de Bar, au plus ancien des prêtres filleuls (1) de cette paroisse, de rétablir la vérité et de venger Notre-Dame de Chastres. Des laïques et des ecclésiastiques nous y ont encouragé par leurs suffrages autorisés. Le père de nos archéologues, de ces amis passionnés du Limousin, de ces chercheurs érudits et infatigables, qui fouillent sans se lasser les archives publiques et privées, M. Bonnélye, bibliothécaire de la ville de Tulle, au savoir duquel nous avions eu recours, nous fit l'honneur de la réponse suivante :

« Tulle, le 16 août 1867.

« Monsieur l'Abbé,

« J'applaudis avec joie à la pieuse entreprise que vous avez formée de publier une notice sur N.-D. de Chastres, paroisse de Bar ; mais j'ai vainement demandé au passé quelques documents. Je sais que vous avez fait un petit article dans notre journal (2) l'an passé, et je vous en ai su gré ; car je lis avec un plaisir indicible tout ce qui regarde les pieux récits et nos légendes, et j'ai une vénération toute particulière pour N.-D. de Chastres. Mon intention est de me rendre à mon pèlerinage accoutumé, le 8 septembre prochain, et je désire causer longuement avec vous sur de petits détails relatifs aux châteaux de Bar et de Bort ou de Cazillac, sur lequel j'ai une inscription latine dont j'ai envoyé une traduction

______

(1) Avant la Révolution, on appelait prêtres filleuls ceux qui étaient nés ou avaient été baptisés dans la paroisse où ils exerçaient les fonctions sacrées.

(2) *Corrézien* du 25 septembre 1866.

au ministère de l'Instruction publique. Je suis malade depuis un mois et j'ai perdu une de mes sœurs ces derniers jours : voilà le motif de mon retard; mais comptez sur mon concours dans cette sainte entreprise.

« Votre dévoué serviteur,

« F. BONNÉLYE. »

Parmi les encouragements que nous avons reçus du clergé, nous ne citerons que le suivant; il nous vient de l'un des prêtres les plus intelligents et les plus estimés du diocèse :

« ... Je pourrais, Monsieur le Supérieur, vous adresser les paroles de Bernadette à l'une de ses deux compagnes, au rocher de Massabielle : « *Elle te regarde !* » La sainte Vierge vous regarde certainement, et — cela va sans dire — d'un regard particulièrement miséricordieux, *ad te misericordes oculos convertit.* Vous travaillez pour sa gloire. Vous vengez son pèlerinage de Chastres des attaques inconscientes dont il a été l'objet de la part même de certains confrères qui depuis ont dû le regretter. Vous serez un avocat éloquent et sérieusement instruit de notre bien chère Dame. Votre récompense sera belle et vous en aurez l'avant-goût ici-bas.

« *Euge ! Euge ! serve bone !*

« Bien cher Monsieur le Supérieur, que les bénédictions du Fils s'ajoutent à celles de la Mère ! C'est le vœu de votre très humble et affectueusement dévoué serviteur. »

Certes, nous ne méritons pas ces éloges et nous sommes incapable de remplir ces promesses; mais de tels accents nous ont ému ; et, nous avouons naïvement que nous avons cru entendre les voix mêmes du sanctuaire de Notre-Dame, les voix du ciel. Des encouragements si sincères, si affectueux ont dissipé nos craintes et nos hésitations et inspiré à notre faiblesse la confiance dont elle avait besoin.

Au reste, nous n'avons pas la prétention de faire une œuvre littéraire. Rétablir la vérité altérée ou méconnue, lui donner du relief et de l'intérêt, si nous le pouvons ; l'asseoir sur le fondement inébranlable des documents authentiques : voilà toute notre ambition. Notre travail n'est qu'une ébauche ; nous n'avons fait qu'ouvrir la carrière ; des ouvriers habiles et plus heureux exploiteront, nous en avons l'espérance, les filons découverts et ceux qui nous sont restés inconnus, et l'ouvrage alors sera digne d'être offert aux pèlerins et à Notre-Dame de Chastres.

Tout ce que nos devanciers ont écrit sur le sujet nous l'avons lu attentivement et la plume à la main ; et, à leurs vaines hypothèses, à leurs assertions erronées nous avons opposé, avec une profusion délibérée, les faits et les titres qui rendent, nous le croyons du moins, notre exposé historique inébranlable comme le rocher sur lequel est assis le sanctuaire bien-aimé. C'était notre premier devoir.

Désigné par une paroisse entière et encouragé par son concours et ses applaudissements ; portant tous les cœurs dans notre cœur (1), que ne pouvons-nous aussi faire vibrer toutes les âmes dans la nôtre, et, d'une plume éloquente traduire les sentiments de

_______

(1) Quum sui utrosque adhortarentur... pleni adhortantium vocibus in medium procedunt terni juvenes magnorum exercituum animos gerentes. (TITE-LIVE, liv. I, ch. XXV, p. 45-46.)

tous envers Notre-Dame ! Du moins, nous avons
tâché de ne rien négliger de ce qui pouvait intéresser. Nous n'avons pas craint, en nous arrêtant à
indiquer les références, à faire des notes complémentaires, à expliquer un mot, un fait, une pratique, à
donner une signification mystique, à faire une
généalogie, même à retenir un moment, si nous le
pouvions, le lecteur dans un épisode comme dans
une fraîche oasis ; nous ne nous sommes point fait
scrupule de ralentir la marche du récit, de violer
les principes classiques de la proportion et de la
symétrie qui président à la composition de l'œuvre
littéraire. Donner satisfaction aussi complètement
que possible aux sentiments et à la curiosité légitime
des amis de Notre-Dame de Chastres : telle est notre
règle première ; tel, notre but.

Dès l'âge de douze ans nous connaissions à fond,
osons-nous dire, l'histoire de notre cher pèlerinage,
grâce à la sollicitude paternelle qui ne négligeait
aucune occasion de faire revivre et de perpétuer à
notre foyer les saintes traditions ; grâce aussi aux
vieillards que nous avons eu l'avantage de connaître
et d'entendre. Ils étaient encore nombreux dans la
paroisse de Bar, vers 1850, les dépositaires, les gar-
diens fidèles du passé, les témoins de la grande
tribulation. Il y en avait quatorze (1) dans notre vil-

(1) Léonard SAINT-JAL, Joseph BOUYSSE, Jean CHAMPEVAL, Henri
VIALLE, du Mas du Milieu, Henri VIALLE, de la Sarlarie, André
CHAMPEVAL, Gérard MONTEIL, Françoise COMBES, Catherine NEY·
RAT, Charlotte BASSALER, Léonarde BAN, Jeanne CHAMPEVAL.
Sans parler de Louis RIOUZAL et de sa sœur Madame TRAMOND,
étrangers, par naissance, à notre pays.

lage natal. Plusieurs étaient déjà mariés, quand la tempête éclata ; l'un, Henri Vialle, de La Sarlarie, avait assisté au sac de la maison Puyhabilier et du château de la Jante ; l'autre, Saint-Jal, avait été témoin de la destruction du château de Bar et du bel autel de l'église paroissiale. Nous vivions au milieu d'eux ; nous entendions chaque jour leurs récits répétés et toujours goûtés. De la bouche de ces conteurs pieux, qui semblaient remplir un devoir, l'histoire jaillissait pure comme le métal brillant qui s'élance de la fournaise ; et, parfois, Tite-Live n'aurait pas dédaigné leur abondance poétique ; ni Tacite leur vigueur à stigmatiser, avec le fer rouge de leur parole, la tyrannie et le vice en sabots.

De plus, notre long séjour au vieux bourg de Bar nous a valu d'entendre de nouveaux témoins. De ce nombre était Jean-Baptiste Salagnac, tradition incarnée, histoire vivante de la paroisse. Les faits étaient gravés dans la mémoire de cet homme, comme sur des tables d'airain. Il parlait peu, écoutait volontiers, corrigeait impitoyablement l'erreur et dégageait la vérité de tout alliage.

De sorte que, douze ans plus tard, quand nous avons, sur l'ordre, pour ainsi dire, de M. Bouscarel, curé de Bar (1849-1860), commencé d'assembler les matériaux de cette histoire, nous n'avons rien appris, mais nous avons été de point en point confirmé dans le premier enseignement.

Les principales familles nous ont ouvert avec empressement leurs archives qui nous ont fourni des documents précieux. On peut dire que la paroisse entière a rendu témoignage ; car, en 1867, quand M. Bouyssou, curé de Bar, invita du haut de la chaire « tous ses paroissiens » à donner « tous les renseignements » qu'ils pourraient fournir, ce fut avec un véritable élan qu'on répondit à son appel. « Chacun avait à signaler une grâce, un bienfait reçus. »

De tous les faits, de tous les récits très concordants, nous écrivîmes alors (1867) un essai de notice, que nous nous proposions de contrôler, d'éclairer, de corroborer à l'aide des événements de l'histoire du Limousin. Ce travail était à peine commencé, lorsque nous fûmes appelé à la tête d'une maison diocésaine d'Enseignement secondaire : cette lourde charge, pendant vingt-un ans, ne nous a accordé ni trève, ni répit.

C'est pour cette raison que notre premier travail est resté dans les cartons, non pas seulement neuf ans, selon le précepte d'Horace (1), mais pendant un quart de siècle. Est-ce à dire que nous l'ayons perdu de vue ? A Dieu ne plaise. Pendant cette longue période, nous avons saisi toutes les occasions de nous procurer, parfois à grands frais, les ouvrages anciens ou modernes qui pouvaient nous être utiles ; et c'est de cette biblothèque limousine, aussi bien que des archives publiques et privées et de la tradition orale, que sort cette modeste mais très fidèle monographie de Notre-Dame de Chastres.

---

(1) ... Si quid tamen olim scripseris...
... Nonumque prematur in annum membranis intus positis...

HORACE, *Art poét.* 386.

Dans le cours de notre travail, nous avons dû recourir aux lumières de nos archéologues et au dévouement de nombreux amis : comment les remercier pour l'empressement et la courtoisie avec lesquels ils ont toujours répondu à notre appel ? M. Champeval, l'aimable, l'infatigable chercheur, qui par ses découvertes et ses pérégrinations scientifiques laisse bien loin les dom Col et les dom Boyer, et égale les Martenne et les Mabillon ; ce pionnier de l'histoire limousine, pour lequel les parchemins et diplômes n'ont pas de secrets, et qui uniquement jaloux de fournir des matériaux aux amis de la science, se contente de jeter au jour les précieuses pépites qu'il dérobe aux ténèbres des chartriers séculaires, laissant aux autres ouvriers le soin de les mettre en œuvre ; ce généreux ami a bien voulu interrompre ses études personnelles et fouiller à notre profit : c'est à lui que nous devons la plupart des documents les plus importants et les plus intéressants de notre travail. M. Clément-Simon, dont les opulentes archives sont pour les travailleurs ce que la Banque de France est pour tous les banquiers et remueurs de fonds, une source à laquelle ils doivent puiser à tout propos, sous peine d'impuissance, M. Clément-Simon, avec le plus gracieux empressement, avec son incomparable compétence, a mis à notre disposition les trésors de ses rayons et de ses merveilleuses connaissances. Les anciens curés de Bar, M. Peyralbe, M. Chauviniat, M. Bouladoux, M. Gorse, M. Roche, curé actuel, nous ont secondé sans se lasser, dans nos recherches. M. Boudrie, notaire à Bar, a fouillé pour nous ses minutes séculaires ; M. Senut, notaire à Corrèze, nous a rendu le même service ; M. Graille, maire de Saint-Priest ; M. Salagnac, d'Hublanges ; M. Vialle, de La Court, si dévoué à Notre-Dame ; M. Combes, de Bouysse ; M. Fraysse, du vieux bourg, nous ont fourni des renseignements et des titres. MM. Amédée et Henri Mas, de La Martinie, ont mis à notre disposition les papiers, les registres et les titres collectionnés par leur grand-père, Jean-Mercure Mas, fondateur de la chapelle, avec tout l'empressement et toute l'affection qu'on peut avoir pour un condisciple et un compatriote. Enfin, nos chers enfants, aujourd'hui nos amis, M. l'abbé Vigier, M. l'abbé Brugère, M. l'abbé Vedrenne, avec un dévouement qui n'a jamais compté avec la fatigue, ont accompli de longs voyages pour recueillir des notes, copier des minutes ou prendre les vues des sites et des objets que nous avons décrits. Car nous voudrions parler même aux yeux du corps, à cause du charme particulier que l'intelligence y goûte, et surtout, parce que ce complément de lumière est toujours utile, s'il n'est pas nécessaire : quelque fidèles que soient les peintures, l'imagination ne manque pas de se faire des images et des tableaux différents de la réalité.

Nous avons le plaisir de mettre sous les yeux du lecteur les images de la madone de Chastres, de sa chapelle, de sa grotte, de sa vallée entière, même du pont construit sous le village avec les débris sacrés du précédent sanctuaire. C'est le crayon habile et délicat de M. l'abbé Chauviniat qui a semé ces jolis dessins dans nos pages pour les égayer et les orner. Notre-Dame voulait que M. Chauviniat, après avoir, comme curé de Bar, embelli notre cher pèlerinage, comme artiste en illustrât l'histoire. Les lecteurs et les pèlerins lui en sauront gré et le remercieront avec nous.

Que la Vierge honorée à Chastres récompense tous ceux qui nous ont donné avec tant d'empressement et de générosité leur précieux concours !

A Notre-Dame de Chastres !

Lubersac, le 8 septembre 1900, en la fête de la Nativité de la Bienheureuse Vierge Marie, patronne de Chastres et protectrice de Bar.

J.-B. BESSOU,
*Ch. h , Curé de Lubersac.*

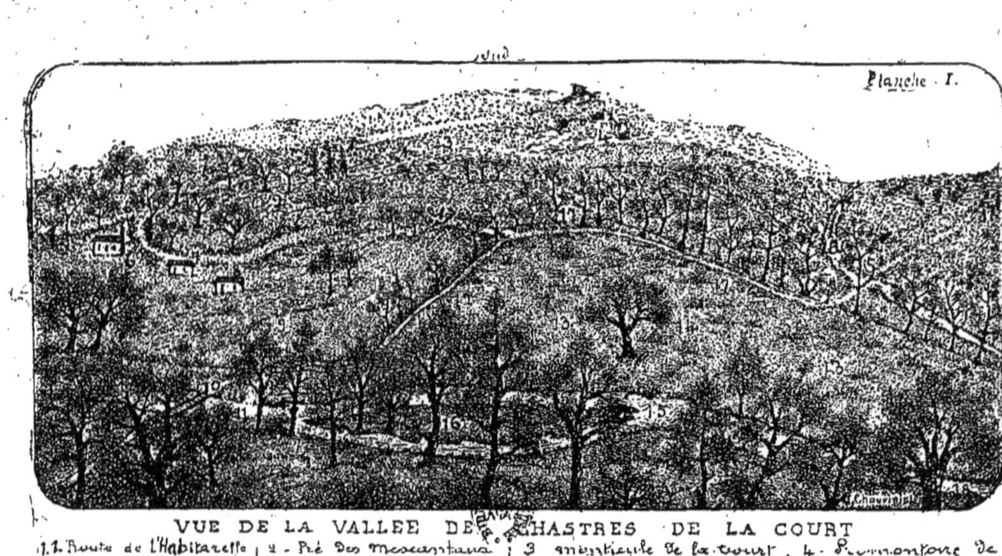

VUE DE LA VALLEE DES CHASTRES DE LA COURT

1. 1. Route de l'Habitarelle ; 2 - Pré Des Mescantana ; 3 - monticule de la court, 4 - Promontoire de Dignas ; 5 - Pont et gue de vieil-Vacbat ou passerelle des champs ; 6 - Chapelle de N. D. de Chastres 7 - maison Beintre ; 8 - maison Vialté ; 9 Promontoire du village , 10 - Pont de bois ; 11. Gué de Chastres, de la Court ; 12 . Chemin de Bar depuis 1795 13 - Champ de la Court, 14 Ruines gallo-romaines ; 15 gué de l'Eglise ; 16 - Ile de 80 mètres ; 17 Chemin de Bar jusqu'en 1795. 18 - 18 Corrèze

# CHAPITRE PREMIER

## Chastres et La Court

1. Topographie. — 2. Etymologie. — 3. Ruines gallo-romaines.
— 4. Culte de Marie. — 5. Premières ruines. — LA COURT.
1. Etymologie ; 2. Propriétaires.

A dix kilomètres environ en amont de Tulle, les hautes collines qui retiennent profondément encaissée notre bruyante et limpide *Coureuse,* s'ouvrent tout à coup, et, décrivant une gracieuse ellipse, abritent une fraîche vallée de deux kilomètres environ de longueur et d'un kilomètre de largeur. L'œil aime à se reposer sur cette immense prairie morcelée par de nombreuses haies vives, et à suivre les méandres de la Corrèze, qui, dès son entrée dans la vallée, brisant au rocher de Notre-Dame de Chastres son cours précipité, semble dormir ensuite à la fraîcheur de ses rives.

La colline qui entoure cette plaine à l'ouest et au nord, forme, par les ondulations de son sommet, les sites pittoresques d'abord du vieux Bar, citadelle gallo-romaine; puis, vers le centre, de La Bouteyrie (1), chaussée et promontoire mélancoliques, où, parmi les sapins, l'archéologue peut admirer un cimetière gallo-romain, le plus riche, peut-être, en sarcophages monolithes du Limousin;

(1) *Bouteria*, limes, finis, via strata ; gallicè : *chaussée.*

(DUCANGE-CARPENTIER.)

2

enfin, au nord, elle forme le petit piton de l'Hérène (1)
qui porte à son sommet la belle église du nouveau Bar ;
et, à la suite le Meymont qui domine le sanctuaire et la
vallée. Les flancs de cette longue colline, qui est un contre-
fort des Monédières, sont ombragés par des châtaigniers
séculaires, excepté vers le nord, sous l'église paroissiale,
où se dresse une forêt de beaux chênes ; et au nord-est,
aux flancs du Meymont, couverts de guérets ; à la place
de ces champs, on voyait encore des vignes, au xv<sup>e</sup> siècle. A mi-côte, d'une extrémité à l'autre de cette longue
colline, serpente sous l'ombrage une route solitaire qui, se
détachant de celle de Tulle, au confluent de la Corrèze et
de la Vimbelle, et passant par les villages du Bos, du
Chastang, de la Planade, du vieux Bar, et de La Bouteyrie,
vient aboutir au bourg du nouveau Bar et au sanctuaire
de Chastres.

A l'orient et au midi, l'autre colline qui protège la
vallée et forme à son sommet l'immense plateau des
Champs-de-Brach, est, comme la première, ombragée sur
ses flancs par une forêt continuelle de vieux châtaigniers,
où circule la belle route qui, se détachant de la route
nationale, à l'Habitarelle, et passant sous les hameaux
d'Orliaguet, d'Hublanges, du Mons, de Bouysse et de La
Vialle, aboutit à l'esplanade de Notre-Dame de Chastres ;
puis, franchissant la Corrèze, sur un beau pont de pierre,
au chevet de la chapelle, et glissant aux flancs du Mey-

(1) *Erê*, Junon ; *Mercurii mons*, colline de Mercure ; près de la
croix de pierre, aux portes de La Font, le puy du Bech : *Baxkos*,
mont de Bacchus ; vers l'ouest, Ceaux, en patois : *Tséü*, qui est le
mot grec *Zeus*, Jupiter ; plus loin, à l'ouest, Cros, *Kronos*, Saturne ;
enfin, fermant le cercle, Mont-Arème, mont *Arès*, Mars. Au
centre de ces collines païennes, le village du Deveix, *Teoi*, *Deoi*,
*Dephoi*, les Dieux.

mont, va s'amorcer, sous l'église du nouveau Bar, à la route de Vimbelle à Corrèze. La ligne du chemin de fer de Tulle à Ussel devait suivre cette voie pittoresque et sûre, mais un défi jeté à l'amour-propre d'un ingénieur, a fait abandonner ce premier tracé si naturel, et a confiné la voie ferrée dans les gorges de la Montane, d'où il faudra la retirer un jour, peut-être à la suite d'une catastrophe.

De la base de cette colline, sous la route dont nous parlons, jaillissent dans la vallée quatre petits promontoires ou éperons. Le premier, au nord, ferme la gorge d'où la Corrèze s'élance. Taillé à pic, du côté de la rivière, il forme un précipice d'environ cinquante mètres de profondeur, au fond duquel les flots se brisent et bouillonnent; couronné par une plate-forme rocheuse sur laquelle s'élève, au bord de l'abîme, la chapelle de la Vierge, il s'allonge vers l'ouest sur une étendue de deux cents mètres environ, et porte sur son flanc, légèrement incliné vers le midi, le modeste hameau de Chastres ou La Court, qui forme une sorte d'avenue au sanctuaire.

Le second promontoire, plus petit et de forme à peu près sphérique, ressemble à un tumulus gaulois. Avec sa double ceinture de prairies à la base et de champs de seigle ou de sarrasin vers le milieu, et son panache de bouleaux et de genêts fleuris au sommet, il ressemble à une gigantesque corbeille de fleurs, placée par la nature au seuil de Notre-Dame de Chastres.

A la suite et à peu de distance, le troisième promontoire affecte une forme plus allongée et inclinée : c'est l'Hort du Mas, aujourd'hui; au treizième siècle, le Mas du Mas. Il est indiqué par une maison unique récemment construite sur le bord de la route.

Le quatrième promontoire, plus vaste que les autres, jaillit, sous le village d'Hublanges, du flanc de la grande colline de ceinture. Contournant en partie le précédent, il s'allonge vers le nord dans la plaine où il développe son vaste plateau de champs fertiles, jusque sur les prairies au bord de la Corrèze, en face du Mas des Champs, ferme la vallée au midi sur la rive gauche, et termine la guirlande de monticules fleuris que la nature a déroulée au devant du sanctuaire de sa Reine. (*V. les planches I, II, III et VII.*)

Ce promontoire où l'on ne voit tout à l'heure que cinq pauvres chaumières, porte le nom historique de Dignac. Sous la première race de nos rois, c'était une court ou domaine royal. Un décret (præceptum) du roi Carloman en fit l'apanage du prince Hermenric, lequel devenu vieux le donna, avec de nombreux domaines, à l'abbaye de Beaulieu, au mois de mai 885 (1).

Nous ne poussons pas plus loin cette description : ces détails sommaires donnent une image suffisante de la vallée de Chastres, dont l'altitude est de 262 mètres (2).

Ce nom de Chastres que l'on trouve toujours écrit avec la marque du pluriel, jusqu'au xviii<sup>e</sup> siècle, a frappé tous les auteurs qui ont parlé du pèlerinage. « Chastre est un mot inexplicable, » dit naïvement M. Niel (3) ; « ceux qui ont essayé de lui donner une signification, le font dériver du latin *castrum : camp.* »

M. le chanoine Talin, à son tour, écrit : « Selon notre curé de campagne, Chastres est un mot inexplicable. Il n'en est rien. Parmi les noms d'origine vraiment latine, il

(1) DELOCHE. *Cartul. de Beaulieu*, charte LV, page 99.
(2) Carte de l'Etat-major.
(3) *Principaux Sanctuaires consacrés à la Sainte Vierge, au diocèse de Tulle*, par un Curé de campagne, p. 11.

n'en est point dont la signification soit mieux comprise. Loyseau, dans son traité des Seigneuries, affirme que ce mot a toujours signifié : forteresse, retranchement (1). »

Cette explication est insuffisante. L'histoire précise les significations multiples de ce mot ; et le Glossaire de Ducange-Carpentier les résume d'une manière très complète et très lucide, en les appuyant de citations nombreuses.

Le castrum est un lieu fortifié, généralement placé sur une hauteur d'accès difficile ; il est formé d'une enceinte de hautes et épaisses murailles ou remparts, environnées si possible de fossés profonds remplis d'eau. Dans cette enceinte doublement fortifiée, s'élevaient les habitations ou châteaux du seigneur et de ses principaux officiers ; entre ces habitations s'étendait le carrousel, pour les exercices militaires et pour la parade des grandes fêtes. Aux approches de l'ennemi, les habitants des campagnes, avec leurs biens, se réfugiaient dans le castrum, comme les Gaulois, au temps de César, dans l'oppidum ; le castrum, du reste, était un petit oppidum. Bar, après avoir été un oppidum, n'était plus qu'un castrum sous nos rois de la première et de la seconde race. Dans le langage actuel on dit : *ein Bar, ona ein Bar ;* dans Bar, aller dans Bar ; au lieu de : *o Bar, ona o Bar ;* à Bar, aller à Bar. La même locution est usitée pour Chastres, mais d'une manière moins absolue, surtout depuis que les enfants parlent le français de l'école obligatoire.

Le castellum ou castel, comme le nom l'indique, est le diminutif du castrum ou château. Il peut n'avoir ni mur d'enceinte, ni fossés ; quand ce petit rempart existe, il ne

(1) *Semaine religieuse de Tulle.* Année 1885, p. 426.

protège qu'une seule habitation ordinairement en forme de pavillon carré, avec ou sans machicoulis. Le château d'Hublanges est un castel. Nous avons des types remarquables du castrum dans Ventadour, Turenne, Pompadour, Ségur.

Enfin, on appelait *castra* toute enceinte fortifiée qui enfermait dans son périmètre, un nombre plus ou moins considérable de maisons-fortes ou châteaux; comme le camp romain, castra, qui lui a donné son nom et lui a servi de modèle, enfermait les tentes des chefs et celles des soldats. Pendant la période gallo-romaine et plus tard, on a appelé castra toutes les villes secondaires, réservant à la ville principale ou capitale, le titre de cité, *civitas*. Ainsi Limoges était civitas ou capitale du Limousin ; toutes les autres villes de la province étaient des castra (1). Les habitants de Bar ne se trompent donc pas, quand ils disent qu'aux champs de La Court « existait une ville de Chastres ».

En quête de similitudes pour établir une confusion, M. le chanoine Talin écrit : « La montagne de Chastres, dans la paroisse de Corrèze, au pied de laquelle est bâtie la chapelle de Notre-Dame du Pont-de-Salut, porte les traces visibles de redoutes, bastions faits de main d'homme... Comme à Bar, où Chastres domine le village de La Court, à Corrèze le puy de Chastres domine la petite ville (2). »

Nous ferons observer d'abord que pour Corrèze, personne ne dit jamais, en patois, que *lo Tsastro*, la Chastre; ensuite que, condisciple, à l'école de l'Ermite de Bar, du

---

(1) Voir : Glossaire Ducange-Carpentier aux mots : Castrum, Castellum, Castra.

(2) *Semaine religieuse de Tulle*, année 1885, page 426.

propriétaire de ce tènement, nous ne l'appelions que Chastre, de la Chastre ; *Tsastro, do la Tsastro ;* tandis qu'à Bar, pour désigner le propriétaire qui à Chastres porte encore le nom de Chastres, on ne dit jamais que *Tsastras, do Tsastras,* avec la forme du pluriel ; on ne serait pas compris autrement. L'importance de cette distinction n'échappe pas au lecteur. Quand M. le chanoine ajoute qu'à Bar, Chastres domine le village de La Court, il prend ses imaginations et son désir pour la réalité. Personne, en effet, qui ne sache que les ruines romaines de Chastres, à l'encontre de ce qui existe à Corrèze, sont dominées par le village de La Court et à plus forte raison par la chapelle. Elles occupent en effet presque toute cette belle plaine carrée de cinq cents mètres de longueur et de trois cents mètres de largeur qui se déroule sous le village dans l'angle formé par la rivière au nord et à l'ouest ; et à l'est et au midi par les chemins qui conduisent, celui d'amont, au pont de bois sous le rocher des Claux ; celui d'aval à la passerelle dite des Champs, autrefois pont de Vieil-Vachal.

Depuis des siècles les cultivateurs détruisent lentement ces ruines, transportant les débris le long de la Corrèze qui a été refoulée de dix mètres en moyenne sur une longueur de quatre cents mètres. Il reste encore trois groupes de constructions qui deviennent très apparents en automne quand le sol est couvert de sarrasin. L'œil suit très facilement les lignes des murs invisibles ; car au dessus les plantes sont grêles et étiolées, tandis que partout dans cette terre fertile elles sont vigoureuses et luxuriantes. Le premier massif, le plus rapproché du village, affecte la forme d'un rectangle de cinquante mètres de développement ; le second massif, de forme rectangulaire comme le précédent, lui est perpendiculaire et présente une façade de quarante mètres ; le troisième groupe est situé entre le précédent et la rivière, à l'extrémité inférieure de l'île de quatre-vingts mètres que forme la Corrèze à partir du gué de Chastres.

Une récolte succédant aussitôt à l'autre, il est impossible d'exécuter une fouille générale, sans causer un dommage considérable aux trois propriétaires de ces champs. Dans la terre de M. Ceindrie, à quarante mètres du rivage, à vingt-cinq centimètres au-dessous de la surface du sol, nous avons découvert un massif considérable de maçonnerie. Le mur principal a quatre-vingts centimètres d'épaisseur ; les murs secondaires qui sont nombreux et distants les uns des autres, tantôt d'un mètre dix centimètres, tantôt d'un mètre trente centimètres, n'ont que soixante centimètres d'épaisseur ; le mortier est fait à la chaux hydraulique. La forme de cette construction rappelle les ruines découvertes à Saint-Sernin de Larche (1), et à Royat immédiatement au-dessous de la source. Il y avait donc à Chastres, des thermes, comme dans les villes et les villas romaines. Certaines de ces petites chambres sont pavées avec des briques épaisses et parfois à rebord, appliquées sur un épais béton.

Chaque coup de pioche, pour ainsi dire, amène un fragment de marbre ou de poterie antique. Nous en avons recueilli plusieurs en terre, en ciment, d'une grande finesse, d'une grande élégance, et de marque manifestement romaine. L'un de ces vases, relativement court, était très évasé vers la base et assez étroit vers le goulot ; l'autre tenait de l'amphore

(1) *Bulletin de Brive*, année 1884, pages 579 à 593.

et faisait penser au setier militaire, *sextarius castrensis* (1).

Nous faisons des vœux pour que le champ de La Court soit un jour entièrement fouillé, convaincu que des découvertes intéressantes y seront faites, au profit de l'histoire et de la science. Une médaille antique, d'une grande valeur, dit la tradition, y fut trouvée, il y a environ quatre-vingts ans, et donnée à Jean-Mercure Mas. Elle n'est pas dans sa famille. L'a-t-il confiée à l'examen de quelque savant numismate? Nul doute qu'il n'ait pris les moyens de lui arracher ses secrets. Serait-ce la médaille dont parle M. René Fage? « Chatras. La pièce classée sous ce nom par M. Ponton d'Amécourt provient d'un atelier ignoré jusqu'à ce jour. C'est un tiers de sou d'or qui porte au droit : AVDEMVLFO, buste de face ; au revers : ✠ CASTORIACO, croix cantonnée de quatre globules, dans un grenetis. L'exposant propose d'attribuer cette monnaie au lieu appelé Chatras (2). Nous ne connaissons qu'une localité de ce nom, située dans les dépendances de la commune d'Estivaux, près de Comborn (3)... » Cependant le pèlerinage de Chastres est

(1) Le *sextarius castrensis* avait une capacité double du setier ordinaire, qui était, comme le nom l'indique, la sixième partie du conge. (DE MONTFAUCON. *Antiquités*. vol. V. page 151. — Aussi DUCANGE-CARPENTIER, VI, 469.)

(2) *Castoriaco* peut signifier tout au plus : dans le pays, dans le rayon de Chastres. Pour deviner Chastras dans *Castoriaco*, ne faudrait-il pas que Jean-Mercure Mas, si cette pièce vient de lui, eût déclaré qu'elle avait été trouvée à Chastres? Nous allons voir bientôt que la vallée de Chastres formait comme une seule localité, ses nombreuses et importantes habitations étant très rapprochées. Alors, soit à Chastres, soit à Dignac, soit à Chasteloux, soit même à Hublanges, pouvait exister un atelier monétaire. Ils étaient si nombreux dans le Limousin.

(3) René FAGE, *Numismatique limousine*, p. 13.

populaire à Tulle. Mais il n'est pas le rendez-vous des savants, et les villageois, qui ne dédaignent pourtant pas leurs richesses archéologiques, sont, les jours de fêtes, comme les pieux étrangers, uniquement soucieux d'honorer Notre-Dame de Chastres.

La forteresse gauloise, puis romaine de Bar, devenue, pour me servir des termes modernes, préfecture mérovingienne et carlovingienne, donnait une haute importance à tout ce qui l'environnait. Il existe dans la collection d'Amécourt trois tiers de sous d'or, frappés à Bar (3). Y a-t-il excès d'imagination à supposer qu'au-dessous de Bar, dans le rayon de Chastres, Castoriaco, pouvait se trouver un atelier monétaire au service de l'autorité qui siégeait dans la forteresse ?

Bar étant encore un poste militaire (2) aussi bien qu'administratif, Chastres dut avoir un détachement. Les deux légions (douze mille hommes) laissées par César en Limousin, pour contenir nos ancêtres dans l'obéissance, n'étaient pas exclusivement cantonnées sur les monts Céés, de Chamberet, aux confins des Lémovices et des Arvernes ; Chamberet était leur quartier général ; des bataillons étaient disséminés dans tout le pays ; il y en avait surtout à Tintignac, à Bar, positions principales ; puis, à Chastres, croyons-nous, et dans d'autres positions secondaires (3).

Quoi qu'il en soit de toutes ces questions obscures et purement scientifiques, Chastres actuellement n'est plus

(1) Voir POULBRIÈRE, *Dict. Parois.* I, 79. — DELOCHE, *Monnaies mérovingiennes du Limousin*, p. 194-195.

(2) DELOCHE. *Deux monnaies antiques trouvées à Puy-Merle (Angles)*, p. 7.

(3) DELOCHE. Au *Bulletin de Tulle*, année 1884, p. 19.

*Castra*, Chastres de César ; c'est Chastres de Marie, Chastres de Dieu : *Castra Dei sunt hæc* (Gen. xxxii, 2). C'est la Mère de Dieu qui étend sur la région sa protection maternelle ; « la ville », *Castra*, a cédé la place au doux sanctuaire ; ou plutôt le sanctuaire a survécu à « la ville de Chastres ».

Les païens avaient des temples dans leurs villes, un sacrarium, ou chapelle domestique, dans chaque villa, dans chacune de leurs demeures. Ces édifices religieux sont devenus généralement des églises ou des oratoires chrétiens. Or, la tradition affirme qu' « il y eut une église dans la ville de Chastres ». Le souvenir en est consacré encore aujourd'hui par deux dénominations : les habitants du village indiquent, en effet, un coin de terre, au champ de La Court, qu'ils appellent : « terre du gué de l'église ; *terro déi go l'iglieïdzo* » ; et à côté de cette terre, à l'extrémité inférieure de l'île de quatre-vingts mètres de long que la Corrèze forme en cet endroit, « le gué de l'église, *lou go l'iglieïdzo* ». Dira-t-on que c'était là le chemin des villages de la rive gauche, pour se rendre à l'église paroissiale de Bar ? Mais 1° ce gué se trouve placé, d'un côté, entre des champs fertiles où l'on ne voit, où l'on n'a jamais vu trace de chemin ; de l'autre côté de la rivière, la colline qui forme un angle à cet endroit, est abrupte au point qu'elle ne peut avoir de chemin de rive. 2° A cent mètres en amont de ce gué, se trouve le chemin du village de La Court à l'ancien et au nouveau Bar, depuis la construction du pont, en 1794-1795, avec les pierres et les bois de la chapelle démolie ; puis, à quatre cents mètres en aval du « gué de l'église », entre le champ de La Court et les prés, se trouve le vrai, le vieux chemin pour aller à l'église paroissiale du vieux Bar. Ce chemin, à l'endroit où existe encore la passerelle dite « des Champs », avait un pont, le pont de Vieil-Vachal, sur lequel ont passé pendant des siècles les fidèles de la rive gauche, quand ils se rendaient aux offices paroissiaux; et cette voie (la plus courte) n'a été abandonnée qu'à la fin du siècle dernier, à la construction du pont qui est sous le village. Il faut donc admettre la tradition qui est très positive et qui fait venir ces appellations, de l'église qui était dans la ville de Chastres (1).

Elle va plus loin encore; car elle nous apprend que l'église de la ville de Chastres « était dédiée à la Sainte

(1) « C'était (gué de La Court) le passage principal sur la Corrèze, le gué d'aval, précédé d'une passerelle à lézards ou écureuils, étant dit *go Jumelenc*, de Gimel, suivi, sous le bois de Merle du pittoresque pont des Chèvres et du pont de bois de La Ratonie. » (CHAMPEVAL, *Limousin seign.*, p. 42.)

A force d'être laconique, ce passage est obscur et inexact. Il y a cinq gués ou passages de la Corrèze, entre Chastres et la Ratonie :

1º Le gué de Chastres ou La Court, à côté duquel fut construit le pont de 1794, appuyé aujourd'hui au rocher des Claux. Il servait pour la direction de Corrèze, Treignac, Bugeat et même Seilhac, et depuis 1795 pour le vieux Bar.

2º Le gué de l'église, à cent mètres en aval de celui-ci. Nous venons d'en parler.

3º Le gué et pont de Vieil-Vachal, à quatre cents mètres en aval, entre les champs de La Court et les prés. Chemin de la vieille église paroissiale, pendant des siècles, pour les habitants de la rive gauche.

4º A quatre kilomètres plus bas, entre les hameaux du Chastang et de l'Habitarelle, le gué Jumelenc, sans passerelle.

5º A deux kilomètres en aval, pont des Chèvres, donnant accès au puy Merle des Angles.

6º Enfin, à un kilomètre plus bas, le gué du Bos où périt M. Teyssier d'Hublanges tandis qu'il franchissait à cheval la rivière grossie par les pluies. A côté de ce gué, M. Vidalin a fait construire un pont pour le service de son moulin.

Vierge, et que la Madone actuelle de Chastres, la Vierge du pèlerinage, est la Madone même de l'église primitive. De là ce titre de Notre-Dame de Chastres, de pèlerinage de Chastres, qui survit au changement de nom du village, appelé maintenant La Court, et au déplacement de la chapelle qui était, à l'origine, dans la plaine, au Champ de La Court, où sont enfouies les ruines de Chastres et qui maintenant et depuis au moins cinq siècles, s'élève au point culminant du village et le plus éloigné de Chastres.

Telle est l'origine, la vraie origine, du culte de la très sainte Vierge dans cette vallée. Ils sont donc dans l'erreur nos érudits écrivains, M. Champeval (*Bas-Lim. seig.*, p.42) et M. Niel (*Principaux Sanctuaires de la Sainte Vierge*, par un curé de campagne, p. 19-20), Melon de Pradou, (*Monogr. de Bar*, Bull. de Tulle, année 1881, p. 429), quand ils l'attribuent à la pieuse habitude, générale en France, de placer des croix, ou des images de la Vierge, en tête des ponts et à côté des gués, avec ou sans arceaux ou édicules protecteurs.

Si nos deux savants archéologues avaient connu la tradition locale, ils n'auraient pas eu recours à l'hypothèse ; car elle n'est permise que lorsque les documents et la tradition font défaut.

En faisant remonter si haut le culte de la Sainte Vierge, à Chastres, nous nous exposons peut-être, de la part de quelque critique, à des reproches de chauvinisme et de témérité ? Cependant, pour quiconque a étudié l'histoire des temps apostoliques et celle des premiers siècles du Limousin, les faits suivants sont incontestables :

1° La Bienheureuse Mère de Dieu eut des autels élevés « de son vivant au Carmel, en Syrie, par les disciples d'Elie ; à Sarragosse, en Espagne, par saint Jacques et ses convertis ; à Tortose, dans l'ancienne Phénicie, par saint Pierre, se rendant de Jérusalem à Antioche ; à Lydda, par saint Jean son fils adoptif ; à Milan, par saint Barnabé, disciple de saint Paul (1) ; » elle en eut même en France. « Il existe aux portes de la ville (Arles) un pieux sanctuaire aujourd'hui abandonné et ruiné, qui remonte aux premiers siècles du christianisme, et dans lequel une antique tradition veut qu'un autel ait été élevé à la Vierge Mère de Dieu, de son vivant : *Virgini Deiparœ adhuc viventi* (2). »

2° Les premières églises furent dédiées au Sauveur, à la Sainte-Trinité, à la Croix, à la Vierge Marie ; puis, à Saint Etienne, premier diacre et premier martyr, lapidé par les Juifs neuf mois après le crucifiement de son divin Maître. C'était une nécessité. Mais les persécutions multiplièrent bientôt les protecteurs pour les églises.

3° Saint Martial et saint Amadour, moins de vingt ans après la mort de Jésus-Christ, avaient répandu en Aquitaine et surtout en Limousin le culte de la Sainte Vierge, à laquelle saint Martial a consacré presque toutes les églises qu'il a fondées.

4° Après la condamnation d'Arius et de Nestorius, le culte de Marie s'épanouit dans toute l'Eglise d'une façon vraiment merveilleuse ; comme de notre temps, après la définition du dogme de l'Immaculée Conception. (THOMASSIN, *Les Fêtes*, lib. II, cap. XX.)

(1) U. MAYNARD. *La Sainte Vierge*. 354.
(2) Journal *l'Univers*, du 27 août 1868, 4ᵐᵒ page.
« Saint Trophime éleva lui-même une chapelle à la Mère de Dieu, avec cette inscription qui se trouve, dit-on, au musée Barberini : HOC SACELLUM DEDICATUM FUIT DEIPARÆ ADHUC VIVENTI. »
. (ROHAULT DE FLEURY. *La Sainte Vierge*, II, 150. »

5° Saint Léonard, fils de Rigomer du Mans, parent et filleul de Clovis, bàtit dans sa solitude un oratoire en l'honneur de Marie. (BONAVENT. DE ST-AMABLE, *Annal. du Limousin*, 192-193.)

6° En 526, Domine ou Dumine, de retour de Jérusalem, éleva sous les cascades de Gimel, une église en l'honneur de la Vierge et de saint Etienne, premier martyr. (BONAVENTURE de SAINT-AMABLE, *Ann. du Limousin*, 174-175.)

7° L'abbaye de Tulle, fondée par saint Hilaire de Poitiers, et saint Martin de Tours, son disciple, en 360, était dédiée à la Sainte Viérge et à l'archange saint Michel. (BALUZE, *Hist. Tutelen.*, 24. — BONAV. DE ST-AMABLE, *Annal.*, 118.)

8° Nulle part, disent les historiens, on ne vit autant de reliques que dans le Limousin ; parce qu'il y avait plus de sécurité au centre des terres. Dès le quatrième siècle, le château de Bar possédait le corps de saint Marcellin (MARVAUD, *Hist. du Bas-Limousin*, 1, 35). Le corps de sainte Emérentienne, sœur de lait de sainte Agnès, « ou partie d'iceluy, martyrisée à Rome, par succession de temps fut porté au château ou bourg de Bar, proche Tulle. » (BONAV. DE SAINT-AMABLE, *Annales*, 102. — GEOFFROY DE VIGEOIS, Chroniq., cap. IV. — GUIDONIS, *Labbe, miscel. hist. B. Guidonis*, tom. 1, 633.)

9° Il est très naturel que ces trésors sacrés fussent, dans les temps de perturbations sociales, déposés au château de Bar ; parce que c'était, au point de vue politique et administratif, la localité la plus importante de nos arrondissements actuels de Tulle et d'Ussel, et, au point de vue militaire, la place la plus forte. Bar a conservé sa prépondérance jusqu'au douzième siècle ; c'est-à-dire jusqu'au moment où les maisons de Comborn, de Turenne et de Ventadour, devenues puissantes, ont donné au mouvement social d'autres directions et d'autres centres. De nos jours, grâce aux chemins de fer, des villages et des villes dépérissent, et nous voyons surgir, au milieu des landes, des villes et des villages nouveaux.

10° Les riches convertis à la foi chrétienne montrèrent un zèle si universel et si ardent à bâtir des oratoires que l'empereur Justinien (483-565) (1), les conciles des Gaules ensuite et Charlemagne durent faire des règlements prohibitifs (2). Ainsi, dès l'époque mérovingienne, dans les villes, dans les châteaux, dans les villas et les courts, dans les métairies, partout on trouvait des églises, des oratoires ou chapelles, avec un prêtre, au moins, et un clerc « pour la psalmodie du matin et du soir », disent les capitulaires de nos rois ; en outre, il fallait une dotation convenable pour le prêtre et pour son clerc ; et l'oratoire devait avoir pour le sacrifice, un autel consacré sous un vocable particulier (3).

Après toutes ces considérations, nous nous gardons bien de conclure que les Tullistes ont été, parmi les Aquitains, les premiers à entendre les prédicateurs de l'Evangile (4) ; mais nous n'hésitons pas à affirmer que le

(1) THOMASSIN, *Vetus et nova Eccles.* Discipl., II, 307.

(2) BALUZE (Chignac), *Capit. Reg. Franc.*, I. 406, 650, 855, 905. — MARVAUD, *Hist. du Limousin*, I. 51-52.

(3) Pour le culte de la Sainte Vierge en France, voir aussi : MAYNARD, *La Sainte Vierge*, 395. — ROHAULT DE FLEURY, *La Sainte Vierge*, II. 146 etc. et 197.

(4) O quam felix Tutela nostra, quod omnium Aquitaniæ, immo, ut sentiunt nonnulli, totius Galliæ Urbium prima, Evangelii Christi prædicatores audierit, prima, a Christi discipulis perpetrata miracula viderit ; prima christianæ religioni nomen dederit. (Zach. LASELVE. *de Sanctis*, 299.)

VUE DE CHASTRES ET DE BAR

1. 1. Route de l'Habitarelle, 2. 2. Chemin de l'Habitarelle, 3. Gorges des deux Sœurs. 4. Puy meymont. 5. Gorges de la Borrèze. 6. tour de Chastres. 7. Pic des mercantaux. 8. maison vieille. 9. ancienne Croisière. 10. Puy de l'Hérm, Nouvelle-Bar.

culte de la Sainte Vierge, dans le Limousin et à Chastres en particulier, dès les premiers temps, est un fait non seulement probable mais même certain (1).

(1) Sans traiter ici cette grande question de l'évangélisation apostolique des Gaules, qu'il nous soit permis de la résumer à grands traits, et de signaler certains côtés qui ont été négligés par les nombreux auteurs qui ont écrit sur le sujet.

1º Chez les païens, le vrai Dieu a eu perpétuellement des adorateurs. Au temps d'Abraham (Gen. xx, 18; xxiii et xxiv, avec les commentaires de Corn. à Lapid.)

2º Au temps de Job, Job et ses amis. Livre de Job.

3º Au temps de la captivité, Tobie, xiii, 4; Esther; Daniel; I Esdras, vi. — Livres des Vedas. — Hermès-Trismégiste (Jallabert, tom. ii.) — Livres des Sibylles : i et surtout viii. — Virgile : Eglog. iv.

Séleucus immole au vrai Dieu dans le temple de Jérusalem. (II Macchab. iii.)

Auguste : Jussit e sui ipsius reditibus offerri quotidie victimas rite in holocaustum Altissimo Deo, quæ hodieque offeruntur, videlicet taurus et agni duo quas Cæsar altari destinavit quamvis sciret ibi (temple de Jérusalem) nullum simulacrum esse. (Philo. *De legat.* ad Caiiun. 1036.)

4º Les Juifs, par la captivité, par leurs colonies commerciales dans le monde entier où ils avaient, même en Gaule et en Bretagne, des emporia, et qui étaient très nombreux en certains pays (pour Alexandrie, Philon dit : *tot myriadas. De leg. ad Caiium*, p. *1009*), répandaient et conservaient laconnaissance et le culte du vrai Dieu.

5º Obligés de se rendre à Jérusalem, à Pâque, à Pentecôte, aux Tabernacles, pour adorer et pour porter leur offrande pour le temple, les Juifs de tous les coins du monde formaient des caravanes dans lesquelles se trouvaient des païens croyants. Au retour ces caravanes répandaient dans l'univers les prophéties : Étoile de Jacob, — Sauveur du monde devant venir des Juifs, devant naître d'une Vierge, — Epoque de l'arrivée du Sauveur désiré des nations (Agg. ii, 8.)

6º Caravanes plus nombreuses vers les temps de cette arrivée. Au retour racontaient : prédications du Précurseur, sa mort Les mages, les ss. Innocents ; les miracles, la mort du grand prophète. « Jésus qui estoit un homme sage, si toutefois on doit le considérer simplement comme un homme, tant ses œuvres étaient admirables. Il enseignait ceux qui prenaient plaisir à estre instruits de la

Ce merveilleux épanouissement religieux qui avait couvert la France, et surtout notre Limousin, d'églises et

vérité, et il fut suivi non seulement de plusieurs Juifs, mais de
plusieurs gentils. C'était le Christ. Ceux qui l'avaient aimé durant
sa vie, ne l'abandonnèrent pas après sa mort. Il leur apparut vivant
et ressuscité le troisième jour, comme les saints prophètes l'a-
vaient prédit, et qu'il ferait plusieurs autres miracles. C'est de
lui que les chrétiens que nous voyons encore aujourd'hui ont tiré
leur nom. (Josèphe. Antiquités, trad. Arnauld d'Andilly, liv. XVIII,
ch. IV, p. 683.)

Païens demandant à voir Jésus (Saint Jean, XII, 20). — Témoins
de la Pentecôte au retour, viri religiosi, et païens racontant miracle
des langues. (Actes, I, II, VIII, X.)

7° De sorte que douze ans après la mort de J.-C., quand les apôtres chacun avec sa colonie de disciples arrivent chez les païens et
naturellement, Juifs, reçoivent hospitalité chez les Juifs dispersés,
ils y trouvent même des autels au Dieu inconnu, à Athènes et à
Bordeaux (Aurélien, Apostol. de saint Martial) et des druides à
genoux devant la Vierge qui doit enfanter. Ils trouvent même des
fidèles de Jésus.

8° Que saint Pierre ait envoyé des évêques en Gaule, est fait
incontesté jusqu'au Jansénisme.

Auteurs : Nicéphore Callixte (Histoire ecclesiast. 97.) — Baro-
nius, l'historien officiel de l'Eglise, qui ne mentionne même pas
l'opinion de nos sceptiques. — Ciaconius; Cabrera; Victorellus, *Vit.
pontif.* 32. — Palatius, *Gesta Pontif.* tom. I, 32. — Ughellus, *Italia
sacra*, I, 5. — De Eggs, *Pontificium doctum.* 4, 10 à 19. — Bzovius,
*Rom. pont.* XXXVI, 464. — Peteau, *Ration. temp.* I. p., liv. V, p. 211.
— Du Chesne, *Hist. des papes*, I, 3. — Lamennais, *Nominat. des
évêq.*, II, 53. — Rorhbacher, *Hist.*, IV, 485 ; V, 422. — Darras,
*Hist.* V, 515. — *Gallia christ.*, I, préface.

9° Opinion contraire : saint Grégoire de Tours (*Hist.* lib. I,
cap. XXVIII, pp. 22-23. — *De glor. Mart.*, cap. XLVIII, p. 778)
et saint Sulpice Sev. (383) se réduisent à l'auteur anonyme de la
vie de saint Saturnin. S. Grégoire de Tours dit de S. Martial :
« Erant tunc temporis cum eo duo presbyteri quos secum ab
Oriente adduxit in Galliam. — *De glor. Confessor.*, XXVII, pp. 916-
917, et les notes de dom Ruynart. — Voir : *L'autorité de
S. Grégoire de Tours*, LECOY DE LA MARCHE, archiviste paléogra-
phe, pp. 33 et suiv. — Les partisans de cette opinion n'ont que des
arguments négatifs, et ils voudraient des **pièces signées et légalisées**

d'oratoires, blanches et pures fleurs, charme et parfum des âmes, ne pouvait manquer d'exciter la jalousie et les colères de l'enfer. Des quatre vents du ciel le démon lança ses armées déchaînées — invasion de Barbares, fureurs hérétiques, dissensions nationales et politiques — et pendant plus de mille ans ce fut un spectacle à la fois sublime et lamentable, l'ennemi de tout bien s'acharnant à détruire les abbayes, les églises, les monastères ; la piété ne se lassant point de relever les ruines. Quel est l'ouragan qui a emporté « la ville et l'église de Chastres » ? Le lecteur prononcera.

I. Au quatrième siècle les Vandales, les Suèves et les Alains saccagent le Limousin. (MARVAUD, *Hist. du Bas-Limousin*, I. 39-40.)

II. Au commencement du cinquième siècle, les Visigoths, qui étaient ariens, livrent aux flammes nos églises et nos monastères. (MARVAUD. I, 46-47.)

III. Au sixième siècle, le Bas-Limousin, c'est-à-dire « tout le pays qui s'étend entre Limoges et Cahors », appartenant à Brunehaut, femme de Sigebert, Chilpéric le fait ravager par Théodebert, son fils. Sous Dioclétien, la désolation des églises fut moins grande (1). (MARVAUD, *Hist. du Bas-Limousin*, I, 53-54.)

sans doute par les maires d'alors ! Ne faire commencer la France qu'en 1789, et ne faire commencer l'Eglise gallicane qu'au troisième siècle, incriminer saint Pierre de négligence envers la Gaule, plus fréquentée alors par les Romains que la France aujourd'hui par les Italiens, lui, dont les oreilles résonnaient de l'ordre divin : *Allez, enseignez toutes les nations !* quelle invraisemblance ! quelle injure !

(1) Commoto exercitu, Lemovicinum, Cadurcinum, vel reliquas illorum provincias pervadit, vastat, evertit ; ecclesias incendit, monasteria detrahit, Clericos interficit, monasteria virorum dejicit, puellarum deludit, et cuncta devastat ; fuit que illo in tempore pejor in ecclesiis gemitus, quam tempore persecutionis Diocletiani. (S. Greg., episc. Turon. *Histor.*, lib. IV, cap. XLVIII, p. 191.)

IV. Au huitième siècle, les guerres de Charles-Martel et des Sarrasins ; de Pépin et de Gaïfre d'Aquitaine, mettent le Bas-Limousin à feu et à sang. (MARVAUD, *ibid.* 72.)

V. Au neuvième siècle arrivent les Normands, plus funestes encore. Sur les rives de la Dordogne et de la Corrèze, tout s'abîme dans les flammes. Les champs avaient cessé d'être cultivés, « la famine exerçait d'affreux ravages ; on n'entendait que des plaintes, on ne marchait que sur des débris fumants. » (MARVAUD, *ibid.* 121 à 131. — BONAV. DE SAINT-AMABLE, *Annal. du Limousin*, 275, 313 à 319, 348, 369.)

VI. De 1182 à 1186, les Brabançons saccagent notre malheureux pays. (*Bullet.* de Brive, année 1896, p. 119.)

VII. Quand ces ruines immenses sont réparées ; quand, à la place des églises et des cloîtres massifs des premiers siècles, on a élevé les incomparables cathédrales gothiques, vrais poèmes en pierres, et ces monastères dont l'architecture, aussi élégante qu'admirable, étonne et ravit la science et l'art modernes, alors se déchaîne une nouvelle tempête pire que les précédentes : la guerre de Cent ans avec l'Angleterre. De 1152 à 1450 (1), dévastations, massacres, incendies et pillages, en France, et surtout en Limousin. Si les Souverains Pontifes obtiennent quelques trèves de courte durée, les armées régulières se forment en Grandes Compagnies, et la désolation ne fait qu'augmenter. Les châteaux de Bar et de Saint-Jal sont occupés par les Anglais et leurs partisans (1374) (2). Les deux

(1) 1152, divorce de Louis VII ; 1154, commencement des hostilités ; 1450, Anglais définitivement chassés de France.

(2) LEYMONERIE, *Hist. de Brive.* — CLÉMENT-SIMON, *Bull. de Tulle*, année 1898, pp. 87-88. — *Annuaire de la Corrèze*, année 1830, p. 196.

armées ennemies étaient catholiques, mais l'animosité politique l'emportant sur les sentiments religieux, et presque tous les prêtres appartenant au parti français, il n'y eut bientôt, pour ainsi dire, plus de prêtres dans les paroisses, ni de culte. Le diocèse de Tulle ne compte plus ; il ne peut rien fournir à la Chambre apostolique (1). (BALUZE, *Histor. Tutel.*, 717. — DENIFFLE, *La désolation des églises et des monastères pendant la guerre de Cent ans*, II, 657 à 668.)

VIII. Enfin, dans les dernières années du XVIe siècle, les Huguenots, non moins impies et furieux que les hérétiques qui les avaient devancés, vinrent à leur tour, armés du glaive et de la torche : leurs ravages furent beaucoup plus restreints parce que le temps et les moyens leur firent défaut. (MARVAUD, *Hist. du Bas-Limousin*, II, 319 à 380. — BONAV. DE SAINT-AMABLE, *Ann. du Lim.*, 784 à 797.)

N'oublions pas qu'en ces temps, la guerre n'était pas, comme de nos jours, une lutte d'artillerie et de gros bataillons ; « elle n'était qu'une suite sans fin et terriblement monotone de massacres, d'incendies, de pillages, de rançonnements, de destructions de récoltes et de bestiaux, de viols, enfin de toutes les calamités... « l'incendie est pour la guerre ce que le *Magnificat* est pour les vêpres, »

(1) Episcopatus Tutelensis penitus inutilis et a quo nihil ? potuit exigi vel levari propter guerras. (Archives du Vatican.) — Le P. Henri Deniffle vient de publier en trois gros volumes, *La désolation des églises et des monastères en France pendant la guerre de Cent ans*. Cet ouvrage n'est qu'une table partielle des archives du Vatican, pendant cette douloureuse période de notre histoire. Alors les Souverains Pontifes, beaucoup de cardinaux et d'évêques étaient originaires du Bas-Limousin. Leurs lettres, leurs plaintes conservées, sont d'autant plus nombreuses dans ces archives, qu'elles avaient plus de facilité pour se produire. De quel intérêt elles seraient pour l'histoire de notre pays !

disait le marquis Albert-Achille de Brandebourg. (Deniffle, *ibid.* II, 1.)

La ruine de « la ville et de l'église de Chastres » ne peut
être attribuée aux Huguenots. En effet, la chapelle du
pèlerinage qui lui a succédé, et qui n'a pu lui succéder qu'à
un intervalle assez considérable de temps, ainsi qu'on le
verra plus loin, existait dès la première moitié du quin-
zième siècle et a duré jusqu'à la Révolution française,
après avoir traversé intacte les guerres de Religion ; puis,
le souvenir des Protestants, qui est vivant parmi nos
populations, n'incrimine point les Huguenots ; ce qu'il
n'aurait pas manqué de faire.

Les habitants de Bar n'ignorent pas que les Anglais ont
occupé leur château (1). Cependant, quoique à l'exemple
de toutes les populations limousines, ils accusent ces
insulaires d'être les auteurs de tous les maux et de toutes
les ruines, ils ne leur reprochent pas le renversement de
« la ville et de l'église de Chastres ». Ils ne manqueraient
pas de le faire, et très explicitement, car l'événement eût
été capital pour notre pays, et il aurait frappé profondément toutes les âmes, plus que l'occupation du château,
encore vivante dans le souvenir. D'ailleurs, les Anglais
revendiquaient le Limousin par droit d'héritage : ils
auraient agi en insensés en lui faisant subir toutes les
horreurs de la guerre et de la conquête. Enfin la chapelle
de Chastres, celle qui a remplacé « l'église de la ville de
Chastres », celle qui a duré jusqu'en 1794, existait, au
moment où la glorieuse et sainte Pucelle Jeanne d'Arc
« boutait les Anglais hors de France ». Les documents

(1) Il appartenait alors aux Monceaux ou Molceau, de la maison
des Turenne-Ventadour.

que nous citerons plus loin le prouvent jusqu'à l'évidence (1).

Les bouleversements antérieurs à la guerre de Cent ans

(1) La vieille église de Bar fut réparée à cette époque.— Actum Tutelæ die XXII mensis Januarii anno 1447, præsentibus Antonio Manhani et Antonio Guilberti clerico villæ Filitini (Felletin) parrochiæ de Belmonte Filitini ; qua die Joannes de Fonte lapicida parrochiæ de Barro recognovit se habuisse a Bernardo del Deves parrochiæ de Barro, ut syndicus et procurator parrochiæ de Barro præsenti, ac Petro de Chadabe habitatore loci de Barro, et Petro, alias Perrot de La Cort, et Petro de Cruce, mansi de Cozen, ut syndici dictæ ecclesiæ de Barro absentibus, me notario, etc. Videlicet sexagenta et quindecim libras (aujourd. 3000 fr.) et sex modia vini ad mensuram Tutellæ, videlicet dictum argentum in diminutione et defalcatione centum regalium auri (aujourd. 8000 fr.) in quibus tenebantur eidem Joanni de Fonte, causa aedifficii (*sic*) capitis ecclesiæ de Barro deversum magnum altare ; item alterius medium modium vini ad dictam mensuram, causa del sindre (le cintre de la voûte) ejusdem ecclesiæ ; item dictus Joannes de Fonte recognovit se habuisse a dictis syndicis sex libras pro quatuor petasones (lards) in quibus dicti syndici tenebantur eidem lapicidæ causa dicti ædificii dictæ ecclesiæ, de quibus dictus Joannes de Fonte dictos syndicos procuratores et parochianos ejusdem ecclesiæ quittavit. (Archives de M. Clément-Simon, au château de Bach.)

M. le. curé Niel (*Semaine rel.* de 1886, pages 395-396) fait de cette église une description pleine d'inexactitudes : ce n'est le lieu de les relever. Le chœur de Jean de La Font, démoli en 1785, t remplacé par un dôme en plâtre.

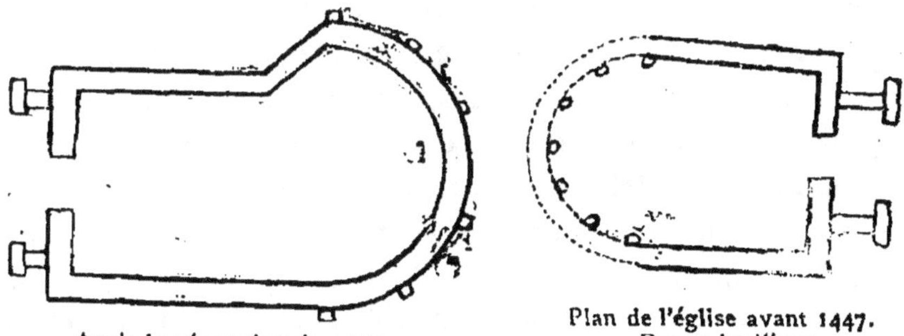

Après la réparation de 1447.
L'élargissement indiqué n'a pas été exécuté.

Plan de l'église avant 1447.
Forme basilique.

Forme basilique (CAUMONT, *Archéol.*), preuve de haute antiquité.

sont mêlés dans un même souvenir, vague et confus ; c'est pourquoi les populations disent que « la ville et l'église de Chastres » disparurent « dans quelque guerre ».

Vraisemblablement les Normands sont montés jusqu'ici, lorsque, en 846, ils ont saccagé l'abbaye de Tulle. (BALUZE, *Hist. Tutel.*, 22). La forteresse de Bar était alors toute-puissante : nul doute que les hommes du Nord n'aient voulu la braver, en infestant le pays jusque sous ses remparts. Ce sont eux qui ont détruit Chastres.

Mais si la France est le royaume de Marie ; si elle l'a adoptée et prise sous sa protection spéciale, au baptême de Clovis et de ses Francs, le Limousin est sa région préférée : nulle autre n'est aussi riche en sanctuaires élevés en son honneur. Or, les choix et les faveurs de l'auguste Vierge sont sans repentance. Quelle puissance pourrait lui ravir ce qu'elle veut posséder ? « J'ai choisi Chastres, je l'ai choisi pour moi ; mon nom y sera toujours honoré, et mes yeux y seront toujours ouverts pour y reconnaître mes enfants ; et mes oreilles toujours attentives pour entendre leurs prières ; et mon cœur y sera toujours pour les aimer (1). »

Avant de dire comment Notre-Dame de Chastres a repris possession, nous devons compléter ces notions préliminaires par quelques mots rapides sur La Court.

Ce nom, dont l'orthographe a commencé d'être fautive depuis cent cinquante ans, est écrit La Court, dans les titres du xviie siècle ; La Cort, dans ceux du xvie. Il a, comme le mot Chastres, une origine évidemment latine.

(1) Elegi locum istum mihi et sanctificavi, ut sit nomen meum ibi in sempiternum, et permaneant oculi mei et aures meæ erectæ ad orationem eorum ; et cor meum ibi cunctis diebus. (II Paral. vii, 16.)

Cortis, Curtis, Cors, Cohors, se dit d'une maison de campagne, environnée d'étables et d'autres constructions ; pour les écrivains du Moyen-Age, c'est une villa ou habitation de campagne munie d'édifices, de colons, de serviteurs ou esclaves (il y avait des esclaves au XIII<sup>e</sup> siècle), de terres et de personnes nécessaires à une exploitation rurale. Encore : on appelle *court*, un mense, ou mas, ou manoir, servant d'habitation, avec terres, possessions et autres avantages. Ce nom de court, nos écrivains l'appliquent aussi, dit de Valois, à tout le village formé peu à peu auprès d'une villa importante (1).

Conclusion : le mot court s'applique à une habitation de maître, environnée de métaieries ou mas, en plus ou moins grand nombre. La propriété de M. Madelmont, à Chastres, avec sa maison de maître très modeste et sa métairie ; à Couzein, la belle maison de campagne de M. Boudrie, au milieu des habitations de ses métayers ; le Bessou, avec son châtelet et ses deux grands domaines ; Vyers avec son castel et ses fermes ; Saint-Priest, avec sa luxueuse habitation de maître et ses nombreux domaines, seraient autant de courts d'importance différente.

Les riches Romains avaient des courts splendides, avec habitations de sybarites, parcs, terres étendues, centaines

---

(1) Est atrium rusticum stabulis et aliis ædificiis circumdatum... At scriptoribus inferioris ævi, est villa, habitatio rustica ædificiis, colonis, servis, agris, personis, etc. ad rem agrestem necessariis instructa.

Curtis est mansio, vel Manerium ad inhabitandum, cum terris, possessionibus, et aliis emolumentis ad tale manerium pertinentibus.

Cortis vel Curtis nomen pro toto vico qui villæ alicui magnificæ accesserat, accreveratque a scriptoribus nostris acceptum fuisse docet Valesius. (Ducange-Carpentier.)

d'esclaves (1). Il en était de même des opulents Gallo-Romains ; nos rois de la première race, ceux de la seconde, avaient de nombreuses courts ou résidences royales ; Chambord aurait été, dans le Moyen-Age, une court royale splendide, *curtis magnifica*.

Pourquoi, dans le langage officiel sinon dans les habitudes du peuple, le nom de La Court a-t-il détrôné celui de Chastres qui était le nom primitif du village ? Par la force de l'évolution naturelle des formes de la société sans cesse en travail de transformation : les établissements gallo-romains, les postes militaires sont devenus, grâce à la paix et la stabilité, des exploitations agricoles ; le soc remplaçait l'épée, et le guerrier se faisait agriculteur. C'est ainsi que Chastres est devenu La Court.

L'histoire a conservé les noms de quelques-uns des propriétaires, grands ou petits, de ce modeste village :

En 1104 s'était formée une pieuse association, dite « fraternité de Tulle » pour la vie et pour la mort. Elle était composée de soixante membres, au nombre desquels figure, nº 53, Pétronille, femme de Gérard de Roger, laquelle, sur le conseil de son seigneur, fit don de quatre autres deniers sur le mense de La Court, en présence de Gérard Coccus (2).

Au même cartulaire, dans la collection des contrats de

(1) Dans Montfaucon (Antiq. expliq., tom. III, vol. V, pag. 134-135, planche XXVIII) on peut voir une représentation et la description de la Court impériale ou maison de campagne de Dioclétien.

(2) Notitia confratrum Tutelentium. Isti sunt fratres qui in confraternitate Tutellensi sunt in vita et post mortem.

53 Uxor Geraldi Rotgerii, Petronilla, cum consilio senioris sui dedit alios quatuor denarios in manso *Alla Cort*, audiente Geraldo Cocco. (CHAMPEVAL, *Cart. de Tulle*, au Bull. de Brive, année 1890, pag. 448, 455-456.)

donations, reconnaissances et arrangements, on trouve :
« N° 850. Ung instrument d'arbitraige faict entre le dict
chappitre de Tulle, et Gerault de Chastres, ensemble la
recognoissance faicte par le dict Gerault de 5 sols de
rante, à cause du dict villaige de Fressinges ; receu par
M. Raimond Laborde, du 3 apvril 1438 » (1). Il existe
encore, au village de La Court, une famille appelée
Chastres.

En 1676 les habitants du même village payaient en bloc
« annuellement, au seigneur marquis de Bar : mesure de
Tulle, seigle, seize setiers ; avoine, trois setiers ; argent,
seize sous ; œufs, quarante ; cire bouillie, quatre livres ;
journaux, trois ; gélines, deux. » Outre cette rente qui
devait être portée au château de Bar, les tenanciers de La
Court devaient la rente extraordinaire dans les cas pré-
vus, et le guet.

Outre le seigneur de Bar, on trouve comme décimateurs
à La Court :

Avant 1615, Roffignac-la-Jante, d'Hublanges ; puis,
en 1615, Jaucen-Poissac, qui lui a acheté Meymont et
La Court ;

En 1660, l'Evêque de Tulle et Boussac du Vert ;

En 1700, Chabrignac d'Hublanges (2) ; Teyssier de
Lagarde ;

En 1715, les Peyrac, petits nobles de Tulle, titrés sieurs
de La Court ; ils deviennent sieurs de Meymont en 1733.
Les Peyrac (telle est leur signature au carnet des quittan-
ces des rentes que nous avons sous les yeux et qui comprend sans interruption la période 1715-1784) deviennent

(1) *Bull. de Brive*, année 1898, pag. 450-451.
(2) CHAMPEVAL, *Bas-Lim. seigneurial*, 42.

par des alliances, Peyrac de Lagarde en 1733, et Peyrac de Meynard en 1746, et sont possesseurs du modeste domaine noble jusqu'en 1784. En cette année, de Pebeyre, leur héritier, a pour agent d'affaires Desplasse, de La Font, 1784-1787. En cette année 1787, de Pebeyre vend à Chadabet, qui possède encore le 28 décembre 1789. A cette date il donne quittance. Sa signature et son élégante écriture sont identiques à celles de Chadabet, receveur, qui donne quittance à J.-L. Trainssoutrot, du prix de la chapelle, le 10 germinal an III.

Avant la Révolution, la propriété était morcelée autant qu'aujourd'hui. Nous trouvons, en effet, à La Court, à côté des seigneurs fonciers, un grand nombre de petits propriétaires : les La Court, famille ancienne, qui s'y succèdent sous les noms de Dumine, Léonard et Pierre, pendant tout le dix-septième siècle ; Olivier Borde, Etienne Pellissier, Léonard Martinot, la famille des Massoulier, venue du Massoulier, des Angles, qu'on y trouve encore en 1796, dont le chef Jean Massoulier est agent national de la commune de Bar, et dans laquelle entra, comme gendre, Jean-Louis Trainssoutrot dont nous aurons longuement à parler.

Quoique sous la dépendance des hauts propriétaires fonciers, tous ces petits possesseurs pouvaient entre eux faire des échanges et des ventes ; mais, selon l'expression des actes de l'époque, « d'une manière précaire », c'est-à-dire avec le consentement du seigneur foncier, consentement qui était toujours accordé, à la condition de payer au seigneur le droit de lod, ou de mutations, selon le terme moderne.

A toutes ces charges, il fallait ajouter la taille ou impôt

dû au Roi. Cet impôt était perçu dans chaque paroisse, laquelle était solidaire devant le trésor royal, par des collecteurs désignés, tous propriétaires et personnellement responsables. Dans la liste des collecteurs de Bar (1), nous trouvons les noms de trois petits propriétaire de La Court : 1741, Jean Tireygeol ; 1742, Léonard Ceaux ; 1746, Pierre Massoulier, practicien. Les deux premiers ne savent pas signer.

« Le 13 septembre 1762, par décision du Conseil, Hublanges, distrait de Bar, forma une enclave fiscale qui comprenait les villages d'Hublanges, du Mons, de La Vialle, de La Court, du Deveix, de Lafont, de Meyrignac, et de Mascombes » (2).

Aujourd'hui La Court ne compte que quatre propriétaires : Ceindrie, Vialle, Chastres et Madelmont.

Terminons ce long chapitre préliminaire. Nous l'avons commencé par une vue d'ensemble du site choisi par Notre-Dame de Chastres : condensons dans une pensée finale l'historique rapide que nous venons de faire.

Cette vallée si profondément déchue aujourd'hui, eut autrefois et pendant des siècles, l'importance, le mouvement et l'éclat des résidences princières et royales. Du côté du nord, au pied du promontoire dominé par la chapelle de la Vierge, était « la ville de Chastres », et à côté, sur la croupe méridionale de la colline, La Court qui lui a survécu ; vers le midi, au fond de la plaine et fermant la vallée, le promontoire de Dignac servait d'assiette à une autre agglomération plus importante peut-être que la

(1) Archives Clément-Simon à Bach.
(2) MELON DE PRADOU, *Monogr. de Bar*. Au Bull. de Tulle, année 1881, p. 410.

précédente : Hublanges, Hublanges-Haut, avec son château encore debout et habité ; Hublanges-Bas, ou Dignac, presque entièrement effacé. On ne dit plus que « les cabanes de Dignac », et l'on disait, il y a plus de mille ans : « la résidence princière, le palais de Dignac ! » Car Dignac était chef-lieu d'apanage. Nous avons dit qu'il fut donné au prince Ermenric par le roi Carloman. Dignac avait son château de Castellucius, dont le nom seul survit, appliqué à des terrains divers, terre, bois et pré, dans le rayon desquels il s'élevait : « *ein Tsastelou* », dans Châtelou, à Chastelou. Court royale au huitième siècle, Dignac conserva quelques vestiges de sa grandeur jusqu'au xv<sup>e</sup> siècle. Les tenanciers de 1430, en procès avec Guillaume de Boussac, seigneur d'Hublanges, prétendent que Dignac, en 1317, avant que Guillaume de Boussac fût investi par le seigneur de Gimel-inférieur, de la châtellenie d'Hublanges, avait pour « chapelains et prestres mossen Peyre et mossen Johan, seigneurs fonciers et justiciers du Mas inférieur d'Hublanges » (1).

Entre ces deux groupes plus importants de Chastres-La Court, au nord, et d'Hublanges haut et bas, au midi ; une foule de mas, de villas s'épanouissaient dans la plaine : — le Mas du Mas, appelé aujourd'hui l'Hort du Mas ; le Mas des Champs, sur la rive droite ; le Mas de Vieil-Vachal, disparu, près du pont de Vieil-Vachal ; — reliaient ces groupes extrêmes, n'en faisaient, pour ainsi dire, qu'une même agglomération importante. On comprend que Bonaventure de Saint-Amable (*Annales du Limousin*, p. 37) ait cité Dignac parmi les villes du duché de Ventadour : « Donzenac, Neuvy et Denacourt sont de la

(1) CLÉMENT-SIMON, *Bull. de Brive*, année 1889, p. 615 à 621.

duché; » Denacourt pour Dena-Court, en deux mots (1);
soit qu'il ait voulu désigner à la fois Hublanges-Dignac et
Chastres-La Court; soit qu'il ait parlé seulement d'Hublanges-Haut et d'Hublanges-Bas, ou Dignac. Gimel
(J.-B. CHAMPEVAL, *Bas-Lim.*; 42. — POULBRIÈRE, *Dict.*,
530) et d'autres localités de cette importance se sont
décorées du nom de ville : à plus forte raison, Bonaventure de Saint-Amable a pu citer parmi les villes, Dena-
Court, qui n'était pas inférieur en population et en
importance peut-être à Neuvy et à Donzenac.

Mais, autant que le lecteur, nous avons hâte de revenir
à Notre-Dame de Chastres.

(1) Dena, lŏcum silvestrem, asperum et incultum... (DUCANGE.)
Le patois *Denio* conserve le mot racine de Dignac. Diniacus sive
Dinachus curtis. (DELOCHE, *Cartul. de Beaulieu*, p. 312.)

## CHAPITRE SECOND

### Restauration miraculeuse du Culte de Notre-Dame de Chastres, ou Origine du Pèlerinage.

1. La grotte. — 2. Le pré des Mescanteaux. — 3. Le taureau. — 4. Le Made. — 5. La Madone retrouvée. — 6. L'oratoire du Made. — 7. Les pèlerins. — 8. La chapelle. — 9. Leçons de choses.

Chastres n'avait pas péri tout entier : sous ses cendres était caché, comme l'étincelle, un principe de vie et de restauration. Des mains pieuses avaient arraché à la destruction la vénérable image de Notre-Dame, et l'avaient cachée dans un asile tellement solitaire et sûr, qu'il fallut l'intervention du ciel pour la rendre aux hommages des hommes.

Dans le roc schisteux qui forme le vaste plateau où s'élève la chapelle actuelle, à trente mètres environ au nord de celle-ci, au point extrême où vient expirer en langue aiguë le bois de châtaigniers qui environne le sanctuaire à son chevet, s'ouvre, sur l'abîme au fond duquel se brise la Corrèze, une grotte d'environ deux mètres de longueur, un mètre et demi de largeur et trois mètres de hauteur. Elle est l'ouvrage exclusif de la nature qui l'a ornée dans tout son contour d'un épais et luxuriant cordon de lierre, fraîche et vivante couronne de verdure. L'accès de cette grotte est aujourd'hui facile, grâce au chemin de ronde ouvert depuis vingt ans ; aux degrés pratiqués dans le rocher, et à la rampe de fer scellée sur le bord de l'abîme. Il n'en était pas ainsi autrefois. Très retirée, presque invisible, elle était un abri très sûr contre les intempéries des saisons et contre les atteintes des malfaiteurs, d'autant plus que rien ne pouvait y attirer, ni gazon, ni bois, ni fruits à recueillir, ni sol à cultiver. (*Voir planche VII.*)

De l'autre côté de la chapelle, à cinquante mètres environ vers le midi, se trouve un pré que les pèlerins, aux jours des fêtes, se montrent les uns aux autres, et où ils vont parfois prendre leur repas champêtre, sur le gazon, au bord du filet d'eau très limpide qui, descendant en cascades du haut plateau de Bouysse et du Mons, l'arrose tout entier. Depuis des siècles, ce pré appartient à la famille Combes, de Bouysse, dite « *Chez le Made* », et s'appelle « *pré de la Chapelle* » dans le langage usuel ; et *pré des Mescanteaux* (1), dans le plan cadastral. Ce pré fut divisé en deux parties inégales : la partie supérieure, immédiatement au-dessous du bois, plus petite, a passé à M. Salagnac d'Hublanges, par la famille Malaurie, de Bouysse, et s'appelle aussi des Mescanteaux ; la partie inférieure, plus étendue, plus rapprochée de la chapelle de Chastres, propriété, comme nous venons de le dire, de la famille Combes, de Bouysse, confronte, au midi, avec le Mont-la-Court ; à l'ouest, avec le pré de La Font, au nord, avec la terre qui le sépare de la chapelle, et qui s'appelait à la fin du seizième siècle « *terre de la chapelle de Chastras* » (2).

Or, c'est de ce pré que, bondissant par dessus les

(1) *Maschotum, idem quod Mascale, horreum sine tecto*, ou meule. (Carpentier, *Gloss.*, t. ii et iv.) Pré des meules de foin.

(2) Archives des familles.

clôtures, et, franchissant, dans le bois de châtaigniers, une distance d'environ quatre-vingts mètres, « *un taureau de chez le Made, de Bouysse,* » venait soir et matin devant la grotte que nous venons de décrire, pousser des mugissements, frapper le sol avec son pied, fouiller la terre avec ses cornes. Il ne mangeait pas, et il était le plus gras du troupeau. « Les vaches qui ramenaient l'Arche du Seigneur en Israël, disent les saints Livres, s'en allaient tout droit sur le chemin qui mène à Bethsamès, et avan-çaient dans le même chemin en mugissant, et sans se détourner ni à droite ni à gauche. Les princes des Philistins les suivirent jusqu'à ce qu'elles furent arrivées en la terre de Bethsamès » (I Reg. vi, 12). A l'étable, dit la tradition, le taureau du Made était impatient. Dès que ses chaînes tombaient, il partait comme un trait en mugissant ; et, descendant en courant la longue côte de Bouysse à Chastres, se rendait en droite ligne et sans passer par le pré, au rocher de l'abîme. La population en éveil observait avec étonnement ce phénomène étrange. L'étonnement augmenta encore, lorsque cette grotte presque inaccessible devint, chaque nuit, un foyer de lumière, qui semblait embraser les châtaigniers dont alors la pente, nue au-jourd'hui, près du rocher, était couverte. Le prodige du Buisson ardent de Moïse se renouvelait à Chastres. (*Voir planche II.*)

Il fallait en finir et pénétrer le mystère. Le propriétaire du taureau, le Made, s'arme de courage, et, avec précau-tion, s'aventure jusque dans la grotte enchantée. Il la fouille dans tous les coins, sans hésitation ni crainte : Dieu ne ferait pas des miracles pour des monstres, s'il y en avait sous le rocher. O surprise ! O miracle ! Dans le réduit le plus caché, dans une sorte de crèche creusée par la nature, il découvre une belle statue de pierre, parfaitement conservée, représentant la très sainte Vierge portant l'Enfant Jésus dans ses bras.

Grande fut l'allégresse publique à la vue de ce trésor !

Mais, l'émotion du premier moment calmée, les esprits voulurent s'expliquer la présence, dans l'anfractuosité de ce rocher, sur l'abîme, en une vallée si solitaire et si éloignée de tout centre populeux, d'une statue si remarquable. Un pèlerin n'a pu l'apporter de quelque lointain pays, dans son escarcelle de voyage : les dimensions et le poids de la vénérable image rendent cette hypothèse invraisemblable ; elle n'est point tombée du ciel comme un bolide ; elle n'a point jailli d'une couche géologique ; elle ne s'est point formée comme un parasite sur la racine moisie de quelque vieux châtaignier... On connaît l'origine des autres madones : celle-ci restera-t-elle un mystère ?

Peu à peu les souvenirs se réveillent, se précisent, prennent corps dans les esprits ; les vieillards, témoins et dépositaires des traditions, rappellent Chastres, ou la « ville détruite » depuis des siècles, et « l'église » ensevelie sous les ruines de « la ville de Chastres » ; le nom de la terre dite « du gué de l'église » au champ de La Court, confirme ces souvenirs. Il n'y a pas lieu de s'étonner que la mémoire des événements se soit effacée : la guerre consiste à détruire par le feu les demeures et les moissons ; à passer au fil de l'épée les malheureux habitants réduits à se laisser égorger ou à chercher dans la fuite un salut presque impossible, parce que la désolation s'étend partout. La main pieuse de quelque ancêtre a pu cacher en ce lieu sûr, l'antique image de l'église primitive ; et, Dieu, par un miracle éclatant, rétablit dans le pays le culte de sa très sainte Mère.

L'allégresse était au comble ! C'était le retour de l'Arche sainte au milieu de son peuple !

Telle est la tradition ferme, constante, universelle, telle que tous les vieillards nous l'ont exposée, dans les mèmes termes, touchant la découverte miraculeuse de Notre-Dame de Chastres. M. le chanoine Talin n'a entendu que son imagination et sa passion très affichée, quand il a écrit : « Ce ne fut pas dans la petite grotte, placée au-dessous de la chapelle actuelle, que fut trouvée Notre-Dame de Chastres, l'accès de cette grotte était difficile et même périlleux autrefois (1). » Où donc fut découverte la statue ?... M. le chanoine ne veut pas qu'on lui pose cette question. « Accès difficile et même périlleux » : oui, pour les personnes à imagination aussi vive et impressionnable que celle de M. le chanoine ; mais, nous, enfants, aux fêtes, avant la construction du chemin circulaire, nous ne manquions pas de faire notre visite à la grotte, avec les pèlerins plus courageux ; les femmes s'arrêtaient à quelques pas derrière nous.

Cependant la nouvelle des prodiges de Chastres et de la découverte miraculeuse, s'était répandue au loin dans le pays. On se disait : « Allons jusqu'à Bethléem, et voyons ce prodige qui est arrivé et que le Seigneur nous a fait connaître. Et ils vinrent en hâte, et ils trouvèrent Marie... et l'Enfant couché dans la froide crèche de pierre. Et ils connurent la vérité de ce qui leur avait été dit... et tous étaient dans l'admiration » (S. Luc, II, 15 à 18); « car Dieu avait visité son peuple » (S. Luc, I, 68).

(1) *Semaine rel. de Tulle*, année 1885, pag. 426-427.

Ces visiteurs de la première heure sont les premiers pèlerins de Chastres; avec eux commence le pèlerinage qu'il ne faut pas confondre avec le culte de la Sainte Vierge à Chastres. Le pèlerinage est né de la découverte miraculeuse que nous venons de raconter et du concours des populations attirées par le prodige, et récompensées pour leur foi; tandis que le culte a commencé, des siècles plus tôt, avec « l'église de la ville de Chastres », qui était dédiée à la Mère du divin Sauveur.

La première pensée, le premier mouvement des heureux habitants de Bar, fut de rendre à la vénérable effigie qui réapparaissait par un dessein manifeste de Dieu, son église disparue. Mais cette entreprise demandait du temps. C'est pourquoi le pieux Made, qui était charpentier et maçon, dit la tradition, éleva un petit oratoire sur le rocher, ou au flanc du rocher près de la grotte (1), afin que les populations qui affluaient de plus en plus eussent la joie de vénérer la sainte Madone sur le théâtre même de sa réapparition.

Arrêtons-nous à ce mot étrange de *Made* que personne ne s'explique et que tout le monde s'obstine à employer, croyons-nous, par une volonté secrète de Dieu et de Notre-Dame. Il est, pour ainsi dire, inouï d'entendre dire : « Chez Combes, de Bouysse » ; une seule manière de s'exprimer semble permise : « Chez le Made de Bouysse; *Tsa lou Made do Bouysso* ».

Ce mot appartient au haut Moyen-âge, comme une foule d'autres termes qui sont d'un usage journalier à Bar. Il signifie ouvrier, en général, maçon, surtout charpentier, et même fin potier; en un mot il désigne l'ouvrier

(1) Tous les vieillards exprimaient ce doute.

intelligent, industrieux, plein d'initiative et habile à tout faire (1).

La maison du *Made* est aujourd'hui la maison Combes, de Bouysse, justement fière de ses traditions. Nos recher-

(1) *Maderia, Madera,* quævis materia, lignea ædificandis ædibus idonea.

*Medus, Madrinus, Maderinus,* ouvrier, travaillant le bois, faisant même des coupes appelées maderins. Galli vulgo Madre vocant ejusmodi scyphos et pocula. (DUCANGE, IV, 309-310. — CARPENTIER, IV (mêmes mots). — BALUZE, *Hist. Tutel.*, 495 ; *Maison d'Auvergne*, II, 783.)

Dans cette paroisse de Bar on se croirait en plein Moyen-âge : la forme des maisons, les habitudes religieuses, superstitieuses, le costume même que la mode du jour achève de transformer, le langage surtout, tout le rappelle. Nous pourrions faire un vocabulaire complet de termes patois, vraiment patois, dérivés du latin du Moyen-âge :

|  | Basse latinité |  |
| --- | --- | --- |
| *Ander*, | anderius, | trépied de marmite. |
| *Abiolo*, | abelimentum, | qui fait l'aimable. |
| *Arda*, | arda, | bâtons de charrette. |
| *Arpado*, | arpauda, | poignée, ce que la main peut étreindre. |
| *Aste*, | astrum, | foyer. |
| *Aulonier*, | aulanerium, | noisetier. |
| *Armello*, | armella, | anneau pour le cou des veaux. |
| *Aspo*, | aspa, | penture de porte. |
| *Artsaban*, | archibancum, | banc-coffre. |
| *Bobo*, | boba, buba, | mauvaise femme. |
| *Bodolo*, | badallum, | bredouilleur, bâillon, bâillonné. |
| *Bouras*, | bouratium, | gros chanvre à filer. |
| *Bolin*, | balinza, | couverture. |
| *Bolindzo*, | balinja, | langes pour berceau. |
| *Benasto*, | banastum | grands paniers. |
| *Benno*, | banna, | grands paniers à mettre le grain au grenier. |

ches touchant cette famille, n'ont pu nous faire remonter
qu'à la fin du XVIᵉ siècle, époque de beaucoup postérieure
à la découverte de la statue. On trouve, à cette date, le

| | | |
|---|---|---|
| *Basto,* | bastardus, | charette à tombereau. |
| *Bachino,* | bachinator, | bassinoire. |
| *Bacholo,* | bacholata, | comporte. |
| *Bada,* | badare, | s'ouvrir. *Pelou bada,* bogue |
| *Blaudo, blaudou,* | bliaudus, | jupon.          [ouverte. |
| *Blandurel,.* | blandectus, | pomme dure et blanche. |
| *Berbis,* | berbix, | brebis. |
| *Bardzo,* | berga, | tas de foin. |
| *Botel,* | batellus, | nacelle. |
| *Bizet,* | bissextus, | mauvais œil. |
| *Boudza,* être im-mobile, | boga, | limite. |
| *Bouïdze,* | boygo, | bouyge. |
| *Bren,* | brenum, | son. |
| *Brés,* | bressae, | berceau. |
| *Bustso,* | buchia, | bûche. |
| *Budel, budello,* | budella, | boyau. |
| *Buffa,* | buffare, | souffler. |
| *Budzado,* | buanderiæ, | lessive, buanderie. |
| *Banlaouco,* | banlauca, | casse-cou. |
| *Broundé,* | sbrondatus, | cassant. |
| *Broutsou,* | broca, | cotret, morceau de bois. |
| *Broa,* | broa, | limite, bord. |
| *Becudze,* | { bechus, capuchon, becuna, peau, ba-sane, | } panier en capuchon, où les savetiers mettent leurs cuirs. |
| *Blesto,* | blesta, | toupet, écheveau. |
| *Bero,* | bera, | cercueil. |
| *Tsantel,* | cantellus, | quartier de tourte de pain. |
| *Cantou,* | canto, | angle, coin. |
| *Copolo,* | capolus, | charpentier. |
| *Capolo,* | id. | tronc. |
| *Tsapuza,* | capulare, | tailler du bois. |
| *Tsobistre,* | capistrium, | licou. |

nom prédestiné de Mas, que nous verrons reparaître à la seconde restauration, ou plus exactement reconstruction de la chapelle, dans les premières années du XIX⁰ siècle.

| | | |
|---|---|---|
| *Cledo,* | cleda, | claie. |
| *Coumbel, coumbal,* | cumbale, | vallon, petit vallon. |
| *Tsodolié,* | cadeletus, | caisse ou tombereau à jour d'une charrette. |
| *Tsodela,* | capdelare, | conduire, transporter avec un char. |
| *Tsorieiro,* | carriera, | chemin de hameau. |
| *Carre,* | carretum, | coin, carrefour. |
| *Tsozal,* | casal, | promontoire. |
| *Tsobeçal,* | cabusator, cabussellus, | courbure, couvercle. |
| *Counou,* | canonus, | bobine à filer. |
| *Coumindzo,* | comissator, | gourmand. |
| *Coudert,* | codercum, | pacage. |
| *Cosona,* | casanare, | aller bavarder de maison en maison. |
| *Coscino,* | cascina, | la maison. |
| *Cussou,* | cusso, cussura, | gerbe déjà battue. |
| *Coupou,* | cuppus, coppus, | petite coupe (à cailler le lait) |
| *Codorso,* | codorso, | morceau de bois. |
| *Cliei,* | gluen, | botte de paille purifiée. |
| *Daillo,* | dalha, | faulx, |
| *Daousso,* | dauxer, | frotter. |
| *Dovontel,* | devantel, | tablier. |
| *Dreturo,* | drestura, | droiture. |
| *Degu,* | deguerius, | (autrefois garde-territoire) brigand. |
| *Destourbi,* | disturbare, desturbium, | détourner, déblayer. |
| *Dental,* | dentale, | soc de la charrue. |
| *Dibo,* | giba, | forte serpe emmanchée. |
| *Distrindze,* | distringere, | débarrasser. |
| *Dovola,* | devalare, | descendre. |
| *Desovenent,* | desavenans, | mal plaisant. |
| *Escoudre,* | escotere, | battre le blé. |
| *Escoupi,* | escopare, | cracher. |

Aux Mas succèdent les Mazelier, nom qui a la même signification que Made (voir Ducange-Carpentier) ; à ceux-ci succèdent les Combes, propriétaires actuellement, après

| | | |
|---|---|---|
| *Eschoto, eschovel,* | eschaota, | peloton de fil, instrument à dévider. |
| *Egrofa,* | esgraffer, | égratigner, mordre. |
| *Egodour,* | esgadour, | abreuvoir. |
| *Eyral,* | eiraudus, | terre en friche. |
| *Engona,* | engannare, | tromper. |
| *Ebouilla,* | esboellare, | écraser, éventrer. |
| *Eclisso, eclissa,* | eschiclium, | éclisse, éclisser. |
| *Elovassi,* | eslaveidium, | pluie torrentielle qui entraîne. |
| *Epinlié,* | espinglarius, | étui à épingles. |
| *Espola, fa las espolas,* | spola, | bobines, garnir les bobines pour le tisserand. |
| *Estovi,* | estoverium, | privation, se priver, être privé. |
| *Estauladze,* | estaulagium, | étalage, échafaudage. |
| *Essolo,* | assula, | doloire de charpentier. |
| *Esserba,* | essermentare, | sarcler. |
| *Faoudo,* | fauda, | vêtement couvrant la poitrine. |
| *Foutu,* | foutu, parjure, | foutu chevalier, chevalier parjure. |
| *Fessour,* | fessorius, | petite houe, binette. |
| *Fraou,* | fraustrum, | terre inculte. |
| *Fustier,* | fusterius, | qui travaille le bois. |
| *Fango,* | fanga, | bourbier. |
| *Ferrat,* | ferrata, | sceau en fer. |
| *Gaffo,* | gafa, gafare, | gaffe, perche armée d'un croc de fer. |
| *Gobouno,* | gobonatus, | gonflé, relevé en bosse. |
| *Gorgouçou,* | gargocil, | en forme de cercle, comme l'écheveau. |
| *Goffe,* | goffo, | gond. |
| *Golia,* | golla, | flaque, mare d'eau. |

quatre générations. Il nous semble voir encore, le dimanche et aux fêtes, à l'église, en tête du groupe des hommes,
Antoine Combes, chef de cette respectable famille, avec

| | | |
|---|---|---|
| *Gounèlo,* | gonela, | robe, tunique de femme. |
| *Groulier,* | grolerius, | savetier. |
| *Guliado, aiguliado,* | aiguilada, | pique bœuf. |
| *Gorbo,* | garba, jarba, | gerbe, gerbes entassées. |
| *Gandi, galandi,* | galandra, | abri, se garantir. |
| *Gamma,* | gamma, gammadium, | ornements ridicules, pré-tentions, airs ridicules. |
| *Grumel,* | gruminus, grumella, | petite moyette de blé noir, farine pour la bouillie. |
| *Gabio,* | gabbia, | cage. |
| *Gour,* | gordus, | golfe. |
| *Gorso,* | gorca, | hallier, épines en hallier. |
| *Hort,* | hortus, | jardin. |
| *Legner,* | lignarium, | dépôt de bois. |
| *Loqué,* | luchetum, | loquet de porte, cadenas. |
| *Landreliero,* | landrerius, | trépied en fer. |
| *Leïrounaillo,* | leyroneria, | société de larrons. |
| *Laïssas,* | laïssa, laixa, | abandon suprême, mort. |
| *Ledi,* | laedere (ledir), | reprocher, injurier. |
| *Mantso,* | mangia, manca, | manche de vêtement. |
| *Monobro,* | manobrium, | ouvrier à la journée. |
| *Manglia,* | mangulare, | emmancher. |
| *Mainado,* | maisnada, | enfants, famille. |
| *Moia,* | moia, | gerbier, grenier à gerbes. |
| *Moniclo,* | manica, menottes, | d'où embarrassant, em-barrassante. |
| *Modolou,* | modologius, | tas. |
| *Meto,* | meta, | limite. |
| *Noro,* | nora, | bru. |
| *Ollo,* | olla, | marmite. |
| *Obrodour,* | operatorium, | ouvroir, instrument pour ourdir la toile. |
| *Offona,* | affanator, affanagium, | travailleur, gagner le sa-laire. |

sa haute taille, sa longue et forte chevelure flottant sur
ses larges épaules ; avec sa culotte courte qu'il ne rempla-
ça que très tard par le pantalon révolutionnaire ; avec ses

| | | |
|---|---|---|
| *Obel, boun obel,* | obile, but. | bon but, réussir. |
| *Pecou,* | pecollus, | pied de meuble. |
| *Peirol, peirolo,* | pairola, | chaudron. |
| *Peissel,* | paxillus, paisselare, | pieu pour charrette. |
| *Peissiero,* | passeria, | écluse. |
| *Paouco,* | pauca, | mesure de liqueurs. |
| *Penlori,* | penlauri, | pilori, suspension. |
| *Pelan,* | palax pour falax, | trompeur et paresseux. |
| *Poudo,* | pouda, podadoira, | serpe. |
| *Prandiero,* | prandium, | milieu du jour. |
| *Pore,* | paries, | muraille. |
| *Pardza,* | parcare, | parger, envelopper un livre (avec parchemin). |
| *Pelou,* | pilotus, acutus instar pili. | bogue du châtaignier. |
| *Pibou,* | populus (pibol), | peuplier. |
| *Randal,* | randæ, randi, | balustre, clôture. |
| *Roundi,* | grundire. | murmure des porcs. |
| *Sein,* | signum, | cloche (qui donne le signal) |
| *Souau,* | suellium, | aire de grange. |
| *Suqué,* | succus, | sommet de monticule. |
| *Sounsi,* respirer, | soscia, | ouverture pour respirer l'air. |
| *Sivado,* | sivada, | avoine. |
| *Trobu,* | trebucus, trabucus, trobucus, | bas, mauvais bas. |
| *Trovolel,* | trabetus, | petite poutre. |
| *Trouilla,* | treillare, trillatus, | cancellé, foulé, broyé. |
| *Timpo, timpa,* | timpus, | soufflet, souffleter. |
| *Tusta,* | tustare, | frapper à coups redoublés. |
| *Tenenço,* | tenentia, | privation. Les tenanciers étaient si pauvres ! |
| *Varat,* | garactum, | terrain défriché. |
| *Zarga,* | arga, | épines. |

Nous avons recueilli aussi dans le patois plus de deux cents mots
grecs,

bas fins ; et, en hiver, avec son grand *saïle* limousin, de laine grise, à longues raies de diverses couleurs, ainsi que Virgile représente les Gaulois nos ancêtres (1). Il est mort le 17 mai 1884, âgé de 87 ans ; son digne fils est aujourd'hui chef de la famille.

Dieu s'adresse de préférence aux humbles, pour l'accomplissement de ses desseins, et il ne lui faut ni palais, ni basiliques pour attirer les foules croyantes et pieuses. Les bergers et les rois sont accourus à l'étable de Bethléem ; toute la France, l'Europe entière, ou plutôt l'univers s'est précipité aux rochers de Massabielle. Les disciples du Dieu qui s'est anéanti pour le salut du monde, n'ont pas de peine à croire, qu'adoré et invoqué dans la grotte de Bethléem, de Lourdes, de Chastres, il n'écoute que plus volontiers les vœux et les prières.

Il est incontestable qu'à Chastres autrefois, comme en notre siècle, à la Salette, à Lourdes et à Pontmain, le miracle a été le principe du pèlerinage et de l'érection de la chapelle. De pieux chrétiens s'étaient rendus aux Saints Lieux, avant que sainte Hélène y eût élevé des basiliques, comme de nos jours les foules couraient à la Salette, à Lourdes, à Pontmain, avant que la foi et la reconnaissance y eussent élevés des basiliques dignes de l'auguste Mère de Dieu.

Cependant l'affluence des étrangers à Chastres croissait de jour en jour, et les miracles s'y multipliaient. Des malades, des sourds, des muets y avaient été guéris, un

---

(1) Aurea cæsaries illis, atque aurea vestis ;
Virgatis lucent sagulis ; tum lactea colla
Auro innectuntur ; duo cuique alpina coruscant
Gæsa in manu, scutis protecti corpora longis.

*Eneid.* viii, 659.

aveugle de la ville de Tulle y avait subitement recouvré la vue, nous ont dit les vieillards, échos fidèles de la tradition. Toutes les voix, tous les cœurs appelaient un sanctuaire comme expression du sentiment universel et consécration des faveurs du ciel.

Quelques-uns furent d'avis de transporter l'image miraculeuse dans l'antique église du vieux Bar, où les pèlerins ne manqueraient pas d'aller lui offrir leurs hommages et leurs prières; ce parti prévalut même pendant quelque temps. Mais toutes les tentatives furent vaines : chaque nuit, une force mystérieuse rétablissait la madone dans son réduit de Chastres. Il fallut se rendre à l'évidence : Dieu voulait pour sa divine Mère, un sanctuaire dans l'endroit même qu'elle avait adopté, il y avait des siècles, à Chastres.

Avant de mettre la main à l'œuvre, il fallait s'entendre sur le choix d'un emplacement. Les uns proposaient de bâtir la nouvelle chapelle, au bas du village, sur la rive droite de la Corrèze, au sommet du rocher des Claux. Des hauteurs de ce site pittoresque elle dominerait le champ de La Court, à ses pieds, son premier séjour. Les habitants du Meymont insistaient pour l'avoir au milieu d'eux, sur leur sommet, d'où elle étendrait son regard sur la vallée entière et sur les collines d'alentour. Le Meymont est cette montagne qui se dresse, sur la rive droite de la Corrèze, au nord et en face du rocher où est assise aujourd'hui la chapelle, et qui se prolonge en plateau jusqu'au village du Deveix. En écrivant religieusement, il y a trente-trois ans, cette partie du récit des vieillards, nous éprouvions un saisissement pénible, au cœur. Cette fois, pensions-nous, avec tristesse, la tradition est vraiment en défaut :

il n'y a pas trace d'habitations, sur le puy Meymont, et l'on n'a jamais ouï dire qu'il y ait eu un village autrefois sur ce sommet, malgré la fertilité de ses champs. Nous avons porté cette inquiétude au cœur pendant vingt ans ! Aussi avec quel soulagement nous avons lu en 1896, dans le *Bas-Limousin Seigneurial* de M. Champeval : « Meymont, fief ou repaire relevant de Bar, » etc. (1). Une fois de plus nous trouvions la tradition fidèle, et son triomphe était un triomphe pour nous. Enfin, pour revenir à notre sujet, d'autres voulaient bâtir la chapelle près de la grotte miraculeuse, sur le plateau rocheux qui offrait une assiette si favorable.

Dans cette divergence des opinions, pour trancher la question, il fut convenu que l'on aurait recours à un sort religieux : le ciel, personne ne pouvait en douter, ajouterait un miracle à tant d'autres signes miraculeux. De toute sa force, un des maçons jeta en l'air son lourd marteau, recommandant à Notre-Dame de le diriger et de le faire tomber sur le point précis où Elle voulait son sanctuaire. Cette habitude existe encore dans le pays : enfant, nous avons vu les ouvriers, les maçons surtout, au début de la journée, lancer ainsi leur outil, comme pour invoquer Dieu et la Vierge et mettre leur journée sous cette souveraine protection ; parfois même ils le faisaient expressément par ces paroles, que nous avons entendues plus d'une fois : « *De la part de Dieu et de la bonne Vierge !* » Soutenu et conduit miraculeusement dans l'air, pendant

(1) *Bas-Limousin Seigneur.*, p. 42 : « Le tènement a toujours été un fief de plus ou moins grande importance... un chef-lieu de parcelles de terrain à lui rattachées, au point de vue agricole, politique... C'est l'ancien manse. » (CHAMPEVAL, *Bull. de Brive*, 1886. p. 688.)

un trajet de plus de deux cents mètres, le marteau vint prendre terre sur le rocher, qui avait servi de sanctuaire à la statue de Notre-Dame.

La volonté du ciel était manifeste. On se met aussitôt et avec ardeur à l'ouvrage. L'allégresse est universelle. Les ouvriers accoururent des régions circonvoisines, offrant leur concours spontané et absolument désintéressé. Les familles de la paroisse fournissent à l'envi des matériaux ou les transportent ; les paroisses étrangères imitent cet exemple. Le riche et le pauvre ; le haut et puissant seigneur de Bar et les vilains ; les femmes et les enfants, chacun veut sa part de la sainte entreprise. C'est l'essaim en ébullition pour son travail printanier. Les femmes troyennes et leurs enfants ne mettaient pas avec plus de joie les mains aux cordages qui devaient introduire dans leur cité le Palladium protecteur ; et à Chastres, il n'y eut aucune apparition lugubre, aucun pronostic funeste (1) ; au contraire, des ouvriers invisibles étaient de la partie et pendant la nuit continuaient, c'était manifeste, le travail des ouvriers du jour.

Suspendons pour un moment l'exposé des faits, et considérons les circonstances qui accompagnent le retour de Notre-Dame : elles ne manquent ni de signification, ni d'intérêt.

Lorsque Dieu veut réaliser quelque grand dessein de miséricorde, il choisit, pour instrument, selon l'expression

(1) Accingunt omnes operi, pedibusque rotarum
   Subjiciunt lapsus, et stupea vincula collo
   Intendunt...
   ... Pueri circum innuptæque puellæ
   Sacra canunt, funemque matres contingere gaudent.

   VIRGILE, *Enéid*. II, 235 à 240.

de saint Paul, ce qui est faible selon le monde, ce qui est méprisé, afin de confondre l'orgueil humain, afin que quiconque se glorifie, ne se glorifie que dans le Seigneur. (I Cor. 1, 25 à 31). A l'origine des pèlerinages de la Bienheureuse Vierge, comme s'ils étaient une expansion et un détail du mystère d'abaissement de son divin Fils, on rencontre toujours ou un pâtre avec son troupeau champêtre, ou un humble ouvrier, ou un arbre mystérieux, ou une grotte, ou un ruisseau. L'Eglise, qui est le royaume de Dieu, a commencé par les bergers de Bethléem, comme le royaume d'Israël, qui en était la figure, a pris naissance avec le pâtre David.

Cette loi, Dieu l'a appliquée à Chastres ; mais ici il a été vraiment prodigue. Dans les autres pèlerinages, ces circonstances ne se montrent qu'éparses et isolées ; dans celui-ci elles sont toutes réunies. Et ce fait inouï, qui certainement cache un dessein providentiel, est d'autant plus frappant et significatif, qu'il se reproduit pour les fêtes de Chastres, comme on le verra plus loin. Il n'y a point ici seulement ou un pâtre, ou un taureau, ou une grotte, ou un ruisseau, ou une lumière extraordinaire, ou un châtaignief séculaire : on y trouve tous ces agents mystérieux et d'autres encore. Que ne pouvons-nous comprendre tout ce qu'ils nous enseignent de la part de Dieu et de Notre-Dame ! Prêtons l'oreille à leurs voix.

I. *Le Pâtre.* — Il est là pour nous rappeler que la vie pastorale fut la vie des Patriarches, des premiers grands hommes, des premiers saints ; la vie instituée par Dieu.

Vous qui avez des troupeaux, vous qui tenez la houlette ou conduisez la charrue ; vous que le monde regarde avec mépris en passant avec fracas dans ses chars de feu qui l'emportent avec une vitesse folle aux théâtres des plaisirs, des jouissances, de la vanité et du luxe, sachez, vous dit Notre-Dame de Chastres, que vous êtes les amis particuliers du Seigneur. Sur vous son Cœur aime à se reposer ; à vous la visite de ses anges, la première connaissance de ses desseins ; à vous ses premières faveurs.

Le Bon Pasteur vous appelle ses frères. Soyez fiers de votre condition ; gardez-en fidèlement la simplicité ; et, toujours au sein de cette grande nature, livre sacré qui vous parle de Dieu, efforcez-vous de devenir semblables en sainteté au Père céleste qui veille sur vous.

II. *Le Taureau*. — Ce superbe animal, ornement de vos étables, fortune du foyer, votre orgueil quand il bondit, plein de vigueur et éclatant de beauté, dans les prairies luxuriantes, ah ! que sa voix est éloquente ! Ecoutez-le :

« J'avais la place d'honneur dans l'étable de Bethléem, auprès de l'Enfant-Dieu étendu dans la crèche ; le premier j'ai reconnu mon Maître, le Roi de l'univers, le Maître de toute créature ; le premier je l'ai réchauffé de ma puissante haleine. A mon aspect, homme trop oublieux, que ce souvenir vous revienne !

« Dans le labeur depuis ma jeunesse, silencieux, patient, sans me lasser, je poursuis avec persévérance ma lourde tâche...

« Chrétien, ton Dieu ne fut jamais qu'à la peine...

« Chrétien coupable, chrétien pénitent, va, silencieux et le cœur débordant d'amour pour ton Dieu si enclin au pardon, travaille, expie, en arrachant ton pain à la terre, à la sueur de ton front.

« Pécheur repentant, sacré aux regards de Dieu parce

que tu accomplis d'un cœur soumis ta pénitence, du haut du ciel ton juge te contemple, veille sur toi, et te bénit ; prête l'oreille : « Gardez-vous, dit-il, d'enchaîner la main et les lèvres du chrétien peinant dans l'aire de ce monde. »

« Vous qui portez mon joug ; vous tous qui souffrez, qui êtes accablés, venez à moi, et je vous soulagerai. » (S. Math., xi, 28.)

III. *Le Made.*— C'est dans la maison d'un charpentier que Dieu voulut abriter, pendant trente ans, son divin Fils et sa divine Mère : c'est dans la cabane d'un charpentier qu'à Chastres l'Enfant et sa Mère trouvèrent un abri, après le refuge plus pauvre encore de la grotte.

Joseph, par un dessein de Dieu, fut le protecteur de Jésus et de Marie, à Nazareth : à Chastres le Made fut le protecteur de Notre-Dame et du divin Enfant.

Honneur au travail ! honneur à l'ouvrier !

Ouvriers chrétiens, c'est à vos foyers que Jésus et sa Mère veulent habiter ! c'est à vous que, de préférence, ils demandent asile !

IV. *Le Rocher.* — Le rocher, c'est le Christ : *petra autem erat Christus* (I Cor. x, 4) ; la prière du chrétien en fait jaillir l'eau de la vie éternelle...

Le Christ est la pierre angulaire sur laquelle repose l'Eglise, c'est-à-dire toutes les âmes...

Le rocher, c'est la demeure de la colombe. Là elle est à l'abri des serres de l'oiseau de proie...

Ames pieuses, que le Cœur de Jésus soit votre demeure ! De cette retraite sûre vous pourrez défier vos ennemis...

Vivre dans le Cœur de Jésus, c'est vivre dans le ciel et pour le ciel... où la couronne du chrétien est composée des pierres précieuses de toutes les vertus...

V. *La Rivière*. — Quel sanctuaire de la Vierge n'a pas sa source ou son ruisseau limpides ?...

Marie est la Fontaine de l'Eglise, la fontaine de chaque paroisse : *Fons hortorum* (Cant. iv, 12), Fontaine immaculée que rien ne troubla, ne ternit jamais : *Fons signatus* (Cant. iv, 15)...

Pleine de la grâce (I Luc, i, 28), Elle l'a répandue, Elle l'épanche sans cesse sur le monde...

Pieux pèlerins, venez ; amis de la Vierge, buvez l'eau qui jaillit jusque dans la vie éternelle...

Que le cerf altéré soit moins avide et moins agile que vos âmes !...

Quand elle se change en vapeur, l'eau forme les nuages qui nous dérobent momentanément l'éclat du soleil : pendant neuf mois, le sein de la Vierge a voilé la divinité du Verbe à nos yeux...

Ames éprouvées, ayez recours à Marie. Cieux, versez votre rosée ; nuées, répandez le Consolateur (Isa. xlv, 8)!...

L'eau purifie et efface les souillures : la grâce détruit la souillure des âmes ..

C'est l'eau qui éteint les flammes de l'embrasement : c'est la grâce qui apaise les ardeurs de la passion...

Principe de fécondité, l'eau entretient dans l'oasis la fraîcheur, la beauté, l'abondance, la vie ; sans elle tout s'altère et meurt : la grâce, c'est la beauté, la vie, l'élan, l'enthousiasme dans les âmes : quand elle est absente, nous ne sommes plus devant Dieu qu'une terre aride et sans eau. (Ps. 142.)

Les flots courroucés, grandiose image des tribulations de l'âme, des tribulations des peuples : « Les eaux se sont élevées au-dessus de ma tête ; j'ai dit : Je suis perdu. »

(Thren. III, 54). « Sauvez-moi, Seigneur ! les eaux ont envahi mon âme entière. » (Ps. LXVIII, 2)...

Le monde à l'origine des choses est sorti de l'eau : l'humanité chrétienne monte des piscines du baptême, *ascenderunt de lavacro* (Cant. VI, 5)...

La masse des eaux représente l'océan de la vie humaine, couvert des millions innombrables de ces barques fragiles qu'on appelle les âmes... Ah ! ne perdez pas de vue l'Etoile, ne cessez d'invoquer Marie...

VI. *La Lumière.* — La lumière annonça l'apparition prochaine de la Madone et du divin Enfant : la Vierge fut l'aurore dont les feux célestes trahirent la présence du Sauveur prêt à se lever sur le monde...

La vraie lumière qui éclaire tout homme venant en ce monde, Notre-Dame l'a donnée à l'humanité...

La lumière est aussi un feu qui embrase... Jésus-Christ est venu répandre le feu divin sur la terre, et le vœu de son Cœur, qui en est le foyer, est que pas une âme ne se dérobe à son action divine...

Le feu, c'est l'élément purificateur par excellence. L'eau n'atteint que la surface ; le feu pénètre la substance : laissez-le détruire dans vos âmes tout ce qu'il y a encore de terrestre !...

Le feu, c'est la joie ; on dit : un feu de joie ; la lumière c'est l'allégresse, l'allégresse durable : rien n'est comparable à un beau jour, jour de la nature, jour de la grâce...

O lumière, ô allégresse des âmes, Esprit-Saint qui pénétrez les âmes, et leur donnez ces tressaillements ineffables dans lesquels elles peuvent dire avec extase : Notre Père des Cieux !...

VII. *Le Châtaignier.* — C'est l'arbre de Notre-Dame; c'est notre arbre par excellence...

Arbre de la Vierge, il a prédit, il nous prêche maintenant sa Conception Immaculée. C'est l'enseignement d'un grand docteur de l'Eglise : « Considérez, dit saint Anselme, la châtaigne quand elle mûrit sur l'arbre : des aiguillons très serrés hérissent son involucre de toutes parts; cependant la châtaigne se forme à l'intérieur, d'abord amande molle et laiteuse, sans dards, sans âpreté, sans aiguillons nuisibles. Abritée quelque temps dans son nid extrêmement doux, elle se nourrit, se développe, grandit; et, quand elle a atteint la forme et la dimension qui lui sont propres, brisant son enveloppe elle s'échappe, entièrement débarrassée du poids et des aiguillons de sa bogue... Dieu n'a-t-il pu dans l'humanité, où il réservait un sanctuaire à la Chair de son Fils, parmi les épines du péché préserver ce sanctuaire, préserver la Vierge absolument de tout péché? Il l'a pu ; il l'a voulu ; parce qu'il l'a voulu, il l'a fait... O la plus heureuse des femmes ! dans le sein de votre mère, dès l'instant de votre conception, par la vertu du Saint-Esprit il vous a créée ainsi » (1).

(1) Castaneam attende cum de sui videlicet generis arbore prodit nascitura, involucrum illius totum hispidum et densissimis aculeis undique septum apparet, intus castanea concipitur, primo quidem nucleum lactei liquoris, nihil hispidum, nihil asperum, nec aliquibus aculeis noxium in se habens; sed si aliquatenus servans illic in summa lenitate nutritur, fovetur et alitur; ac forma in sui speciem et habitudinem jam adultâ, rupto involucro, ab omni spinarum punctione et onere liberrima natura egreditur. Attendo. Si Deus castaneæ confert ut inter spinas remota punctione concipiatur, alatur, formetur, non potuit hæc dare humano quod ipse sibi parabat templo in quo corporaliter habitaret, et de quo in unitate suæ personæ perfectus homo fieret; ut licet inter spinas peccatorum conciperetur, ab ipsis tamen spinarum aculeis

Le châtaignier étant l'arbre de l'Immaculée Vierge, les architectes des siècles de foi l'employèrent de préférence pour les charpentes des cathédrales et des églises. Comme Marie avait abrité le Verbe de Dieu, le châtaignier, son emblème, abritait le Tabernacle...

Arbre de Notre-Dame, arbre de notre pays, quel symbole de l'indissoluble union de nos cœurs et du Cœur Immaculé de la Vierge !...

Le châtaignier, c'est l'abondance : il s'élève dans les airs qu'il semble remplir, il étend au loin la multitude de ses bras dans un cercle immense, il penche jusqu'à terre ses rameaux chargés de fruits, afin que tous, petits et grands, puissent à la fois prendre et se rassasier...

Le châtaignier, c'est notre arbre de vie : par son bois il réchauffe le foyer du pauvre, et par son fruit il le nourrit. Pain quotidien des déshérités, pain nécessaire ; avec lui, c'est l'abondance ; sans lui, c'est la misère noire...

omnino exors redderetur ? Potuit plane et voluit ; si igitur voluit, fecit. Et quidem quidquid dignum unquam de aliquo extra suam personam voluit perperam est eum de te, o beatissima fœminarum, noluisse. Voluit enim te fieri matrem suam ; et quia voluit, fecit esse ; quasi diceretur, matrem suam te fecit ille rerum dominus, Creator et Gubernator ; rerum, inquam, omnium, non solum intelligibilium, sed omnem intellectum transcendentium Dominus et lactor te Dominam et Imperatricem te constituit cœlorum atque terrarum ; et sic marium et omnium elementorum, cum omnibus quæ in ipsis sunt, Domina et Imperatrix exstitisti et existis ; et ut ita esset in utero matris tuæ a primordiis Conceptionis, operante Spiritu sancto creaberis. Ita est, bona Domina, et gaudemus ita esse. (S. ANSEL. *Tractat. de Concept. B. M. V.*, p. 500.)

S. Anselme, archev. de Cantorbéry (1033-1109), esprit philosophique et théologique puissant, dont Mgr Berteaud feuilletait sans cesse les ouvrages, et dans lesquels il puisait beaucoup de ces aperçus sublimes qu'il ornait de commentaires étincelant de poésie.

**Nous possédons l'exemplaire qui a appartenu à Mgr Berteaud.**

Le châtaignier donne son fruit après tous les autres, dans les dernières journées de l'automne, quand les givres de l'hiver blanchissent les campagnes, et que les provisions exquises sont épuisées... C'est l'ami fidèle qui accourt dans le malheur. Aux jours splendides de l'été, dans l'enivrement de toutes les jouissances, quand votre cœur oubliait son véritable ami, je pensais à vous, et je vous préparais, avec les sucs mystérieux que je dérobais aux profondeurs du sol ; avec les aromes que j'élaborais aux rayons du soleil, ce fruit qui vous serait nécessaire un jour, et que vous savourez maintenant avec délices... Amis oublieux, amis ingrats, accourez ; il n'y a point d'acception de personnes. Prenez, mangez ; soyez rassasiés. Mon fruit est comme la manne : il a toutes les saveurs délicieuses ; à la table des rois il est réservé pour la volupté suprême des palais blasés...

O chrétiens oublieux du Dieu de votre enfance, dans les ardeurs de la jeunesse, et dans la fièvre des ambitions de l'âge mûr ; et vous, prodigues, que les déceptions de la vie ramènent confus mais heureux à la maison paternelle ; et vous qui n'avez jamais quitté la Table Eucharistique, méditez la leçon ; l'arbre de Notre-Dame vous dit :

L'Hostie sainte est la nourriture des âmes !

L'Hostie sainte est l'aliment nécessaire !

L'Hostie sainte est la nourriture par excellence !

VII. *Le nom de Chastres.* — C'est le nom propre de Notre-Dame ; son titre antique, originel, choisi par elle, miraculeusement conservé par elle, comme symbole plus expressif de son alliance avec nous !

Dans les habitudes des hommes, surtout dans le langage

officiel, La Court a eu beau prévaloir : Notre-Dame conserve ce nom de Chastres...

Enfants préférés de Notre-Dame, conservez le dépôt confié à vos ancêtres et que vous avez reçu, la foi, la piété, fuyant les nouveautés profanes qui causent tant de naufrages spirituels ; et la grâce demeurera avec vous (I. Timoth. IV, 20-21)...

Chastres, c'est la ville, c'est-à-dire une réunion de *maisons fortes* dans une même enceinte : dans cette paroisse qu'elle a choisie, Notre-Dame ne veut voir que de vaillantes familles chrétiennes...

Quand chaque jour, en l'invoquant, vous lui dites : *Maison d'or, Tour de David,* n'oubliez pas que son sanctuaire est votre arsenal spirituel... Là vous trouverez toujours l'armure des forts (Cant. IV, 4)...

Chastres, c'est la citadelle du salut. Quand un peuple est aux abois ; quand l'étranger foule sous son pied la patrie vaincue ; quand tout espoir semble perdu : soudain, bondissant de leur citadelle, quelques braves se jettent sur l'ennemi triomphant, le renversent, l'accablent, et rendent à des frères, à la patrie l'honneur et la liberté...

Les résurrections répétées du culte de la Vierge et de son pèlerinage ne disent-elles pas assez haut que l'enfer ne prévaudra jamais contre la dévotion populaire, contre le culte que Notre-Dame reçoit ici depuis de longs siècles, et qu'elle y veut recevoir toujours ?

Sa chapelle est le rempart ; sa cloche, le clairon qui dénonce le danger ou sonne la charge. Ne craignez point que la Vierge ne soit à votre tête pour « bouter l'étranger hors de sa paroisse de Bar ».

Il n'y a rien à faire ici ; c'est le camp de Dieu et de notre ennemie. *Dixerunt ergo Ægyptii : fugiamus Israelem; Dominus enim pugnat contra nos* (Exod. xiv). *Castra Dei sunt haec* (Gen. xxxii, 2). *Terribilis ut castrorum acies ordinata* (Cant., vi, 3, 9.)

# CHAPITRE TROISIÈME

## L'époque de la découverte de la Statue.

1. Les opinions. — 2. Les titres. — 3. Conclusion.

Cette question, importante quoique secondaire, devrait être résolue en trois mots ; mais comme elle a suscité une polémique entre quelques écrivains, il est nécessaire de la traiter avec ampleur, en exposant d'abord toutes les opinions, et ensuite, en opposant les titres et les documents pour réponse.

I. *Le Rosier de Marie.*—Le journal « le Rosier de Marie » du 17 juillet 1867, publia sur l'origine de Notre-Dame de Chastres un assez long article, daté de Paris et signé : Achille Defuat. Ce n'était qu'une amplification fantaisiste et médiocre d'écolier. « *Jean de Bar*, à la suite d'un accident de chasse, dans la forêt des Angles, avait édifié cette chapelle en 1783 » : Cette affirmation, contraire à l'histoire, publiée dans un journal consacré à la Sainte Vierge, nous détermina à demander des explications. Voici la réponse du directeur :

ROSIER DE MARIE
*Passage Colbert, 16*
PARIS

—

« Mon cher Monsieur,
« Je regrette bien sincèrement de ne pouvoir vous donner

de plus amples renseignements que ceux insérés dans le *Rosier*, concernant Notre-Dame de Chastres.

« Je n'ai point non plus l'adresse de M. Achille Defuat, et j'ai tout lieu de croire que ce nom n'est qu'un pseudonyme. J'aurais été heureux de pouvoir vous être utile et agréable, en répondant d'une manière satisfaisante à votre demande.

« Agréez, mon cher Monsieur, la nouvelle assurance de mon entier dévouement.

« PILLON, de Thury.

« Paris, le 30 août 1867. »

II. *Notre-Dame de France*, par M. Hamon, curé de Saint-Sulpice, à *Paris*. — Après avoir parlé plus ou moins longuement des pèlerinages et des chapelles en l'honneur de la Sainte Vierge, dans l'arrondissement de Tulle, l'auteur ajoute : « Enfin les Angles, Auriac, Bar, etc. sont autant de paroisses sous le patronage de Marie (1). » Le vénérable M. Hamon met en note : « Nous devons les renseignements sur ce diocèse 1° à M. l'abbé Talin, curé de Saint-Priest ; 2° à M. Paul Huot, procureur impérial, à Ussel ; 3° à M. Auguste Lestourgie, d'Argentac. » (Ibid. 356).

M. Auguste Lestourgie, ancien député, était un poète chrétien ; et M. Huot; un archéologue. Etrangers à notre région, ils ne s'occupaient pas de recherches touchant les sanctuaires ; M. l'abbé Talin, au contraire, enfant de Corrèze, s'en occupait avec passion. Il lui a plu, en renseignant M. Hamon, de laisser sciemment dans l'oubli, le pèlerinage et la chapelle de Chastres ; mais pour calmer le remords de sa conscience il a fait dire par cet auteur, que la paroisse de Bar, dont Notre-Dame de Chastres est le

(1) *Notre-Dame de France*, Province de Bourges, p. 368.

fleuron, « est sous le patronage de Marie ». Mieux que personne, M. l'abbé Talin savait que la vieille église de Bar était sous le patronage de saint Vincent, diacre. Il a écrit, en effet, dans la *Semaine religieuse* de Tulle, dont il était directeur : « Saint Vincent est le patron primaire de Bar. On voit encore au devant de l'église démolie récemment, une antique clef de voûte romane, portant l'image de saint Vincent, avec l'amict et le manipule, tenant en main le livre des Evangiles » (1).

Grâce à un artifice de style, M. Talin a désigné Notre-Dame de Chastres, et ne l'a pas nommée, ne pouvant se résigner à le faire !

III. *M. Poulbrière.* — « Cette chapelle (de Chastres) de pèlerinage très fréquenté à deux ou trois époques de l'année... est sise sur le bout d'un rocher... On ignore l'origine du pèlerinage... Cette image (de Notre-Dame de Chastres) en calcaire... aurait pour date le xv⁰ siècle » (2).

IV. *M. Melon de Pradou.* — « Ce pèlerinage est très ancien, et on ignore le fait qui a pu motiver cette démonstration religieuse » (3).

V. *M. Champeval.* — « Cette chapelle Notre-Dame qui eut pour origine le gué remplacé par le pont-passerelle de bois remonte certainement, selon nous, à 1713, au moins ; vers 1710, selon le P. Aurélien Dubech ; vers 1700 d'après

(1) *Sem. rel. de Tulle*, année 1885, p. 428.

En 924, le 15 des calendes d'août, Charles le Simple donne au monastère de Solignac, pour le dédommager des ravages des Normands, quinze églises dont treize appartiennent au diocèse de Tulle. Dans le nombre se trouve : *Ecclesiam sancti Vincentii de Bar, cum* VIII *mansis.* Voir ce décret dans Baluze (*mansi*) *Miscellan.* (in-fol.) III, pp. 36-37.

(2) *Diction. des paroisses.* Bar, 81-82.

(3) *Monog. de Bar,* au Bull. de Tulle, année 1881, pag. 429.

le pieux et ferme patoisant et regretté curé Niel. Ces deux tenants de causes, en apparence opposées (Notre-Dame du Pont et Chastres) approchent fort de la vérité dont le fin mot demeure en suspens » (1).

Dans un article publié par le *Limousin et Quercy* du 5 juillet 1885 (*Notes sur les Pèlerinages du Bas-Limousin*) article reproduit par le Curé de campagne (abbé Niel) dans la préface (page IX) de la seconde édition de ses *Principaux Sanctuaires consacrés à la Sainte Vierge, au diocèse de Tulle*, M. Champeval ajoute : « Notre-Dame du Pont étant, par titres antérieurs à 1630, doit passer avant Chastres, pour lequel nous n'avons, ni personne n'a rien d'antérieur à 1710 (2). » Nous allons voir bientôt l'aimable érudit se réfuter lui-même.

VI. *Le P. Aurélien Dubech.* — Le P. Aurélien Dubech, lecteur en théologie, du couvent des Récollets de Tulle, originaire de Mascombes, paroisse de Bar, a laissé quelques pages manuscrites dont nous avions pris copie chez M. l'abbé Talin, curé alors de Corrèze. Devenu chanoine et directeur de la *Semaine religieuse*, M. Talin a publié dans ce journal, la notice d'Aurélien Dubech, sur Notre-Dame du Pont, de Corrèze. Voici la partie qui se rapporte à Notre-Dame de Chastres, ainsi que la préface emphatique de ce factum.

« PRÉFACE OU AVANT-PROPOS

« Comme la dignité de Mère de Dieu est infinie, ainsi que dit saint Thomas, on ne saurait trop honorer la Sainte Vierge, Notre-Dame, reyne des hommes et des anges, qui

---

(1) *Bas-Limousin seigneurial*, p. 42.

(2) Deuxième édition des Principaux Sanct. par un Curé de campagne, pag. IX.

possède cette dignité infinie de Mère de Dieu : et pourvu qu'on réserve à Dieu le culte de latrie qui n'est dû qu'à Dieu seul, on ne saurait avoir trop de dévotion envers sa Mère... Dont pour en (chapelle du Pont) conserver quelque souvenir à la postérité, pour la gloire de Dieu, l'honneur de la Sainte Vierge, et l'utilité du public, je soussigné ai résolu ce matin 24 janvier de l'année 1722, d'en mettre quelque chose par écrit, selon les mémoires assurés que s'en pourrait trouver (comment le P. Aurélien peut-il écrire d'après ces mémoires qui sont à trouver ?) soumettant le tout aux pieds de la Sainte Vierge (1).

« ... La chapelle de Notre-Dame du Pont de Salut est située dans un sol auprès d'une petite montagne, dans un tènement qu'on appelle Chastres, dans la paroisse de Corrèze et depuis quelques années (2) on a trouvé une autre image de Notre-Dame dans un tènement de même nom de Chastres, au village de La Court, paroisse de Bar, sur la même rivière de Corrèze, et celle-ci a fait diminuer un peu la dévotion qu'on avait pour celle-là. Soit que Dieu suscite de nouvelles dévotions pour faire honorer sa Mère dans de nouveaux endroits ; soit parce que *nova placent*, les nouveautés plaisent et agréent communément, particulièrement en France, mais j'espère avec le secours du ciel que la dévotion de Notre-Dame du Pont de Salut s'augmentera de plus en plus, ou du moins se conservera toujours » (3).

La notice se termine ainsi : « Nous soussignés, recon-

(1) *Semaine rel.* de 1885, pag. 223.
(2) On verra bientôt que ces quelques années contiennent des siècles.
(3) *Semaine relig.* de 1885, p. 241.

naissons que nous avons toujours reconnu très sincère le Père Aurélien Dubech, récollet, lecteur en théologie, et que nous avons veu ou entendu dire à nos anciens par tradition de père en fils l'histoire de la dévotion de Notre-Dame du Pont de Salut, de la manière que le susdit Père Aurélien Dubech en a fait l'écrit et le mémoire pour servir à la postérité, afin d'exciter les gens à la dévotion de la Sainte Vierge, pour son honneur et leur utilité.

> DUMONT, du Pouget, juge de Corrèze.
> FRAYSSE, procureur d'office.
> DUBECH, juge de Bar.
> George TERRIOU, TALIN, TERRIOU, LEYMARIE.
> Frère Aurélien DUBECH, recollet, lecteur en théologie. »

Les réflexions pénibles affluent à l'esprit : 1º Enfant de Bar, Aurélien Dubech renie son pays (1). 2º Dans un écrit de quelques pages, qui a pour but de résumer l'histoire de Notre-Dame du Pont, à quoi bon et dans quel but cette digression pleine d'injustice et de quelque dépit contre

---

(1) *Extrait du registre des actes du conseil de fabrique de la paroisse de S. Vincent de Bar.*

« Lettre de Monsieur le Vicaire général donnant connaissance de la décision de Monseigneur au sujet du village de Mascombes.

                                        « Tulle, le 3 mai 1877.
   « Bien cher Curé,
   « Monseigneur me charge de vous informer que tout le village de Mascombes, sans exception pour la maison de la famille Terriou, est bien dans les limites de la paroisse de Bar ; que le curé de Bar est le seul qui ait juridiction sur ce territoire et sur ses habitants. Monsieur le Curé de Corrèze n'a aucun droit de curé sur cette partie de votre paroisse : il en a été averti et l'a reconnu expressément. Quand le conseil de fabrique se réunira, vous lui donnerez

Chastres ? 3° Précurseur de M. le chanoine Talin dont nous avons cité l'artifice de langage, le P. Aurélien Dubech écrit : « Depuis *quelques années* on a trouvé une autre image », etc. Comme si le fait ne remontait qu'à dix ou douze ans, selon l'interprétation de M. Champeval et de M. Talin ! Comme si le P. Aurélien ignorait que, depuis des générations, les pèlerins se rendaient en foule, ainsi qu'il le constate avec humeur pour le moment où il écrit, en pèlerinage à Notre-Dame de Chastres ! 4° Etrange précaution que celle de ce certificat de probité historique, voire de probité morale, qu'un religieux se fait délivrer par des laïques ! Loin de corroborer le témoignage du P. Aurélien, il l'infirme. N'y a-t-il pas entente pour une entreprise déloyale ? Oui, il s'élève des protestations dans la conscience du P. Aurélien ; il prévoit que des reproches lui seront adressés, et il se précautionne pour le moment où ils éclateront. Ce qu'il vient d'écrire (1724), dans cent ans (1825), un autre adversaire, M. Talin, plus passionné encore, l'exploitera contre Notre-Dame de Chastres.

VII. *Le chanoine Talin.* — « Le P. Aurélien Dubech fixe le commencement de la dévotion à Notre-Dame de Chastres

connaissance de cette déclaration et vous la transcrirez sur le registre des procès-verbaux du conseil. Si les habitants de Mascombes pouvaient douter, vous les inviteriez à venir prendre connaissance du procès-verbal portant cette décision.

« Agréez, Monsieur le Curé, la nouvelle assurance de mon affectueux dévouement.

« LALITE, vic. gén. »

« Et ont signé les membres présents à la réunion convoqués à l'effet de connaître et d'approuver la décision portée par Mgr J.-B. P.-L. Berteaud, évêque de Tulle.

« A. CHAUVINIAT, curé,   MARTINIE, président de la fabrique, MONÉGER, BOUDRIE, BOUDRIE, trésorier de la fabrique.

« Copie adressée à Mgr Denéchau, le 19 juillet 1882. »

aux premières années du XVIII<sup>e</sup> siècle. Il semble difficile
d'avoir une opinion contraire. En 1679, la paroisse de
Bar vint en pèlerinage à Notre-Dame du Pont de Salut, y
demander à Dieu, par l'intercession de Marie, une pluie
indispensable aux biens de la terre. Si cette paroisse avait
possédé, à cette époque, la chapelle de Chastres, ce pèlerinage n'aurait pas eu lieu » (1).

Conclusion rigoureuse, en vérité ! Admettons le fait de
ce pèlerinage à Notre-Dame du Pont, sur la foi du
P. Aurélien et de notre chanoine : est-il, à un degré
quelconque, une preuve de la non-existence du pèlerinage
de Chastres ? Nous voyons, chaque année, accourir à
Lourdes les pèlerins de tous les diocèses de France, ou
plutôt du monde entier : faut-il en conclure qu'il n'y a,
en France ni ailleurs, aucun pèlerinage en l'honneur de la
Sainte Vierge ? En 1883, le 14 mai, lundi de la Pentecôte,
la paroisse de Corrèze, curé en tête, est venue en pèlerinage à Notre-Dame de Chastres (2) : devons-nous dire,
argumentant comme M. le chanoine Talin : Si Notre-Dame
du Pont avait existé à cette époque, il est évident que ce
pèlerinage n'aurait pas eu lieu ?

Autre raisonnement de M. le chanoine : « Nous avons
rencontré aux archives de la Préfecture (liasse E, n° 535)
le testament de Jean-Martin de Lagarde, curé de Bar, daté
du 9 juillet 1693. Nous en donnons ici le sommaire...
« lègue à son église de Bar cent livres... item donne à
« maître Jean Denis, son vicaire, son bréviaire, ses souta-
« nes et chapeaux et dix livres pour dire messes... item
« donne à Léonard Vialle, prêtre de Bar, trois livres, pour

_______________

(1) *Semaine relig.* année 1885, p. 427-428.
(2) Archives paroissiales de Bar.

« dire messes... » Ce bon prêtre eût-il oublié si complètement un sanctuaire en honneur dans sa paroisse, si Notre-Dame de Chastres avait existé alors ? La force de cette preuve négative n'échappera à aucun de nos lecteurs » (1).

Outre la chapelle de Chastres, il y avait encore, dans la paroisse de Bar, à cette époque, au moins la chapelle du Bos, la chapelle de Cousein en ruines, la chapelle d'Hublanges ; nous disons : au moins, car il y avait d'autres oratoires, en particulier à Dignac ; outre Jean Denis et Léonard Vialle, il y avait encore une communauté de vingt-trois prêtres filleuls, d'après le rapport de Mᵉ Pierre Maillard, archidiacre de Limoges et vicaire général de l'évêque de Tulle, du 1ᵉʳ juillet 1689 (2) : Ce bon *prêtre eût-il oublié si complètement* et ces sanctuaires, honneur de sa paroisse, et tous ces prêtres, gloire de son troupeau, s'ils *avaient existé alors ? La force de cette preuve négative n'échappera à aucun de nos lecteurs.*

Autres temps, autres mœurs : M. le chanoine croit-il que ce régime de centralisation et d'unification sous lequel nous vivons depuis le Concordat (1801-1802) ait toujours existé ? Auparavant chaque église, chaque chapelle, chaque vicairie avait ses biens fonds propres et ses rentes en nature ou en argent, que chaque curé ou prieur, chaque chapelain, chaque vicaire perpétuel administrait, dans la plénitude de son indépendance ; souvent des chapelles étaient plus richement dotées que des cures.

VIII. *Abbé Niel.* — « Bar, paroisse d'un millier d'habitants, est l'une des plus anciennes églises du diocèse actuel

---

(1) *Semaine rel.* année 1885, p. 428.
(2) CLÉMENT-SIMON, *Bull. de Brive*, année 1897, p. 406 à 409.

de Tulle. On la trouve dès le viii<sup>e</sup> siècle. Son chef-lieu était le siège d'une vicairie, au temps des Carlovingiens. Mais son pèlerinage ne remonterait guère au delà de deux siècles » (1).

IX. *Journal « la Croix de la Corrèze ».*— Dans ses numéros du 4 et du 11 février 1900, la *Croix de la Corrèze* a publié en feuilleton deux articles anonymes, réunis ensuite en brochure sans nom d'auteur. Après avoir dit qu'il y a eu trois chapelles successives à Chastres, l'écrivain ajoute : « La première n'était qu'un simple oratoire abritant la statue miraculeuse, à l'entrée de la plaine de Chastres, près du gué de la rivière. On croit qu'elle fut détruite par les Anglais dans le xv<sup>e</sup> siècle. La deuxième, celle du pèlerinage, existait certainement avant 1646... Troisième sanctuaire bâti par M. Mas, après la Révolution. » Le vrai est mêlé au faux dans chacune des phrases de cette citation. Ce que nous avons déjà dit, ce qui nous reste à dire dans le cours de ce travail rétablit complètement la vérité. Nous n'avons donné ce passage que pour signaler, après toutes les autres, l'opinion de l'auteur inconnu.

Telles sont, fidèlement exposées, les données que nous trouvons dans nos écrivains, sur les origines de Chastres. En réponse aux affirmations purement hypothétiques des uns, fantaisistes de quelques-uns, hostiles de plusieurs, voici des faits et des documents incontestables.

Mais avant tout, rappelons la tradition. Les nombreux vieillards, avec lesquels nous avons conversé journellement dans notre jeunesse, dont quatre étaient majeurs au moment où éclata la Révolution ; les personnes instruites,

_________

(1) Principaux Sanctuaires consacrés à la Sainte Vierge, au diocèse de Tulle, par un Curé de campagne, 2<sup>e</sup> édit. p. 12,

surtout le restaurateur de la chapelle, Jean-Mercure Mas, qui avait le culte de Notre-Dame de Chastres, et la passion des recherches et des collections archéologiques ; ou plutôt, la paroisse entière, de génération en génération, je puis dire de siècle en siècle, a cru et affirmé hautement et avec persévérance, sans que les progrès de la science aient contredit, au contraire :

1° Qu'il y eut dans la plaine de Chastres, dite Champ de La Court, sous le village actuel « une Ville » ;

2° Que dans cette « Ville » existait une « église » dédiée à la B. V. Marie ;

3° Que la madone actuelle est la statue même qui ornait cette église primitive ;

4° Que cette église fut détruite « dans quelque guerre » et que la sainte image fut sauvée ;

5° Que la statue, cachée sous le rocher et découverte dans les circonstances que nous avons racontées, donna lieu à la construction, sur le même rocher, d'une nouvelle chapelle, dont le miracle fit aussitôt un lieu de pèlerinage ;

6° Que ce pèlerinage « est très ancien » ; expression qui dans la pensée de tous, veut dire « bien des fois séculaire ».

Pour nous qui avons étudié les traditions de la paroisse, pendant plus de trente ans, l'autorité de la tradition nous suffit.

A ceux qui demandent d'autres preuves nous présentons les titres suivants.

I. *Un mariage dans la chapelle de Chastres en 1747.* — On lit dans les archives de Seilhac : « Mariage dans la chapelle de Chastres, paroisse de Bar, avec permission de l'évêque de Tulle et du curé de Bar, M. Serre, entre : 1° Messire Gabriel de Rodorel, chevalier, seigneur de

Seilhac et autres lieux, veuf de dame Louise de Fénis, et Jeanne Fabvre, veuve de Messire Maistre François Deval de Lavergne (1), conseiller du Roy, ès sièges royaux de Tulle ; 2° Messire Gabriel Josep de Rodorel chevalier, seigneur de Seilhat, fils légitime au précédent et à feue dame Louise de Fénis de Lacombe, et demoiselle Jeanne Deval de Lavergne, fille des précités ; mariages célébrés vu la dispense de deux bans et la permission d'épouser nonobstant le saint temps de l'Avent, et le certificat de publications signé *Jean-Gilles* (2), évêque de Limoges, et Dechès, secrét. *François* (3), évêque de Tulle, et Boudrie secrét. ; Du Myrat, curé de Saint-Julien ; témoins Léonard Bourguet juge de Saint-Clément ; S<sup>r</sup> Jean Bordes, juge de La Gorsse ; messire Joseph de Fénis, seigneur du Tourondel, y habitant, paroisse de Saint-Augustin ; messire André de Mascaron, écuyer, lieutenant d'infanterie au regiment d'Auvergne ; signataires :

RODOREL de Seilhac, espous. RODOREL de Seilhac, espous.

FABVRE, espouse. LAVERGNE, espouse.

MASCARON, DUTOURONDEL, DEBOURGUET, BORDES, DELACOMBE, SEILHAC, chevalliet de Seilhac, CHANAC DE RODOREL, SERRE, curé de Bar, DE FÉNIS, curé de S.

« 30 décembre 1747. »

L'acte de ces mariages se trouve aussi dans les archives

(1) Par ce mariage le fief du Mont, commune de Vitrac, est entré dans le domaine des seigneurs de Seilhac. (Comte DE SEILHAC, *Scènes et Portraits*, 321.)

« Le sieur Lavergne, bourgeois de Tulle, possède le village de Lavergne-Haut (Vitrac), dans la justice et fondalité du duc de Ventadour, en 1631. » (CLÉMENT-SIMON, *Bull. Brive* 1900, p. 278.)

(2) J.-G. du Coetlosquet (1740-1758).

(3) L'illustre Mascaron.

paroissiales de Bar (aujourd'hui à la Préfecture) avec les particularités suivantes : 1° le curé de Bar, Serre, se dit curé de Bar et prieur de Corrèze ; 2° de Fénis, curé de Seilhac, ajoute : « du consentement de M. le curé de Bar présent aux dits mariages ».

Pour quelle raison ce double mariage a-t-il été célébré à Notre-Dame de Chastres ? Est-ce parce que les de Seilhac étaient seigneurs de Cousein, ou bien parce que les de Fénis étaient alliés aux de Meynard, seigneurs de La Court ? Est-ce sous l'influence d'un sentiment de dévotion ? Quoi qu'il en soit, Notre-Dame de Chastres, dès la première moitié du XVIII<sup>e</sup> siècle, c'est-à-dire au moment où, d'après le P. Aurélien Dubech et M. le chanoine Talin, on venait de découvrir la statue, avait déjà de la notoriété.

II. *Les cartes de Nolin.* — Nous possédons deux « cartes du diocèse de Limoges... avec le diocèse de Tulle, par J.-B. Nolin, géographe ordinaire du Roy (1). » L'une de ces cartes n'a point de date ; l'autre porte le millésime de 1742 ; elles sont l'une et l'autre dédiées à Mgr Antoine de Charpin de Genétines, évêque de Limoges ; d'où il suit que la date 1742 indique une réédition. En effet, Mgr Antoine Charpin de Genétines, comte de Lyon, vicaire général de Saint-Flour, nommé à l'évêché de Limoges vers la fin de l'année de 1706, sacré le 23 janvier 1707, d'une santé précaire, après avoir quitté Limoges en 1725, démissionné en 1729, mourut à Saint-Romain, en Forez, son pays natal, le 21 juin 1739, et y fut inhumé (2).

(1) Les cartes du *Gallia Christiana* sont aussi de Nolin.
(2) Voir *Gal. Christ.* II, 544. — ROY-PIERREFITTE au Nobiliaire de Nadaud. — LECLER, II, 289. — Surtout : *Rituel de Limoges*, publié par Mgr L.-C. Duplessis d'Argentré, *Chronologie des évêques de Limoges*, p. XVIII.

Dès le 13 mars 1723, comme le prouvent les lettres d'ordination de l'un de nos parents, Mgr de Genétines, ne pouvant célébrer les saints Ordres, appela Mgr Louis de Rastignac, évêque de Tulle, qui, sur cette invitation, *Rogatus*, ordonna les séminaristes dans la chapelle du Grand Séminaire. L'année suivante, la santé de Mgr de Genétines ne s'étant pas améliorée, les ordinands de Limoges furent envoyés à Périgueux, où ils furent promus par Mgr Michel-Pierre d'Argouges (1). Si les cartes de Nolin n'avaient paru qu'en 1742, c'est-à-dire trois ans après la mort de Mgr Charpin de Genétines, elles seraient tout au plus dédiées à sa mémoire. Les cartes du *Gallia Christiana*, édité en 1717, sont de Nolin.

Or, dans ces cartes qui datent par conséquent des premières années du xviiie siècle, dans lesquelles sont indiqués seulement les prieurés, les paroisses et quelques rares pèlerinages, on lit en face de Bar, sur la rive gauche de la Corrèze : « Notre-Dame de la Chatre. » On n'y trouve ni Notre-Dame de Corrèze, ni Notre-Dame de La Chabane, ni Notre-Dame d'Eygurande, sans doute, parce que ces pèlerinages ou n'existaient pas ou n'avaient pas encore de célébrité.

III. *La Carte de Jaillot.* — Nous avons aussi une carte de « La Généralité de Limoges, par le sieur B. Jaillot (2), géographe ordinaire du Roy, publiée en 1719. » Dans

---

(1) Archives privées.

(2) Famille de géographes estimés, originaires d'Avignon. Plusieurs figurent dans la Biographie universelle de Michaud. L'un de ces Jaillot, Simon, était sculpteur de mérite. Florent Lecomte dit qu'on trouve dans ses crucifix tout ce qu'on peut demander de savant et de dévot, et qu'ils offrent aux uns des sujets d'étude, et aux autres des sujets de méditation. (MICHAUD, Art. *Jaillot,* 525.)

cette carte civile, Notre-Dame de Chastres est encore indiquée. D'où lui vient ce privilège refusé à tant d'autres sanctuaires ? De ce que depuis longtemps Chastres était un lieu connu de dévotion et de pèlerinage. En effet, toutes les cartes sont composées avec d'autres cartes plus anciennes et d'antiques pouillés.

Voici maintenant des documents privés, tirés des archives des familles de la paroisse.

*Acte de 1677.* — « Au village de Ceaux, paroisse de Bar, le neufviesme jour du moys d'auril, mil six cens soixante dix sept, avant midy. Régnant Louis, etc., par devant moy notaire royal soubsigné et présents les témoins bas nommés.

« Ont esté personnellement constitués Anthoine Massoulier et Jean Devès, beau-père et gendre, laboureurs du village de La Cour susdite paroisse pour eux et les leurs à l'advenir, d'une part.

« Et Vincent Chastaigner aussi laboureur du village de Boysse Dumond (*sic*) susdite paroisse, aussi pour lui et les siens à l'advenir, d'autre part ;

« Lesquelles partyes, pour leurs aisances et commodités, ont faict les échanges et permutations que s'en suivent : scauoir : les dits beau père et gendre ont cédé, quitté, et à tittre deschange délaissé au dict Chastaigner acceptant un lopin de **terre de contenance d'une cestérée de terre**, comme a esté borné et limité entre les partyes, qui confronte avec un pré du dit Chastaigner et avec le restant de la terre des dits beau père et gendre appelée de Chastres, et avec le chemin allant du village d'Hublanges au dit village de La Cour et avec un boys des héritiers de feu sieur Mathieu Gendre, de Tulle, et ses autres confrontations.

« Et en contreschange et permutation, le dict Chastaigner a cédé, quitté aux dits Massoulier et Devès, beau père
et gendre, un sien pastural et terre et rochers appellé à
Chastres (ce sont les rochers de l'abîme, au chevet de la
chapelle), la pièce par entier, à la réserve de la chapelle
et place comme a esté borné (dans laquelle *et place et
devant de Chapelle* le dict Chastaigner ne pourra faire
aucune bâtisse a moins qu'il ne veuille agrandir la chapelle...)

« De plus a esté convenu entre les partyes, qu'il sera
faict un gardoir dans le pré du dict Chastaigner, à l'endroit
d'une fontaine qui est proche d'un poumier par le bas
dudict pré, lequel gardoir sera de grandeur de douze pieds
en carré et sera faict et entretenu chacun par cotité, et
l'eau dudict gardoir appartiendra aux dits beau-père et
gendre, du lundi matin jusque au mardy au soir de chacune sepmaine, et le restant appartiendra au dict Chastaigner... Pourront les dits beau père et gendre conduire la
dicte eau dans leur pré appelé de La Fon ou dans un
pastural qu'ils ont joignant leur terre appelée de Chastres...
Présents Pierre Saint Ypoly clerc, et Léonard Soulier,
laboureur dudit présent village témoins. Les dites partyes
et Soulier témoin n'ont sceu signer de ce faire requis.

« Sainctypoly présent.    Deceaux, Not. royal » (1).

Ce document, très intéressant à beaucoup de titres,
suggère de nombreuses et importantes réflexions.

1° Il en résulte que la chapelle, dès 1677, est, non une
propriété privée, comme on serait porté à le croire de
prime abord, mais que bâtie sur un terrain privé, elle

_____

(1) Collection Jean-Mercure Mas.

appartient à tous. Il en était ainsi de tous les monuments religieux avant le Concordat de 1801, qui en a fait la propriété des citoyens ou des fidèles, selon qu'il les a donnés ou à la commune, ou à la fabrique. Jusqu'à cette époque, ils étaient à la société chrétienne ; même lorsqu'ils étaient fondés par un seul ; car, en cette matière surtout, on avait en vue le bien public, et l'égoïsme, qui ne trouvait pas encore dans la loi civile sur la propriété un droit d'exclusion, n'avait pas inventé la chapelle domestique moderne.

Le chrétien possesseur du site favorable se faisait un honneur de l'offrir ; alors, qu'il s'agit d'une chapelle ou d'une église, tous rivalisaient à la construire. Il y avait même des compagnies de *peiriers* et d'*imaigiers*, qui exécutaient l'ouvrage pour la gloire de Dieu et de Notre-Dame et pour le salut de leurs âmes. Pour salaire la charité leur donnait la nourriture : hébergés gratuitement dans les familles, ils s'asseyaient à la table commune et mangeaient ce qui était servi pour tous. Le système moderne des adjudications ne produira jamais de chef-d'œuvre comparable à ceux du passé.

Le monument était donc public quoique assis sur un terrain privé. Il n'y avait pas lieu alors de craindre les revendications et les tracasseries de l'avarice et de l'impiété : le sanctuaire n'importunait personne ; aux yeux de tous, il était une source de bénédiction ; et le monomane d'impiété, armé de la torche et de la dynamite, n'est que le produit de notre siècle. Aujourd'hui nous concentrons nos efforts pour expulser Dieu ; autrefois, les hommes, même quand ils déchaînaient leurs passions les uns contre les autres, conservaient un respect souverain pour Dieu qui était au-dessus de tout.

2° La réserve stipulée contre Chastaigner qui ne pourra bâtir ni devant la chapelle ni dans le voisinage, mais qui cependant aura la liberté d'agrandir la chapelle, est la consécration de ces principes : la propriété de Notre-Dame est sacrée, Anthoine Massoulier et Jean Devès veulent qu'elle reste sacrée ; et Notre-Dame est à tous.

3° Au reste nous allons voir qu'avant 1677, la chapelle de Chastres avait un syndic, et que les étrangers lui faisaient des legs pieux, en témoignage de leur reconnaissance ; en un mot, qu'elle était une chapelle publique.

Mais il suffit que le document cité établisse l'existence de la Chapelle de Chastres.

*Titre de 1676.* — Aux archives de la famille Vialle, de La Court, se trouve la pièce suivante :

« Extrait de la palpe faitte par Dumond, du village du Mond, paroisse de Ciliac (1), du 10 avril 1676.

« Anthoine Massoulié du village de La Cour payera pour une party de pré et bois appelé de Chastras, et pré de La Fon, confronté avec la chapelle de Chastras, bois et pré de Gendre, la rivière de Corrèze, et la croix qui est au delà de la chapelle, contenant quatre cestérées deux coupes — seigle une quarte, » etc.

La voilà parfaitement décrite, dans un acte public de 1676, telle que nous la voyons aujourd'hui, la chapelle de Chastres, avec sa belle place et sa croix, au fond, à l'ouest, près du mur de clôture du jardin de M. Ceindrie (2).

*Acte de donation de 1674.* — Voici un acte public plus

(1) Seilhac.
(2) M. Chauviniat, curé de Bar, a déplacé cette croix et l'a établie presque au centre de la place, au milieu d'un groupe de sapins.

important encore. Il vient de la collection de Jean-Mercure Mas, et nous le devons à M. Champeval. Nous le donnons in extenso :

« Au village de Ceaux, paroisse de Bar, le huictiesme jour du moys d'avril mil six cens septante quatre avant midy régnant Louis etc. par devant moy etc. a esté personnellement constitué Jean Chastaigner m$^{tre}$ masson du village du Mond présente paroisse scindic de la chapelle de Notre-Dame de Chastres en la même paroisse lequel de son gré et volonté a confessé avoir eu et reçu et d'effet a reçu sur ces présentes de Jean Hospital du village de Bans paroisse d'Orlhac présent et acceptant la somme de dix livres leguee par feu Pierre Souliliavoup à la réparation de ladite chapelle de Chastres par son testament de dernière volonté laquelle somme lui Chastaigner a promis employer au désir dudit Souliliavoup et a promis de tenir quitte ledit Hospital et tous autres et pour ce dessus faire et tenir a ledit Chastaigner oblige et hypotheque etc. renonce etc. jure etc. et voulu estre compelle etc. dont etc. presents M$^{tre}$ Pierre Ceaux praticien et Pierre Chieze laboureur du present village qui lesdites partys et Chieze n'ont su signer de ce requis.

« CEAUX.       DÉCÉAUX, N$^{re}$ royal » (1).

*Célébration de messes à Notre-Dame de Chastres.* — Voici un autre testament. Nous le donnons avec d'autant plus de bonheur qu'il est de la bisaïeule de notre aïeule paternelle : « Sachent tous présents et advenir qu'aujour-

---

(1) Les etc. se trouvent dans la minute. On sait que les notaires, pour abréger, n'écrivaient que le premier mot des formules officielles.

d'huy au village de Cousin-Haut (1), parr. de Bar, Bas-Limousin, le dernier jour du mois de décembre mil sept cent soixante-cinq, avant midy, Catherine Marrel, femme d'Antoine Ventejouls (2), étant proche du feu de la maison dudit Ventejouls son mary, et étant fort malade de son corps, néanmoins étant toutefois en ses bon sens, mémoire et entendement, considérant la certitude de sa mort et l'incertitude de l'heure de son arrivée et ne voulant décéder ab intestat, afin d'éviter touts débats et contestations dans sa famille m'a dit vouloir faire son testament et disposition de dernière volonté qu'elle m'a dicté mot à mot, comme s'ensuit, premièrement, s'est munie ladite testatrice du signe de la sainte croix et recommandé son âme à Dieu, qu'elle supplie luy faire miséricorde par les mérites infinis de Notre Seigneur Jésus et l'intercession de la bienheureuse Vierge et a (*sic*) touts les Saints et Saintes du paradis, veut laditte testatrice son deces arrivant son corps être inhumé dans le cimethiere dudit Bar, et a l'egard de ses honneurs funebres elle s'en remet a la discretion de son heritier universel bas nommé item donne et legue laditte testatrice a la retribution ordinaire aux curé ou pretres dud. Bar la somme de soixante livres pour etre employee en messes basses pour le salut de son âme, scavoir celle de trente livres dans l'église dud. Bar, et les autres trente livres a la chappelle de Notre-Dame de Chastres. Et pour payement d'ycelle laditte testatrice leur delegue la susdite somme de soixante livres a prendre sur sa legitime a elle düe par feu Leonard Marrel son frere ou

(1) Couzein-Haut se compose des groupes de La Croix et de La Sarlarie.

(2) Antoine Ventejouls et Catherine Marrel avaient pour gendre Jean Soleilhavoup, de la famille des Soleilhavoup d'Orliac-de-Bar.

a (*sic*) ses heritiers du village d'Hublanges, paroisse de Bar... En presence de M<sup>r</sup> Joseph Meynard bourgeois de la ville de Tulle parr. St-Jullien, M<sup>r</sup> François Tramond, praticien, Jean Leyrat, Jean Tireyzol, Jean Chadebech et Duminy Bouchal du village de Cousin. — SAINTIPOLY, n<sup>re</sup> royal.

Les archives de M. Clément-Simon contiennent aussi un acte de donation à Notre-Dame de Chastres. Nous n'avons pu le retrouver malgré l'aide gracieuse et compétente du savant archéologue ; malgré aussi la classification intelligente des myriades de titres en sa possession : une pièce peut être placée sous tant de rubriques ! Il existe enfin dans l'étude de M<sup>e</sup> Senut, notaire à Corrèze, un acte de 1713, qui contient un legs à Notre-Dame de Chastres : les recherches que M. Senut a bien voulu faire n'ont pas encore donné le résultat attendu.

Ainsi, en 1674, le 8 avril, la chapelle de Chastres a un syndic, Jean Chastagner, du Mons ; à cette même date, un chrétien de la haute région d'Orliac, encore si dévote à Notre-Dame de Chastres, lui fait en mourant un legs pieux, lui, étranger, par reconnaissance envers la Vierge du pèlerinage : et cependant il n'y avait pas de pèlerinage, il n'y avait même pas de chapelle avant 1710, s'il faut en croire les solides raisonnements de M. le chanoine Talin et le factum du P. Aurélien, certifié sincère et véritable par les notables de Corrèze, factum qui a toutes les apparences d'une mauvaise action, d'un acte de brigandage en complicité.

*Actes publics de 1666.* — Les archives des familles nous ont fourni deux autres contrats d'échanges : le premier est du 6 mars 1666, reçu Faugeyron, notaire à Tulle ; témoins « maistre Jean Dumond prestre et maistre Pierre Laporte prestre, habitants de Tulle ; » entre Léonard et Anthoine Massoulier, père et fils, d'une part ; et Jean et Vincent Chastagner, du village de Bouysse, d'autre part. Le second contrat d'échange est passé devant le même notaire, en présence des mêmes témoins, entre Dumine La Court et son fils d'un côté, et Léonard et Anthoine Massoulier, père et fils, de l'autre. Ce contrat, dont la date détruite est assez clairement indiquée par les détails, doit être de 1666 ou 1667. Or, dans ces deux contrats il est encore question du « pré de La Fon » et de « la terre de la croix de Chastres ». La chapelle, son esplanade et sa croix étaient donc, en 1666, telles que nous les voyons encore.

*Acte public de 1452.* — Le chartrier de la famille Brossard de Marcillac, de Terrasson (Dordogne), contient plusieurs pièces intéressant la famille des seigneurs de Bar. D'une reconnaissance de rentes, M. Champeval a bien voulu extraire et nous envoyer le passage suivant :

« En 1452, noble Jacques de Molceau, autrement nommé de Bar, se fit reconnaître diverses rentes, sur divers villages de Bar, notamment sur Meyrignac ; plus sur une vigne dite l'Hort de la Croux, située dans le puy de Bar, confrontant au chemin allant dudit puy à Vimbelle, et avec la Croix dite de Fories, *et cum cruce de Zargalis* (1) ; plus, sur le claux de la Boteyrie ; près du chemin du pont de Vimbelle à Couzen ; *sive ad oratorium de La Court* (2) ; *et prope Crossac et rivum* de Menault » (3).

(1) Croix des Zargas. On donne encore ce nom à l'aubépine blanche et à l'aubépine noire.
(2) Près de la chapelle de La Court.
(3) Près de Croussac et du ruisseau de Menaud.
Au cartulaire de l'abbaye de Tulle, publié par M. Champeval,

Ce document est pour nous les colonnes d'Hercule. Mais Notre-Dame suscitera quelque Christophe Colomb qui, plus hardi et plus heureux, découvrira un nouveau monde, et, nous en avons la confiance, complétera et confirmera tout ce que nous avons écrit.

Il résulte de cet extrait : 1º qu'il y avait, en 1452, des vignes dans la paroisse de Bar, particulièrement aux flancs méridionaux des coteaux, et sur le sommet du vieux Bar, à l'endroit appelé aujourd'hui le *Suquel*, où l'on a découvert des sépulcres romains. 2º Que Jacques de Molceau, ou de Bar, avait une rente sur la vigne de La Bouteyrie, à l'endroit appelé de nos jours « *la Vigne Grande*. 3º Qu'il avait aussi une rente sur la vigne située sous le village de Champeval, et sur celle qui était au flanc du coteau entre Menaud et Croussac. 4º Que le coteau du Meymont, dont le tènement ou repaire faisait partie de la seigneurie de Bar, exposé au plein midi, en face de la chapelle actuelle de Chastres, était couvert de vignes, en 1452. 5º Qu'en l'année 1452, il existait, comme aujourd'hui, et sur le même rocher, un oratorium ou chapelle (1).

on lit : « Arbitraige entre noble Jacques de Molceau, seigneur de Bar, et Yzabel sa femme... lègue au Chapitre 4 cestiers seigle, mesure de Tulle, sur la fazion et bordaryc de Menaur, alias de Dedins la porte assise au dit lieu de Crossac. Reçu Pierre Serre, 29 sept. 1422. » (*Bull. de Tulle*, année 1899, p. 165.)

(1) M. Champeval, en archéologue et en poète, traduit par Oradour, mot qu'on ne trouve ni dans Ducange, ni dans Carpentier, ni dans les dictionnaires modernes. Mais ce terme poétique n'est ni précis, ni exact. Par Oradour, Ouradour, on désigne actuellement, croyons-nous, un édicule religieux si exigu, qu'il ne sert qu'à abriter une statue ou une croix ; incapable, par conséquent, de contenir des fidèles en prière. Tel l'oradour qui se trouve sur le chemin de Thouzac au bourg de Gimel.

Dans le latin classique, dans le bas-latin du Moyen-âge, Orato-

Cette chapelle est la chapelle du pèlerinage, la chapelle si exactement décrite dans les titres de 1676 et de 1666, la chapelle qui a été détruite en 1794. Le mot de *Made*, en effet, est inséparable de la découverte miraculeuse de la statue et de l'origine du pèlerinage qui en fut la suite. Or, ce mot de Made n'est pas un mot de la Renaissance, pas même de la dernière partie du Moyen-âge ; il appartient, sans conteste, au haut Moyen-âge et recule d'autant l'origine du pèlerinage, qui est par conséquent et de toute évidence, antérieure à 1452. Dans le chapitre VI, en parlant de la statue de Notre-Dame de Chastres ; et, dans le chapitre VII, consacré aux fêtes du pèlerinage, nous ajouterons de nouveaux arguments à cet argument péremptoire.

*Concluons :* Lorsque le P. Aurélien Dubech, « le 24 janvier de l'année 1722 », écrivait que « depuis quelques années on avait trouvé une autre image de Notre-Dame dans un tènement de même nom, paroisse de Bar, » ces « quelques années » contenaient plus de trois siècles ; quand M. Champeval disait de Chastres : « Nous n'avons rien, ni personne n'a rien d'antérieur à 1710 », l'aimable et sincère érudit n'avait pas encore fait ces précieuses

rium n'a jamais cette signification : Robert Étienne se contente de dire : Oratoire, lieu de prière, temple ; *Oratorium, locus precationis, templum.* (*Thesaurus ling. lat. IV, 374* )

*Oratorium aedes ubi oratur, pro ecclesia usurpatur. — Oratio, aedes sacra in qua oratur, vel pia peregrinatio :* Oratoire, édifice religieux où l'on prie ; désigne une église, un pèlerinage (Ducange-Carpentier, Glossaire).

Au Moyen-âge, on appelait nos chapelles, oradours, oratoires indifféremment.

Capellæ primus nomen indidit Marculfus Capsæ seu Thecæ sacræ Beati Martini quæ in palatio regis servabatur. (THOMASSIN, Vetus et nova Ecclesiæ disciplina, I pars, II lib. cap. CIX, p. 577 du tom. I.)

découvertes dont nous avons bénéficié aussitôt, grâce à son désintéressement empressé, et qui font remonter, par titres authentiques, notre cher pèlerinage au moins aux premiers jours du xvᵉ siècle : date respectable que très peu de pèlerinages peuvent revendiquer, et qui, à notre avis, doit être reportée bien plus haut encore. Ce n'est pas du chauvinisme, c'est de l'histoire que nous faisons.

Un des enfants de la pieuse et bienfaisante famille des seigneurs de Bar, né à Tulle, dans l'hôtel noble que sa famille y possédait, au Trech, près de la fontaine Saint-Pierre, Raymond de Bar, évêque de Montauban (1405-1424), avait une tendre dévotion pour la Sainte Vierge. Son sceau épiscopal porte dans un panneau supérieur l'image de la Vierge accostée de saint Martin et de saint Théodard, patrons de l'église de Montauban ; au-dessous, l'évêque est représenté à genoux et incliné, avec l'écusson de sa famille à côté de lui (1). Nous aimons à

(1) In sigillo episcopi apparet imago B. Mariæ cum imaginibus ss. Martini et Theodardi, patronorum ecclesiæ Montisalbanensis a lateribus utrinque ; inferius prostat episcopi genuflexi effigies cum tesseris familiæ. (Gal. Christ. XIII, 240-241. — C. DAUX, *Hist. de l'église de Montauban*, I, années 1405-1424.)

Un acte de donation de cet évêque a été publié par M. F. MOULENQ, dans le Bulletin archéologique de Tarn-et-Garonne (année 1883, p. 74) et reproduit par le Bulletin archéologique de Brive (année 1894, pag. 284 à 287.) Nous croyons devoir en donner ici les dispositions essentielles :

« Anno Domini millesimo CCCCXV et die xxiv Januarii Reverendus in Christo pater dominus R. de Baro, miseratione divina episcopus Montisalbani... inter vivos dedit et cessit Joanni Gregorii, mercatori et habitatori civitatis Tuthellensis ejus nepoti... Unum hospitium paternum ipsius domini donatoriss, situm in dicta civitate Tuthellensi extra muros civitatis, prope fontem Sancti Petri... Et boriam vocatam de Baro situatam in honore et juridictione dictae civitatis... et omnia alia et singula quæcumque bona mobilia et immobilia... Acto tamen quod dictus filius (de

penser que cette image de la Vierge était celle de Notre-Dame de Chastres à laquelle, peut-être, il devait sa vocation (1). De nos jours, Mgr Pie, enfant de Chartres, portait dans ses armes une *Vierge Marie*, avec la devise : *Tuus sum ego*, je suis à vous. Le sceau épiscopal de Mgr Denéchau semble inspiré par celui de Raymond de Bar.

Grégoire) et omnes heredes habeant et teneantur tenere cognomen de Baro, et vocentur de Baro... — Testes : Dominus Bartholomeus Piconis, licentiatus in decretis, officialis Montisalbani ; Dominus Petrus Chalo, licentiatus in legibus, civis Tuthellensis, ut dixit ; nobilis Stephanus de Payraco, habitator de Mansaco, diœcesis Lemovicensis ; dominus Johannes de Podio Armandi, presbyter ; nobilis Arnulphus Laynardi, scutifer, familiarius dicti domini episcopi. — Raymond HEBRARDI, not. »

Cet Etienne de Payrac serait-il de la famille des Peyrac, de La Court, dont nous avons parlé ? Le porte-insigne et familier du seigneur évêque Arnauld de Laynard, peut-être Maynard, a aussi un nom bien corrézien. — Le fils de Pierre Chalo devint seigneur de La Chapelle-aux-Plas, près d'Argentac (V. CHAMPEVAL, *Bas-Limousin seigneurial*, pag. 147). Au vieux bourg de Bar, près de la Croix de la Vigne Grande, sort du flanc ouest de la chaussée de la Bouteyrie, un petit promontoire, séparé de l'Echamel par un petit ravin, où naît un filet d'eau. Ce ravin, nommé Dou, dans le pays, et le petit promontoire s'appellent encore Chalo, quelquefois Chialo, Dou de Chialo. La tradition conserve un vague souvenir d'un château qui, du haut du promontoire, surveillant les gorges où se réunissent les ruisseaux de Bouret, de Vimbelle et de Menaud, et où s'amorce l'un des vieux chemins du castrum gallo-romain, aurait été la sentinelle avancée de la forteresse de Bar. Ainsi l'évêque Raymond de Bar aurait eu auprès de lui, à Montauban, une petite colonie de compatriotes.

(1) Le registre des reinages de Chastres (voir chap. VII) montre que les pèlerins des régions où la famille de Bar avait des terres, ont été les plus fidèles à se rendre aux fêtes de Chastres ; ils le sont encore.

# CHAPITRE QUATRIÈME

## Seconde ruine de la chapelle

1. La chapelle du pèlerinage jusqu'à la Révolution. — 2. Les lois de sang. — 3. Les ouvriers d'iniquité. — 4. Les femmes du Calvaire. — 5. Les trente deniers. — 6. Les pèlerins du deuil.

Le lecteur se demande quelle était cette chapelle qui, après avoir traversé tant de siècles orageux, a disparu dans la tourmente de 1793. Les vieillards que nous avons connus dans notre jeunesse, avaient vu cette chapelle; les uns jeunes encore, les autres dans la force de l'âge, avaient assisté aux fêtes de Chastres : ils nous ont répété souvent « qu'elle était bien plus belle que la chapelle moderne. » Ces vénérables témoins voulaient dire que cette ancienne chapelle était plus richement ornée et décorée, et nous le croyons sans peine, puisqu'il nous en reste trois tableaux; mais nullement, qu'elle fût un monument d'architecture. Elle ne différait point des sanctuaires champêtres de notre Limousin, conçus par le génie naturel, et édifiés par la main des ouvriers de nos campagnes. Dans les maisons du village, dans les murs qui forment les clôtures des champs, dans les fondements surtout des deux ponts, en aval du village, où furent employées les pierres de la chapelle, nulle part on n'aperçoit un reste quelconque de sculpture; d'ailleurs, en 1815, quand M. Jean-Mercure Mas releva la chapelle, sa piété, interprétant le sentiment religieux de la paroisse, aurait réintégré ces débris sacrés dans leur première destination, en leur donnant place dans le nouveau sanctuaire. Les dalles du parvis, les pierres qui formaient les élégantes colonnes en faisceaux, et les nervures de la vieille église de Bar, vendues par un entrepreneur, sont dispersées dans les villages où elles gisent dans la boue des chemins ; mais cette profanation devait être épargnée aux ruines de Chastres, la suite du récit le montrera.

Au centre de cette chapelle — ce sont toujours les vieillards qui parlent — se dressait, comme dans l'église de Roc-Amadour, un grand Christ sur une croix de bois : à leur arrivée et à leur départ, les pèlerins baisaient pieusement les pieds de cette émouvante image, comme on le pratique encore à Roc-Amadour, après avoir monté à genoux et en priant les deux cents degrés.

« La chapelle de Chastres, dit M. Clément-Simon, ne constituait pas un bénéfice (1). » Toute affirmation de l'illustre savant est grave ; car il ne parle qu'à bon escient ; cependant nous osons croire qu'il n'a émis cette opinion que parce qu'il n'a pas rencontré de documents, soit dans un sens, soit dans l'autre. On lit, dans la supplique des habitants de Bar, dont nous avons déjà parlé : « Outre un pasteur et un vicaire on y (dans la paroisse de Bar) trouve en même temps un chapelain de Notre-Dame de La Châtre, cette chapelle qui jouissait du privilège d'y faire les baptêmes et plusieurs autres cérémonies réservées aujourd'hui aux églises paroissiales, a attiré pendant plusieurs siècles des pèlerinages à certaines fêtes de l'année, et les nombreuses guérisons miraculeuses qui s'y sont opérées y

(1) Note sur les églises de l'ancien diocèse de Tulle. *Bullet. de Brive*, année 1894, p. 582.

appellent encore tous les ans des étrangers avec une dévotion exemplaire » (1).

Or, jusqu'à la Révolution, les prévôtés, les cures, les prieurés, les simples chapellenies et les vicairies étaient des bénéfices, et tout bénéfice était perpétuel (2). Ce grand principe de la perpétuité des charges et des bénéfices, le Concordat ne le détruisait pas, au moins dans la pensée de Pie VII ; peut-être même dans la pensée de Napoléon ; car il en différa pendant neuf mois la promulgation afin d'y ajouter et de publier en même temps, comme s'ils faisaient partie du Concordat, les *Articles organiques*, œuvre de mauvaise foi et d'hostilité, œuvre exclusivement laïque. Ce sont ces *Articles* seuls qui ont établi la distinction des curés et des desservants, faisant de ces derniers des bénéficiaires amovibles ; et, des vicaires, de simples auxiliaires. Nous ne répéterons pas ici ce qui a été dit dans le premier chapitre, des règlements faits par les conciles et par les capitulaires de nos rois, sur toute fondation pieuse, même d'un simple oratoire.

Un curé de Corrèze va même jusqu'à faire de Chastres une paroisse. « Je soussigne prieur curé de Corrèze déclare avoir reçu d'Antoine Ceaux du village de La Cour paroisse de Chastres, représentant l'héritière de Toinette Boule (3), la somme de sept livres dix sols pour les arerages de la rente obituaire qu'il doit sur la maison et terre qu'il possédait à Corrèze dont le quitte quant à sa coquité (*sic*),

(1) Archives privées.

(2) Voir Thomassin, *Vetus et nova Ecclesiæ disciplina.* I pars, II lib., cap xxvii. — tom. I, p. 310-311-312.

(3) Marie Boule, fille d'Antoinette Boule, épousa Antoine Ceaux et fut mère de Marguerite Ceaux et de Jeanne Ceaux qui ont sauvé la madone en 1794.

donné à Corrèze le trentième juin mil sept cent soixante six. — Bellefonds prieur de Corrèze » (1).

Marie Delaurens-Puy-Lagarde, nièce de M. J. F. Nugon, curé de Bar, avait épousé, le 9 juillet 1799, François Mas, frère de Jean-Mercure Mas, restaurateur de Notre-Dame de Chastres. A la Borie des Angles, où elle habitait avec son mari, cette dame a répété maintes fois à Anne Pasquet, sa servante, devenue femme Bellande, qu'avant la Révolution, les prêtres de Bar ne pouvaient suffire à la célébration des messes demandées par les pèlerins de Chastres. Hélas ! la Révolution n'a pas fait seulement des ruines matérielles !

La Convention, ce « tribunal de sang », selon l'expression très juste de Dumouriez, venait d'abattre sur l'échafaud la tête de Louis XVI (21 janvier 1793), et de s'investir elle-même de l'autorité souveraine. Sous l'empire des idées de révolte et d'anarchie qui agitaient la France, des Comités secrets s'étaient formés dans toutes les communes, comme de nos jours les comités républicains. Ces associations ténébreuses, sans mandat, acquirent bientôt, par la complicité du pouvoir, une redoutable influence. Faut-il s'en étonner ? celles de nos jours en ont autant.

Par la loi du 14 frimaire an II (4 décembre 1793), qui établissait dans le sein même de la Convention, un Comité de Salut public, auquel tout devait être soumis, ces quarante-quatre mille comités des quarante-quatre mille communes de France devinrent des autorités légales, d'autant plus puissantes et redoutables qu'elles correspondaient directement avec le Comité de Salut public et de Sûreté

(1) Archives de la famille Vialle.

générale de Paris, c'est-à-dire, avec Robespierre, son chef. Ce sont ces comités, composés d'hommes ignorants, grossiers, pervers, impies, universellement méprisés, qui ont couvert la France de ruines et de sang.

Cette loi avait été précédée, le 10 novembre 1793, du décret qui abolissait le culte catholique en France, le remplaçait par le culte de la Raison, et, en même temps, chargeait les quarante-quatre mille comités révolutionnaires des communes, en exécution du décret, de démolir tous les édifices religieux, oratoires et églises, qui ne pouvaient recevoir une destination profane profitable au public. Ils s'en acquittèrent en impies et en Vandales.

C'est le commencement du règne de la torche, de la sape et du couperet. Il dura jusqu'au 9 thermidor an II (27 juillet 1794), où, après un duel terrible de deux jours, entre la Convention et Robespierre, ce dernier porta sa tête sur l'échafaud, au milieu de ses affreux acolytes Couthon et Saint-Just : la Terreur avait duré près de neuf mois, autant que nos cabinets ministériels, persécuteurs et sectaires.

Honneur à la paroisse de Bar ! elle n'eut point de Comité révolutionnaire. Dans le Conseil général de la Commune, aux fonctions d'Agents ou d'Officiers publics (1), on ne

(1) Le Conseil général de la commune était l'assemblée des notables, créée par la loi du 14 décembre 1789, supprimée par la Constitution du 8 fructidor an III (22 août 1795). Il devait s'adjoindre aux officiers municipaux pour délibérer en commun sur les affaires majeures.

Les agents nationaux créés par la loi du 4 frimaire an II (24 novembre 1793) remplacèrent les procureurs syndics de district, les procureurs des communes. Leur devoir était de requérir, poursuivre l'exécution des lois, de dénoncer les négligences et les infractions. Ils pouvaient parcourir l'étendue de leur territoire pour cette surveillance. Traitement annuel 2.400 livres.

trouve que les personnes les plus honorables, les plus modérées, les plus honnêtes. Les archives de Bar donnent pour premier maire, de 1789, époque de leur établissement, au 22 août 1795, époque de leur suppression, Léonard Brudieu, d'Hublanges, beau-frère de Jean-Mercure Mas ; comme officiers publics ou agents, car ces deux termes sont employés indifféremment dans les registres : Jean-Mercure Mas, que Dieu a déjà choisi pour relever la chapelle ; Jean-Baptiste Tramond, notaire à Couzein ; voire, le vénérable Jacques-François Nugon, licencié en théologie, curé de Bar, insermenté, et par cela même plus estimé encore et aimé de sa paroisse (1). Ses registres très exactement tenus et toujours écrits de sa main, se poursuivent jusqu'au 5 mai 1793, où il ajoute encore après sa signature : « officier public, membre du Conseil général de la commune de Bar, élu pour recevoir les actes ».

Avec de tels magistrats, avec l'esprit qui les avait élus, il est évident que la commune de Bar, laissée à elle-même, aurait été, même pendant la période sanglante, tranquille et heureuse. Ici point de ces briseurs de croix et d'autels qui surgissaient on ne sait d'où dans les communes environnantes ; point de ces délateurs occultes qui, par vengeance ou envie, envoyaient en prison et parfois à l'échafaud les personnes les plus honorables : personne ne fut molesté à Bar. La mémoire des hommes, qui a recueilli et conservé avec tant de fidélité les faits de persécution,

---

(1) Le décret du 27 novembre 1790 obligea les évêques et les prêtres à prêter le serment de fidélité à la Constitution civile du clergé, sous peine d'être déclarés démissionnaires de leurs fonctions. Ce serment devait être prêté le 4 janvier 1791 par les ecclésiastiques de l'Assemblée nationale, et le 9, par tous les autres en France.

ne nous en a pas fourni un seul dans nos longues et perséverantes recherches. Le mal qu'il y a eu, n'est imputable qu'à la horde des dévastateurs descendue des Monédières, et aux sectaires qui composaient le District de Tulle. Est-ce à dire que les idées de l'époque n'y trouvèrent aucun écho? Ce serait trop absolu. Dans les familles auxquelles la fortune, l'instruction, la position donnaient de l'influence, personne ne fut accessible à ces vils sentiments d'ambition, de jalousie, de vengeance, qui, alors, se donnaient libre carrière sous le couvert des principes politiques du moment ; dans les basses couches de la société, quelques hommes, en si petit nombre que même aujourd'hui leurs noms sont tous connus, se montrèrent accessibles aux idées nouvelles. De nos jours ils seraient accusés de lâcheté et de cléricalisme, par certains de leurs compatriotes. Rappelés à l'ordre en toute occasion, méprisés de tous, et d'ailleurs sans valeur personnelle, ils restèrent dans leur impuissance. Le premier de ces exaltés avait le surnom typique de

*Bradzou.* — Ce terme et celui de *brodzolas,* diminutifs de brayes, désignent d'une façon assez pittoresque, un homme de petite taille. Déclamer contre les prêtres et les riches, proférer de vaines menaces, était l'occupation ordinaire de Bradzou ; mais cet homme, hardi en parole, avait conscience de n'être pas un homme d'action. Nous avons connu son fils, digne héritier de la petite stature et des mœurs paternelles. Les descendants sont très honnêtes et estimés.

*Bourriquet.* — Son nom patronymique était Meneyrol, il était châtelain de Bar. En effet, dans l'acte de séquestre des biens du seigneur de Bar, par Antoine Lacombe, géomètre de Tulle, en date du 25 juillet 1793, on lit que le citoyen Jean-Mercure Filliol, fermier général, a donné à ferme à Vincent Meneyrol « le château en très mauvais état, avec terre et jardin, au prix de 24 livres annuellement ».

Nous avons sous les yeux une autre pièce intitulée : « Héritages appartenants (*sic*) à M. le Marquis de Bart, pris par extrait au long sur le mitonnet (1) déposé à la municipalité de Bart, article par article; » et légalisée par la formule suivante : « Lextrait cy dessus a été fait par nous soussignés sur le registre du cadastre mis au net de la commune de Bart déposé entre les mains du maire, les articles cy dessus ayant étés coppiés mot à mot sur led. registre, ou ne sont aux articles cy dessus aucunes ratures ny trassures, et led. registre a été remis au citoyen maire a Bart ce treize vendemiere lan quatriesme.

« BRUDIEU secretaire de la commune de Bar.
« BRUDIEU maire (2). »

D'après cette pièce, Meneyrol, bordier de M. le Marquis au bourg de Bar, exploite : 1º un jardin, appelé du Curassou; 2º une terre à seigle appelée du Curassou;

---

(1) Mitonnus, en français : miton, mesure agraire, servant pour les grains : « une sachée d'environ cinq mitons ou boisseaulx de froment ».

Mitonentium, prædium rusticum quod a colono partiario colitur.
(DUCANGE-CARPENTIER, II, 1286, — IV, au mot *mitonnus*.)

(2) Ainsi, un mois et demi après la suppression des maires, Brudieu s'intitule encore maire, et cet exemple n'est pas unique dans les archives.

De même la chapelle de Chastres fut détruite quelques jours après la chute de Robespierre. A cette époque il n'y avait pas de télégraphes pour porter en province les nouvelles, les ordres et les contre-ordres.

3º une terre dite du Colombier ; 4º une autre terre appelée de Chadebech ; 5º « une pièce chataignere appelée bois de Chadebech : total 11 sesterées 44 perches ».

Bourriquet et Bradzou formaient un couple assorti ; aussi ils étaient amis.

Or, l'on ne parlait dans les campagnes que d'une merveilleuse invention venue de Paris, qu'on admirait sur la grande place de Tulle ; elle devait en quelques jours débarrasser la société de tous les nobles, de tous les curés, et même délivrer tout citoyen de ses ennemis personnels ; en un mot, ramener l'âge d'or sur la terre : c'était la « sainte Guillotine ».

Les chemins étaient couverts de curieux se dirigeant vers Tulle, comme il arrive encore de nos jours quand la guillotine « doit travailler ». Nos deux sots, dont la stupidité était légendaire à Bar, ce qui ne les empêchait pas de narguer certain bourgeois conservateur, appelé Tramond, de Couzein, partent donc ensemble, un jour de fête, pour Tulle. Voir, pour eux, n'était pas assez. Ils s'approchent ; avec des airs de béate satisfaction, ils touchent le bois sacré ; ils examinent minutieusement les détails, l'arrangement, le mécanisme. Tandis que Bourriquet tournait autour de la machine, absorbé dans sa contemplation, Bradzou avait grimpé jusqu'au sommet. Ne pouvant résister au plaisir de toucher de son doigt la détente, il fit involontairement décliquer le couperet qui, dans sa chute, scalpa le chapeau du pauvre Bourriquet à demi mort de frayeur. On rit, à Tulle ; on rit longtemps à Bar de l'aventure de nos badauds.

*Gannelet*. — C'était le sobriquet de *Tène Tireydʒo* (Antoine Téreygeol). L'acte de séquestre des biens de la famille de Bar (25 juillet 1793) par Antoine Lacombe, géomètre de Tulle, contient ce qui suit : « Antoine Tirey-jol, citoyen du bourg de Bar, jouit la moitié de la grange du domaine du bourg et certains prés, terres et bois appartenant à Gardouch-Belestat (1)... Bail de 100 livres pour cheptel... donne annuellement au citoyen Filliol 140 livres pour sous afferme. »

D'après la tradition, cet homme était impie; il se serait réjoui de la destruction du château et de l'autel, et y aurait pris quelque part, sans doute parce qu'on brisait et on brûlait les statues des saints et les boiseries sacrées devant sa porte, sur la place publique. Il habitait la maison dite du forgeron, en face de la vieille église. Marié deux fois, il n'eut de sa première femme que huit filles; de la seconde, il en eut deux autres. Plongé dans la misère, il s'éloigna de Bar, et se réfugia à Orliac, patrie de sa seconde femme, auprès de l'une de ses filles. Au vieux Bar, sous le cimetière, au flanc de l'Echamel, à la hauteur de l'Ermitage, vers le Dou de Chialot, un bois de châtaigniers, appelé encore « le bois de Gannelet » (Bos de Gonele) consacre le souvenir de cet homme méprisé.

La tradition nous a nommé encore quelques autres nécessiteux de probité et de moralité équivoques qui, dans les villages populeux, allaient, le soir, prêter l'oreille aux portes pour surprendre la prière de la famille. La Sarlarie même eut son espion, et pourtant le curé Jean Névot, dont la présence était connue, ne fut pas inquiété. Ces espions n'inspiraient aucune crainte et ne comptaient pour ainsi

(1) Marquis de Varagne, de Gardouch, de Belestat, seigneur de Bar.

dire pas dans la population. Au reste, les magistrats de Bar n'étaient ni irréligieux, ni révolutionnaires, au contraire; et l'on savait que toute délation serait mal reçue (1). Quant au district de Tulle, non seulement ces misérables espions n'avaient pas eu l'idée d'y recourir, mais, avec leur crétinisme intellectuel, qui a passé en héritage dans leur descendance, ils n'auraient su ni quelle voie prendre, ni à qui s'adresser, ni comment formuler leurs dénonciations.

Tels sont les représentants des idées nouvelles, à Bar; les grands hommes, les héros de quatre-vingt-treize; tel le dénombrement complet de l'armée révolutionnaire. N'avons-nous pas eu raison de dire que Bar n'eut point de comité, pas même de révolutionnaires ?

A cette galerie si infime et grotesque, et qui mérite si peu les honneurs de l'histoire, faut-il ajouter

*Jean-Louis Trainssoutrot?* Il n'est pas de la classe précédente; il confine au contraire à la bourgeoisie. Dans une partie de la paroisse la plus éloignée de celle qu'il habita, on le fait responsable de la destruction de la chapelle, sans toutefois l'accuser de l'avoir démolie; là où il vécut, aucune voix ne s'élève contre lui. C'est pourquoi nous avons recueilli avec soin tous les détails que nous avons rencontrés dans les archives, soit publiques, soit privées, afin de nous former la physionomie exacte de cet homme,

(1) Voici les noms de ces magistrats :
Léonard Brudieu, d'Hublanges, maire, de 1789 à 1795;
Agents ou officiers civils :
Jean-Mercure Mas, bourgeois de La Font;
Jean-Baptiste Tramond, notaire à Couzein;
Jacques-François Nugon, curé de Bar.
Jean-Louis Trainssoutrot est agent en 1796 jusqu'en 1789.

et de préciser, si possible et s'il y a lieu, sa culpabilité. Son nom et l'orthographe qu'il lui donne invariablement, nous portent à croire que sa famille était originaire du village d'Eyrein, appelé *Trains*, divisé en *Trains soubre*, ou supérieur; et en *Trains soutro* ou inférieur (1). Il paraît intelligent, instruit : son écriture est franche, ferme, son orthographe celle de l'époque; ses lettres sont scellées avec de la cire jaune.

Jean-Louis Trainssoutrot est né à Saint-Martial-de-Gimel. au village du Châtaignier, où son grand-père Jean-Louis Trainssoutrot était entré comme gendre, en 1723, dans la famille Guinerie. On lit aux archives de la paroisse :

« Le huitième janvier mil sept cent cinquante-neuf a été baptisé Jean-Louis Trainssoutrot, né d'hyer, fils de Jean Trainssoutrot laboureur et de Françoise Fleyssa, sa femme du village du Chastagner. Parrain Jean-Louis son grand-père, marraine Marie-Jeanne Leygonie, veuve de Pierre Fleyssa. Le parrain seul a signé.

« TRINSSOUTRO.          CAYROUSE prêtre vicaire. »

En 1790, Jean-Louis Trainssoutrot est encore au « Chastanier, où il est parrain, le 28 août 1790, de son neveu Jean-Louis Tavé, fils de « Jean Tavé et de Jeanne Trinsoutrot, aubergistes habitants dudit village ».

Dès le 1er mars 1791, les archives paroissiales de Gimel nous apprennent que Jean-Louis Trainssoutrot habite le village d'Orliaguet, dans l'une des branches de la famille si étendue des Massoulier. Y est-il entré par un mariage, comme on le croit généralement ? Nous n'avons trouvé dans les registres paroissiaux aucun acte qui nous permette de l'affirmer.

(1) CHAMPEVAL, Bullet. de Brive, année 1899, p. 137.

L'année suivante, âgé de trente-trois ans, il fait son apparition sur la scène de Bar, où il s'établit définitivement par son mariage.

« Le 10 juillet 1792, après les fiançailles et publications de bans de mariage entre Jean-Louis Trainssoutrot citoyen de Gimel, fils légitime de feu Jean Trainssoutrot et de Françoise Fleyssac, d'une part ; et entre Françoise Massou-soulier veuve (1), du village de La Cour présente paroisse de Bar, d'autre ; sans avoir découvert d'empêchement ni reçu d'opposition, non plus que M. le curé de Gimel, suivant son certificat daté de ce jour, je les ai conjoints en mariage, les formalités de l'Eglise duement observées, en présence de Jean Massoulier père de l'épouse, de Jean Tavé, d'Antoine Tavé, l'un de la paroisse de Saint-Martial, l'autre de Ladignac, et de Jacques Dubois de la paroisse de Gimel, tous parents de l'époux ou de l'épouse qui ont signé avec ledit époux non l'épouse pour ne savoir, de ce requis par moy.

« TAVÉ. TAVÉ. DUBOIS. TRAINSSOUTROT. NUGON, curé de Bar. »

Devenu veuf, il épousa sa belle-sœur : « Le 15 nivôse, an IV (5 janvier 1796) devant Jean-Mercure Mas, membre du Conseil général de la commune de Bar, en la maison commune, le citoyen Jean-Louis Trainssoutrot, veuf de Françoise Massoulier, du lieu de La Cour, épouse Françoise Massoulier, âgée de vingt ans et trois mois, fille de Jean Massoulier et de Marie Bachèlerie, de La Court. »

De 1795 à 1799, Jean-Louis Trainssoutrot fait partie du

(1) Elle avait épousé un Tramond : « Le 29 janvier 1788, Jean-Baptiste Tramond, fils de Jean Tramond et d'Anne Champeval. de Couzein, épouse Françoise Massoulier, fille de Jean Massoulier et de Marie Bachelerie, de La Cour. »

Conseil général de la commune; il est même investi des fonctions d'agent ou d'officier public; il les exerce seul pendant les années 1797 et 1798; mais sous l'autorité de Jean-Mercure Mas qui a visé tous les registres. C'est ce qui fait dire encore que Jean-Louis Trainssoutrot fut maire de Bar.

Les maires, établis par la loi du 14 décembre 1789, furent supprimés par la constitution du 5 fructidor an III (22 août 1795) ou Directoire, qui créa l'administration cantonale, chaque commune n'ayant qu'un agent élu. Tous ces agents se réunissaient au chef-lieu du canton et formaient la municipalité cantonale, auprès de laquelle était un commissaire du Directoire ou gouvernement. Les maires ne furent rétablis que par le Consulat (9 et 11 novembre 1799.)

Nous devons à l'obligeance de M. Salagnac d'Hublanges, communication de l'acte suivant :

« Extrait du registre suplementaire servant a constater les mariages des citoyens de la commune de Bar pour l'an six de la République.

« Ce jourd'hui le cinq floreal l'an six de la republique française une et indivisible, a dix heures du matin par devant moi Jean Louis Treinsoutrot agent de la presente commune de Bar Corrèze département de même nom, est comparu pour contracter mariage d'une part le citoyen etienne mazelier agé de vingt trois ans et quelques mois, fils légitime de defunt pierre mazelier, et de marie soulier,

cultivateur habitant au lieu du mons, commune de Bar ;
et d'autre part la citoyene jeane leyrat agée de treize ans
et quelques mois, fille légitime de jean leyrat et de
marguerite bournazel, cultivateurs habitans au lieu d'hublanges dite commune de bar ; lesquels futurs conjoints
etaient accompagnés de jean leyrat agé de trente sept ans,
père à l'epouse future, leonard neyrat agé de vingt trois
ans, jean vialle agé de trente ans, cultivateurs habitans au
lieu d'hublanges dite commune de bar, et jean soulier
agé de quarante cinq ans oncle a l'epoux futur, habitant
au chef-lieu de la commune de bar. Moi Jean Louis Treinsoutrot agent, après avoir fait lecture en présence des
parties et témoins 1º de l'acte de naissance d'etienne
mazelier ; 2º de celui de jeane leyrat 3º de l'acte de
publication de mariage des futurs conjoins, dressé et
afiché par moi le vingt germinal dernier, et après
qu'etienne mazelier et jeane leyrat ont eu déclaré a haute
voix se prendre mutuellement pour epoux, j'ai prononcé
au nom de la loi que le citoyen etienne mazelier et la
citoyene jeane leyrat sont unis en mariage ; et j'ai redigé
le present acte en presence des parties qui ont déclaré ne
savoir signer (1).          Signé TREINSOUTROT agent.
Pour copie conforme par nous Sre en chef de la don supro de Corrèze,
TALIN Sre en chef.

« Vu et certifié par nous agents et adjoints municipaux
du canton de Correze la signature cy dessus qui est celle
du secretaire de laditte administration.

« A Corrèze ce dix-neuf germinau (*sic*) an sept de la
Republique Fr.

TRAINSSOUTROT agent.    MARTINIE adjt.    DULAURENT adj.
(Place du sceau.)    CHABRIERE              LEYMARIE
              pre.                          comre. »

(1) Cet acte n'est pas de l'écriture de Trainssoutrot.

Le 24 germinal an IX (14 avril 1801) Jean-Louis Trainssoutrot assiste comme témoin au testament de Jeanne Ceaux, veuve sans enfants (ses deux enfants étaient morts) de Bernard Hospital, celle-là même qui, près de sept ans auparavant, avait sauvé la statue de Notre-Dame de Chastres, pendant que des étrangers renversaient la chapelle, quoique J.-L. Trainssoutrot en fût propriétaire légal. La loi protectrice de la propriété privée était supprimée par celle qui ordonnait la destruction des édifices religieux !

Le 15 juillet 1804, mort d'Antoinette Trainssoutrot, fille de Jean-Louis Trainssoutrot et de Françoise Massoulier cultivateurs.

Le 25 juin 1805, Léonard-Antoine Trainssoutrot, fils de Jean-Louis Trainssoutrot et de Françoise Massoulier, propriétaire à La Cour, est baptisé à Gimel, par l'abbé Ladoire.

Par lettre du 12 avril 1806, datée de La Court et adressée à M. « Mas, maire de Bar, à Nouaillat » (Noaillac, commune d'Orliac), Trainssoutrot demande deux setiers de blé « par le retour du porteur ».

« Le 16 avril 1806, Françoise Massoulier, âgée de vingt-huit ans, épouse de sr Jean-Louis Trainssoutrot, du village de La Court, meurt munie des sacrements de l'Eglise. »

Le 17 juin 1807, Jean-Louis Trainssoutrot, veuf en secondes noces de Françoise Massoulier, propriétaire à La Cour, épouse Elisabeth Roubertou, d'Orliaguet, de Gimel. « Les parties se sont disposées par la réception des sacrements. » Témoins Jean-Mercure Mas, Jean-Baptiste Tramond, notaire, Jean-Joseph Teyssier, propriétaire à Hublanges.

1ᵉʳ avril 1808, baptême de « Martiale-Françoise-Christine Trainssoutrot, née à La Cour, fille de Jean-Louis Trainssoutrot et d'Elisabeth Roubertou. Le parrain était Jean Roubertou, bisaïeul, et la marraine Madˡᵉ Martiale-Françoise-Christine Mas, du village de La Font, » miraculée de Notre-Dame de Chastres.

Par contrat du 21 août 1809, reçu par Tramond, de Couzein, Jean-Louis Trainssoutrot, propriétaire au village de La Cour, vend au prix de seize mille francs, son domaine de La Court, « composé de maison de maître et de colon, etc. » A ce détail, il est évident que le domaine en question, n'est autre que la petite terre noble des Peyrac de Lagarde, de Meynard, dont nous avons parlé à la fin du premier chapitre, que J.-L. Trainssoutrot avait acquise révolutionnairement. Les témoins au contrat, sont « Léonard Baluze avocat demeurant au Chez, de Sarran, et Vincent Bargy, docteur en médecine demeurant au bourg de Chaumeil. » La vente est faite à « M. Joseph Teyssier, de Tulle » (1).

Dans une lettre qu'il écrit le 28 mars 1810, à « M. Mas, maire de Bar, à La Font » J.-L. Trainssoutrot rappelle qu'il lui est dû 40 fr. sur le prix de vente de la chapelle de Chastres.

Le 11 août 1810, il naît un fils, Martial Trainssoutrot, à Jean-Louis Trainssoutrot et à Elisabeth Roubertou, sa femme. Le père a signé l'acte de baptême.

Après la vente de son domaine, qu'il n'a possédé qu'un petit nombre d'années, J.-L. Trainssoutrot, n'ayant plus d'intérêts à La Court, se réfugia au vieux bourg de Bar, où il tint auberge, dans la maison la plus voisine du

(1) Minutes de M. Boudrie, notaire à Couzein.

cimetière, sous le chemin qui y conduit. Le père Salaignac lui en laissait la jouissance « à condition que J.-L. Trainssoutrot ferait la classe à ses enfants » : Trainssoutrot précurseur des instituteurs laïques !

« Le 28 juin 1815, devant nous Jean-Baptiste Tramond, notaire à Bar, a comparu monsieur Jean-Mercure Mas, maire de Bar, y demeurant au lieu de La Font ; qui nous a exposé que, par acte public reçu Boudrie, notaire à Tulle (1), le 20 avril 1811, il était devenu acquéreur de la totalité des immeubles ayant appartenu à feu M. Varagne-Belestat ; qu'en cette qualité, il avait obtenu par jugement du tribunal civil de Tulle, du 12 dernier, contre le sieur Joseph Teyssier, de La Cour, le désistat de huit pièces de fonds... le sieur Jean-Louis Trainssoutrot, aubergiste, demeurant au bourg de Bar, appelé au procès pour garantir le sieur Teyssier... » En présence de Jean-Mercure Mas, Joseph Teyssier et Jean-Louis Trainssoutrot, le notaire s'étant rendu au village des Champs, avec les précédents, met Jean-Mercure Mas en possession des huit pièces injustement vendues par Trainssoutrot à Joseph Teyssier (2).

La bonne foi de Trainssoutrot paraît incontestable. En effet, par bail à ferme du 30 mars 1734, entre le marquis de Varagne et Massoulier, ce dernier exploitait ces huit pièces voisines du domaine de La Court, quoiqu'elles fissent partie de la terre de Bar, par le domaine des

---

(1) Ce fut une vente administrative ; par conséquent Boudrie ne l'a pas reçue comme notaire, mais comme commissaire chargé de vendre. M. Brisset, notaire à Tulle, est dépositaire des minutes de Boudrie. Cet acte ne s'y trouve point et ne devait pas s'y trouver, n'étant qu'un acte administratif.

(2) Minutes de M. Boudrie, notaire à Couzein.

Champs. Quand donc après une période de jouissance de plus de cinquante ans, Jean-Louis Trainssoutrot, gendre de Jean Massoulier, acheta la petite terre noble exploitée par sa famille; à plus forte raison quand il la vendit en 1809, il put croire que ces pièces, annexées depuis soixante-cinq ans, faisaient partie du domaine qu'il vendait à Joseph Teyssier (1).

De 1815 à 1829 Jean-Louis Trainssoutrot habite le bourg du vieux Bar, où il sert fréquemment de témoin aux mariages et aux enterrements, où meurt, le 30 juillet 1818, sa femme « Elisabeth Roubertou, âgée de trente-quatre ans, munie des sacrements de l'Eglise, fille légitime de feu Jean Roubertou et de feue Françoise Malaurie. ».

Le 19 juin 1828, sa fille Christine Trainssoutrot, qui avait épousé, le 9 mai 1827, Dominique Brudieu, du bourg, meurt à l'âge de vingt ans, après treize mois de mariage.

L'année suivante, Jean-Louis Trainssoutrot, dit la tradition, « se retira, à La Voute, chez sa fille Louise, née le 5 février 1802, mariée à un nommé Pécouty, venu de La Ratonie, en qualité de métayer. » Pendant les sept ans qu'il y vécut, de nouveaux deuils et d'autres chagrins vinrent l'éprouver encore. Le 28 février 1833, sa fille Louise, âgée de vingt ans et non mariée, mourut en donnant le jour à une fille qui succomba dix-huit mois après.

Enfin elle sonna aussi l'heure suprême de cet homme dont l'existence fut si souvent troublée. On lit aux archives paroissiales :

« L'an mil huit cent trente-six le vingt-neuf février est décédé en cette paroisse Jean-Louis Trainssoutrot, époux

(1) Archives de M. Graille, maire de Saint-Priest, propriétaire du domaine des Champs.

de feue Elisabeth Roubertou, âgé de soixante dix-sept
ans, demeurant à La Voute, et a été inhumé dans le
cimetière de cette paroisse, aujourd'hui premier mars ;
présents Martial Martinie et Joseph Bouysse (1).

« L. S<sup>t</sup> BONNET. »

Des personnes qui avaient connu Jean-Louis Trainssoutrot, nous ont affirmé, conformément à la croyance
générale, que cet homme « vers la fin de sa vie était
très religieux, que son plaisir était d'entendre le son
des cloches et d'assister au saint sacrifice de la messe. Le
dimanche, aucun obstacle ne l'aurait empêché de se rendre
à l'église ! »

Ce zèle religieux n'est-il que le fruit heureux des épreuves
si nombreuses, si diverses, si cruelles à la nature, par lesquelles Dieu l'a visité : veuvages répétés et prématurés,
perte de tous ses enfants, chagrins domestiques et
humiliations, échecs dans toutes ses entreprises, perte
d'une fortune bien suffisante pour une famille de cultivateurs, isolement et misère qui le réduisent à demander
l'abri et le pain nécessaires à l'unique fille qui lui reste et
qui est aussi pauvre que lui ? On ne peut le dire sans injustice : ni dans la tradition, ni dans les archives, nous ne
relevons contre cet homme un fait d'impiété. Trainssoutrot
fait baptiser ses enfants ; il se prépare au mariage par la
réception des sacrements ; ses femmes, ses proches — et
ils sont nombreux — meurent consolés par les sacrements
de l'Eglise, et reçoivent la sépulture chrétienne ; le 5 janvier 1796, il épouse civilement sa belle-sœur ; mais alors

(1) En 1828, l'évêché a commencé de fournir aux paroisses les
formules imprimées des divers actes : il n'est pas fait mention des
sacrements dans la formule d'inhumation.

il n'y avait pas d'administration ecclésiastique ; puis, ce mariage a pu être célébré religieusement : le registre paroissial de 1796 manque aux archives ; enfin, il est en relations d'amitié avec les familles les plus honorables et les plus religieuses, qui n'auraient pas manqué de le repousser avec horreur, s'il avait été un ennemi de Dieu et de l'Eglise : elles assistent à son mariage, elles tiennent ses enfants sur les fonts du baptème ; elles l'associent à leur tour, à leurs fêtes. Quand l'apaisement commence en 1795, Trainssoutrot est nommé agent ou officier public. Les religieux habitants de Bar auraient-ils élu un terroriste et un impie ? L'entente, l'union entre les Mas, les Tramond, Trainssoutrot et toutes les autres familles principales est si complète, si cordiale, qu'ils ne forment, pour ainsi dire, qu'une même famille. Les actes publics nous les montrent se substituant les uns aux autres en toute simplicité et sans froissement, dans les divers services de la commune ; et les notes et papiers de famille que nous avons eus en grand nombre sous les yeux, nous les présentent agissant les uns pour les autres, payant, percevant sans mandat, d'inspiration, par circonstance, à l'avantage des absents, comme pourraient le faire de vrais amis et de bons frères. Et ces mœurs étaient les mœurs de la paroisse entière ! Qu'on ne nous dise pas que nous nous faisons illusion sur le passé ! Au temps de notre enfance, il y avait encore des restes de cette honnêteté absolue, de cette confiance cordiale. Les faits qui nous reviennent en foule, que notre mémoire d'enfant a recueillis et que nous ne pouvions comprendre alors, appréciés aujourd'hui comme ils doivent l'être, nous émeuvent profondément. O société disparue, peut-être pour toujours ! O temps de confiance et d'union ! O famille paroissiale ! O bonheur public ! En communauté d'idées et de sentiments avec les meilleures familles, ou plutôt avec la paroisse entière, Trainssoutrot était honnête et religieux comme la population qui l'avait adopté, et les habitants de Bar ont pu dire dans leur supplique au roi que parmi eux « il n'y en avait pas un seul qui s'oubliât dans le devoir... » S'il n'a pas empêché de détruire la chapelle de Chastres, dont il était propriétaire, c'est que la paroisse de Bar et lui, ont subi la loi du plus fort.

En même temps qu'elle abolissait la Religion catholique, la Convention prescrivait la « démolition » de tous les édifices religieux qu'on ne pouvait affecter à un usage profane. Ces derniers mots furent le salut de presque toutes les églises ; car elles pouvaient servir de salles de délibérations aux assemblées populaires; ou de salles de bals aux fêtes patriotiques des sans-culottides. On se contente donc de briser les autels et de brûler les statues des saints. Mais, aux termes de la loi, les oratoires furent détruits. C'est pourquoi la chapelle de Chastres est tombée sous les coups de l'impiété triomphante, comme tous les autres sanctuaires de notre pays.

Huit mois après ce décret de l'Assemblée souveraine, le farouche District (1) de la ville de Tulle et du département de la Corrèze se souvient du pieux sanctuaire si fréquenté des Tullistes. O imprescriptibilité de la conscience ! Quelque pervers que soit l'homme il faut qu'il justifie ses actes criminels, au moins par les formes de la procédure. Les

(1) Pourquoi ne pas rappeler les noms de ces hommes néfastes ? Malepeyre, Bessas, Malès, Vialle, Vastron, Roussel, Villeneuve, Jumel, Juge, Desprès, Moncourrier, Santy, Beneyton, secrétaire. (COMTE DE SEILHAC. *Scènes et portraits*, p. 482.)

édifices religieux étaient donc estimés officiellement par des agents du pouvoir; puis, vendus à l'encan. Voici l'acte d'estimation de la chapelle de Chastres par J.-B. Tramond, notaire à Naves.

DÉPARTEMENT DE LA CORRÈZE          15 Thermidor
DISTRICT DE TULLE
CANTON DE CORRÈZE
COMMUNE DE BAR

« Nous Jean-Baptiste Tramond nre habitant la commune de Naves en vertu de la commission a nous donnée par l'administration du district de Tulle pour faire l'estimation de la chapelle de Chastre située dans la commune de Bar, nous nous sommes transporté au lieu de La Cour commune de Bar, chez le citoyen Massoulier (1) agent national de ladite commune lui avons dit le sujet de notre transport. Tout de suite nous a accompagné à la chapelle de Chastre que nous avons trouvée de contenance de deux coupées (*sic*) y compris une petite sacrestie.

« Dans laquelle chapelle y avons trouvé une table très usée (2), un petit armoir a deux battants. Dans la sacrestie un autre armoir, tout quoi la municipalité (3) réclame pour placer les decrets et registres.

« Après avoir examiné ladite chapelle et la sacrestie nous estimons ladite chapelle à la somme de trente livres (4). Dans ladite estimation n'est pas compris les griles de fer

(1) Beau-père de J.-L. Trainssoutrot et autrefois agent d'affaires des de Pebeyre. Il mourut le 14 prairial (2 juin 1795), moins d'un an après avoir assisté Tramond de Naves. Il était âgé de 62 ans.

(2) C'est ainsi qu'il désigne l'autel, non sans dessein.

(3) La municipalité est pourtant absente.

(4) Dans quelques jours elle sera vendue cent vingt livres, et l'acquéreur se contentera de prendre les tuiles.

qui sont aux fenêtres de ladite chapelle qui sont réservées pour la Republique.

« Clos le présent procès verbal le 23 messidor (1) l'an second de la Republique française une et indivisible, l'agent national a signé avec nous.

« Et avons employé demy journee.

MASSOULIER agennational (sic).
TRAMOND com<sup>re</sup> expert du district. »

Ce n'est pas une estimation, c'est un acte louable de complaisance et de déférence que J.-B. Tramond vient de faire envers la municipalité de Bar, ou plutôt envers la paroisse entière, qui voulait conserver sa chapelle, et avait demandé, à cet effet, le concours de l'expert. Entrant dans ces vues, Tramond omet les tableaux, les ornements, en un mot presque tous les objets qui se trouvent dans la chapelle. Ce qu'il signale par nécessité il s'efforce de le présenter comme de nulle valeur, tout en ajoutant que la municipalité en tirera parti. La chapelle, à l'état de matière première, tuile, bois, pierre, vaut manifestement, en chacune de ces espèces, plus de trente livres. Bientôt elle sera achetée 120 livres ; puis en 1805 l'emplacement seul sera vendu deux cent quarante livres : évidemment, il y a des sous-entendus dans cette estimation ; si cette somme, au jugement de Tramond, représente la valeur totale, c'est afin que le district de Tulle méprise un si misérable intérêt, et que Notre-Dame de Chastres soit sauvée !

Mais le Comité de Tulle ne l'entendait pas ainsi. Vingt-un jours après le passage de Tramond, la chapelle était mise en adjudication et Jean-Louis Trainssoutrot l'achetait cent vingt livres.

(1) Le 11 juillet 1794, quinze jours avant la chute de Robespierre !

« Du 10 germinal an III (1) de la Republique française une et indivisible.

« J'ai reçu du citoyen Trainssoutrot demeurant à Bar, la somme de cent vingt-quatre livres à valoir en capital et intérêt de celle de cent vingt livres montant de l'adjudication à lui faite le 15 thermidor de l'an II (2) de la chapelle de Chastre dependant cy devant de la cure de Bar et y située.

Savoir :

1°    4 l. » » pour l'intérêt de 120 l. pendant huit mois.

2°   12  » » pour le premier dixième.

3°  103  16 s.  pour les 9 10es restants sur le montant desquels a été déduite la prime de 1 o/o par an pour l'anticipation des paiements desdits 9 10es en execution de l'article 6 de la loy du 8 ventose dernier

4°  4   4  pour le montant de la prime

124    Laquelle somme m'a été payée en assignats.

Enregistré à Tulle le 10 germinal an II.

RIGAULT.        CHADABET (3) receveur. »

Après Tramond, Trainssoutrot intervenait mais en vain pour sauver la chapelle.

En ce moment, c'est-à-dire au mois de fructidor (4), an II (1794), une nuée de pillards et d'impies, sortie de la brousse qui couvre les hauts plateaux d'Orlhac, de Saint-Augustin et de Beaumont, s'était abattue sur le château et

(1) Le 3 mars 1795.
(2) Le 2 août 1794.
(3) C'est le propriétaire de La Cour, après les de Pebeyre, voir page 44.
(4) Le mois de fructidor commençait le 18 août.

l'église de Bar. Léonard Saint-Jal, témoin oculaire, nous a fait bien souvent le récit de cet acte de vandalisme. « Ils abattirent les combles, découronnèrent les murs en brisant les créneaux ; ne pouvant enlever autre chose, ils emportèrent les ardoises et emplirent leurs poches de clous... A l'église, attenante au château, ils démolirent l'autel, *plus beau que celui de Naves*. Sur les deux côtés, appliquant des échelles contre les murs, ils enfoncèrent de fortes pièces de bois entre la boiserie et la muraille, et s'en servant ensuite comme de leviers ils renversèrent l'autel... Devant l'église sur la place publique, quelques-uns de ces brigands, armés de haches, brisaient les statues des saints et en faisaient un feu de joie... des femmes, de loin considéraient cette scène sacrilège et pleuraient. » Gannelet, devant la porte duquel ces horreurs étaient commises, y aurait pris part dans quelque mesure.

L'estimation des dégâts par Mᵉ Terriou, notaire à Corrèze, en date du 28 germinal an III (17 avril 1795), se trouve aux archives de la préfecture : « Château fait en pavillon carré ayant des créneaux, en certains endroits des coulisses... Ce pavillon avait quatre étages... La charpente, les poutres des deux étages inférieurs, les pierres des quatre cheminées des appartements démolies, enlevées... des marches de l'escalier en tour de vis enlevées... Le côté du midi nous a paru avoir deux étages, non compris le rez-de-chaussée servant à taudis, d'écurie et de grenier. La couverture était en tuile de bois allebardot... Les premières pierres de la cheminée inférieure enlevées et celles des côtés aussi, comme celles du pavillon... Ni poutres, ni planches... Toutes ces dégradations faites dans le mois de fructidor de l'année dernière... Portail en pierre de taille démoli... pierres enlevées... Total des dégâts de la maison : dix mille francs (1).

Des hauteurs du vieux Bar, ces vandales aperçurent une nouvelle proie, l'humble chapelle de Notre-Dame qui, paisible comme la timide colombe, se mirait dans les eaux limpides de la Corrèze, au fond de la vallée solitaire : aussitôt ils se ruent sur elle. A ces brigands étrangers s'adjoignirent d'autres étrangers venus de Gimel. La tradition conserve encore le nom du plus exalté. Il appartenait à une famille de cultivateurs alors florissante par le nombre et par la fortune, et cependant entièrement ruinée et disparue cinquante ans après.

Quelle résistance opposer à une horde de démolisseurs armés de la loi ?

Alors, comme de nos jours, on disait : « C'est la loi ! » On avait, pendant des siècles, incliné la tête, et laissé s'accomplir bien des actes, en se bornant à dire : « C'est le bon plaisir du roi ! » La tristesse dans le cœur et sur le visage, les habitants de Bar laissèrent passer la justice du peuple,

(1) Nous signalons aux psychologues et aux moralistes, un fait d'atavisme :

« En l'an 1595 et le unzieme de decembre environ l'heure de neuf heures du matin, se battirent messieurs de Gimel et la populasce de Chamboulive, Olouzac, Beaumond, Saint Salvadour et aultres. Avec Gimel commandait messire de Puymaret. (Les seigneurs de Bar étaient aussi seigneurs de Puymaret, et en prenaient le nom.) Du cousté de Gimel en mourut douze ou treize, et des aultres, personne. Lesdits de Gimel étaient assistés des villages de Toury, même de ceux de la paroisse de Bar et de Naves, estans tous en nombre de deulx cens hommes .. Et les aultres estaient envyron deulx mille cinq cens... Cela feust faict soubs le villaige de la Bitarelle. » LEROUX *Livre de raison de la famille Terrade*. (Bull. de Brive, année 1892, p. 497.)

C'est le combat livré sur le plateau de Meinchamp (malus campus) dont le souvenir s'est conservé dans le pays.

ou plutôt de la populace devenue roi ! Mais gardons-nous de nous arrêter à ces raisons de légalité et de force brutale. Chastres a été détruit, parce que, selon le mot de De Maistre, la Révolution était satanique, et que, jusqu'à la fin des temps se réalisera la parole, prononcée sur le berceau du genre humain : « Je mettrai l'inimitié entre la femme et toi ; entre sa postérité et la tienne ; tu la blesseras insidieusement au talon, et elle te brisera la tête... » (Gen., iii, 15.)

Les Vandales s'étaient retirés, laissant les habitants de Bar dans la consternation, en présence des ruines entassées. S'ils avaient pu suivre le premier mouvement de leur foi, ils auraient incontinent relevé leur sanctuaire ; mais à ce moment ils ne pouvaient s'arrêter à une telle pensée. Cependant il fallait prendre un parti, car même les ruines périraient, emportées par les pillards étrangers, qui déjà ont ravagé les forêts des seigneurs de Bar. On en fit donc trois lots : 1º les « griles », comme dit Tramond de Naves, furent réservées pour la République ; 2º Trainssoutrot, comme dédommagement pour les 120 livres payées en assignats, eut la propriété du sol et les tuiles de la chapelle. Il les fit mettre sur sa maison, sise au carrefour des chemins nº 17 et nº 12 (*Voir planche I*) qu'il venait d'acheter, où, les jours de pèlerinage, les pères les montrent à leurs enfants. Au moment où nous écrivons, M. Madelmond fait enlever ces tuiles superbes dont plusieurs atteignent un mètre soixante de longueur, et les remplace par de l'ardoise presque aussi épaisse. 3º Un pont était indispensable au gué si fréquenté de Chastres ; ce pont, objet de tous les vœux depuis de longues années, on le construirait avec les matériaux de la chapelle ; plus tard, de meilleurs jours s'étant levés, on rebâtirait de concert, le vénéré sanctuaire... Les pierres de taille et les dalles de la chapelle, furent donc employées aux culées du pont, sous le village (1). Il nous semble voir encore sur les deux rives et sur la passerelle sans garde-fous, soutenue au milieu de la rivière par une colonne de maçonnerie, il nous semble voir, aux jours de fêtes, les groupes des pieux fidèles, penchés sur la rivière et cherchant du regard, dans les flots, les pierres sacrées, les montrant aux enfants et leur racontant en même temps « les crimes des révolutionnaires ». On se servit aussi d'une partie des pierres de la chapelle pour réparer le pont de Viel-Vachal, aujourd'hui passerelle des Champs, qui existait depuis des siècles, à six cents mètres en aval du pont qu'on venait de construire.

Donc la chapelle de Chastres fut rasée (2), sous le regard et avec la tolérance forcée de ceux qui avaient à cœur de la conserver.

Dans cette seconde catastrophe, comme dans la première, le ciel veilla à la conservation de la sainte image de Notre-Dame. Il se servit de deux courageuses femmes, dont la maison paternelle est aujourd'hui la maison Vialle, de La Court.

Les archives de cette famille nous permettent de remonter jusqu'au milieu du xvii\e siècle seulement.

A cette date nous trouvons Antoine Massoulier, dont

(1) Ce pont était dans l'axe du chemin du village. Souvent emporté par les crues de la Corrèze, il a été reconstruit, dix mètres en amont, au pied du rocher des Claux, il y a environ trente ans. (*V. planche III.*)

(2) M. CHAMPEVAL (*Bas-Limousin seign.* pag. 42) a tort de dire « presque démolie ; » et M. le chanoine TALIN « que M. Mas « acheta l'emplacement et les matériaux de la chapelle. » (*Sem. rel.* de 1885, pag. 427.)

la fille Jeanne épouse Jean Devès, et, devenue veuve, gouverne virilement sa maison pendant de longues années.

En 1731 Jeanne Devès a pour gendre Léonard Ceaux. Le fils de ce dernier, Antoine Ceaux, qui avait épousé Marie Boule, de Corrèze, a deux filles, *Marguerite* et *Jeanne*, dite *Nanou* (1). Ce sont elles qui ont sauvé la madone, dans la ruine de la chapelle, et qui ont veillé pieusement à sa conservation, pendant la Terreur.

*Marguerite Ceaux*. — Marguerite Ceaux épousa, le 2 octobre 1783, Léonard Chabanier, de Malleret, et resta dans la maison paternelle, où elle mourut le 20 octobre 1813.

Le 9 avril 1807, Léonard Chabanier et Marguerite Ceaux marient leur fille Jeanne, à Jean Bach, venu de Croussac.

Jean Bach, le 16 avril 1828, a pour gendre Jean Vialle, originaire de Meinchamp, dont le digne fils est aujourd'hui chef de la famille.

*Jeanne Ceaux*. — La sœur de Marguerite Ceaux, Jeanne dite *Nanou*, épousa, le 13 février 1790, son voisin, Bernard Hospital, de la maison qui est entre celle de la famille Vialle et la chapelle (*Voir les planches I et II*). Pendant de longues générations elle fut la propriété d'une famille très chrétienne du nom de Val ; ensuite, par ventes successives elle passa aux Bellardye et en dernier lieu à la famille Ceindrie.

Gendre de Pierre Val, mort le 22 février 1785 à l'âge de 48 ans, Bernard Hospital mourut le 29 ventôse an IX

(1) En patois, Jean se traduit généralement par Nanot, Nanet ; Jeanne par Nanou. Dans l'acte de baptême de Toinette Hospital, fille de Bernard Hospital et de Jeanne Ceaux (27 juin 1791), le curé Nugon a traduit Nanou par Anne : son erreur prouve notre assertion.

(20 mars 1802); et sa femme, qui avait perdu ses deux enfants, ne lui survécut pas longtemps. Son testament, auquel fut témoin Jean-Louis Trainssoutrot, est du 24 germinal an IX (14 avril 1801). Six jours après, elle succombait (20 avril 1801), un mois après son mari, et à l'âge de 30 ans.

Les nombreux « actes de dernière volonté, » que nous avons eus sous les yeux nous montrent combien ces familles, jusque dans les branches latérales, étaient chrétiennes.

Dignes héritières des sentiments religieux de leurs ancêtres, Marguerite Chabanier et Jeanne Hospital n'hésitèrent pas à s'opposer à la consommation de l'horrible sacrilège. Installés sur le toit et répandus dans la chapelle, les ouvriers d'iniquité accomplissaient leur besogne. Les tableaux, les ex-voto, tous les objets qui décoraient le sanctuaire, même la vénérable statue de Notre-Dame, gisaient pêle-mêle parmi des débris de toute sorte, et allaient être mis en morceaux, puis livrés aux flammes. « Alors, dit la tradition, la Nanou, qui était de la maison voisine (la première à l'ouest de la chapelle, au bout de l'esplanade) révoltée d'un tel excès d'impiété, s'avança hardiment jusqu'au monstre (le nom est resté inconnu) qui, armé d'un marteau brisait tous ces objets que leur nature, leur destination, la reconnaissance dont ils étaient les gages, rendaient trois fois sacrés. Cette héroïque femme de vingt-trois ans lui défend d'y toucher, de toucher surtout à la madone séculaire ; et, avec la hardiesse sainte de Joseph d'Arimathie réclamant à Pilate le corps de Jésus-Christ, elle le somme de la lui livrer. Le misérable, ayant osé répondre qu'il allait « la f... dans le précipice », l'intrépide *Nanou* le menace de la colère du ciel. Certains ont dit que la statue de la Vierge fut jetée dans l'abîme; mais cette assertion, contraire à la tradition, est évidemment fausse, comme le prouve l'état de conservation parfaite de la sainte image. Sauf l'affreuse mutilation dont nous allons parler, elle est intacte; or, si elle était tombée d'une hauteur de cinquante mètres, de rocher en rocher, dans le lit de la rivière, jonché de blocs de pierre, elle aurait.été brisée en mille morceaux. Il n'y eut que la simple menace ainsi que nous venons de le dire.

Aux accents indignés de la Nanou, peut-être aussi sous l'influence d'une secrète terreur religieuse, car qui peut sonder le cœur le plus impie ? et dans la crainte d'exaspérer les témoins de la scène, le monstre s'adoucit. « Tiens, la voilà, cette P... » L'étranger se trahit dans ce langage brutal et blasphématoire. Gannelet lui-même aurait respecté Notre-Dame de Chastre et une digne femme connue et estimée de tous. De nos jours, où les bonnes mœurs ne sont pas en progrès, le langage est resté poli, dans la paroisse de Bar.

En même temps qu'il proférait l'horrible blasphème, l'ouvrier impie assénait sur la vénérable effigie un violent coup de marteau. L'Enfant Jésus, atteint à l'épaule, fut mis en pièces, de la ceinture jusqu'au cou qui est entier et qui fait corps avec la tête.

Jeanne Hospital s'empressa de recueillir les débris sacrés et de faire porter dans sa maison la statue de la madone, trop lourde pour les bras d'une femme : elle est en calcaire et pèse trente-huit kilogrammes. Avec l'image de Notre-Dame on put sauver quelques autres objets pieux, un tableau sculpté sur bois représentant Notre-Dame de Pitié, avec cette particularité remarquable que sur les deux côtés on voit deux anges apportant deux suaires ; et deux autres tableaux sculptés sur bois représentant deux anges, dans un cercle d'arabesques ; ces deux derniers tableaux forment aujourd'hui les panneaux du baptistère, dans la nouvelle église de Bar. Que les hommes soient intervenus, aussi bien que les femmes, sans pouvoir, hélas ! empêcher la destruction sacrilège et légale, que le flot des barbares étrangers accomplit par surprise, et en moins d'une journée, cela résulte des faits ; au reste, la supplique des habitants de Bar, au commencement de la Restauration, l'atteste formellement.

« Les habitants de cette paroisse, disent-ils, zélés imitateurs de leurs seigneurs, ont donné des preuves non équivoques de leurs bons sentiments et de la solidité de leur religion. Dieu et le Roy, telle a toujours été leur devise dans ces temps mêmes où Dieu fut banni de ses temples... Il n'y en eut pas un seul qui s'oubliât dans son devoir. Pour preuve encore de sa religion, après avoir défendu en braves et leur église et les propriétés de leur seigneur contre les Vandales du voisinage, sitôt que la tempête sembla s'apaiser, à l'unanimité et de concert, ils firent une somme de quinze cents francs pour remplacer ce qu'ils n'avaient pu conserver, et ouvrirent ainsi, les premiers de leur contrée, les portes de leur temple à la piété ardente des bons fidèles. Les sacrifices que cette paroisse a faits depuis pour les objets du culte sont énormes, eu égard à sa position, et d'autant plus méritant (*sic*) et dignes d'attention qu'ils ont été toujours volontaires » (1).

L'auteur anonyme du récit publié par la *Croix de la*

______

(1) Archives privées.

*Corrèze*, du 11 février 1900, écrit, malgré la tradition, malgré toute invraisemblance : « Comme il n'y avait pas encore de chapelle pour l'abriter, on dut la placer dans la grotte primitive qui devint le rendez-vous des pèlerins. » Au moment où l'on saccageait les églises, où l'on brisait les croix sur les chemins, où l'on détruisait tous les objets d'un caractère religieux, laisser ainsi la sainte image exposée aux coups de l'impiété aussitôt après l'avoir sauvée de la destruction ! Conçoit-on une pareille imprudence ?

A son tour, M. le chanoine Talin ne manque pas de dire : « ... Ce rocher où s'abrita la statue de la Sainte Vierge pendant les jours néfastes de notre première révolution... C'est le seul souvenir que consacre l'inscription qu'on y lit à l'heure présente » (1).

Nous n'avons jamais vu l'inscription dont parle M. le chanoine; elle n'est donc pas gravée dans le rocher. Etait-elle sur un cartouche ou sur une banderole ? Dans ce cas, ce n'était qu'un décor de circonstance, œuvre pieuse de quelque enfant.

En possession de son trésor, Jeanne Hospital le mit en lieu sûr : l'armoire de la famille fut son premier tabernacle. Bientôt, cédant aux instances de sa sœur Marguerite Chabanier, et craignant les visites domiciliaires, elle lui confia la sainte image. « L'Arche de Dieu, disent les Saints Livres, demeura dans la maison d'Obédédom durant trois mois, et le Seigneur bénit sa maison et tout ce qui lui appartenait (2). » La madone de Chastres demeura dans la maison de Marguerite Chabanier une dizaine de mois envi-

(1) *Semaine rel. de Tulle*, année 1885 p. 426-427.
(2) Paral., XIII, 4.

ron, bénissant cette maison et lui laissant, en souvenir de son séjour, cette appellation glorieuse : maison du saint ; encore aujourd'hui elle n'est jamais désignée que par ces mots : « *Tsa lou scinle*, chez le saint.* » Mais sans sortir de la famille, l'arche sainte changeait souvent de cachette : tantôt à la place d'honneur dans l'armoire de la famille, tantôt transportée la nuit dans les endroits les plus solitaires, et jusque dans les bois pour y recevoir les hommages des pèlerins ; tantôt et presque ordinairement abritée dans l'apier qui était devant la maison, « *dʒou uno cludʒasso, de bourna*, sous le chapeau d'une ruche » (1). C'est dans cette retraite de l'abeille, symbole de la virginité, que passa l'hiver de la Révolution, l'abeille mystique qui a donné au monde le miel des consolations divines.

La statue de Notre-Dame demeura absolument cachée, mais sans être perdue de vue, onze mois à peine, de la destruction du sanctuaire (août 1794) au retour du vénérable Jacques-François Nugon, curé de Bar (fin juin 1795). Ce digne pasteur, qui était curé de Bar depuis le mois de mars 1759, n'avait pas eu à souffrir quoique insermenté ; il était resté au milieu de ses paroissiens et avait librement et publiquement exercé son ministère jusqu'au 5 mai 1793. Mais, en vertu du décret du 12 mai suivant qui ordonnait la réclusion des prêtres sexagénaires et infirmes, jusque-là exempts de la prison (2), il fut incarcéré à Tulle. Il passa deux ans sous les verrous, jusqu'au 25 ventôse

(1) Ce chapeau n'est pas dépourvu d'élégance. Il est formé de six gluis de longue paille bien épurée, liés étroitement ensemble du côté des épis. Sur ces épis abattus on applique, épis contre épis, pour former chaperon, un autre glui que l'on assujettit par un lien de manière à former une tête ronde au chapeau.

(2) De Seilhac, *Scènes et portraits*, 514.

an III (15 mars 1795) où la Convention envoya dans le département de la Corrèze les représentants du peuple Musset, Chauvière et Elie Lacoste « pour rendre la liberté aux détenus et délivrer les populations des terroristes » (1). Le confesseur de la foi avait à peine recouvré la liberté qu'il était déjà sur le chemin de sa chère paroisse, où le 5 juillet 1795, il reprend ses registres qu'il continue sans interruption jusqu'à la fin de décembre 1799, donnant le baptême, réhabilitant les mariages ; et les registres prouvent qu'on accourait à Bar, surtout de Naves, de Corrèze et de Gimel ; Orlhac avait, comme Bar, retrouvé son pasteur en 1795.

Renversée de son trône brisé, chassée de son sanctuaire détruit, réduite à mener une vie errante et cachée, pour se dérober aux fureurs des iconoclastes, même dans les jours du délire de l'impiété, Notre-Dame de Chastres eut sa cour d'honneur, son cortège de pèlerins, son culte. Les touchants récits que nous ont faits maintes fois les témoins de ces scènes dignes des premiers temps de l'Eglise ! Quand il n'y avait plus ni dimanches, ni fêtes pour la réunion de la famille paroissiale, et qu'on ne voyait nulle part ces prêtres qui la présidaient au nom du Père céleste ; quand les cloches, ces voix de la société, ne répandaient plus au loin, par leurs gais carillons, la vie et l'allégresse publiques, et qu'un silence lugubre pesait partout, comme la menace perpétuelle cachée dans le nuage brûlant, les pèlerins toujours fidèles, arrivaient à la tombée de la nuit. Ils s'arrêtaient sur les hauteurs dans les villages circonvoisins, demandant l'hospitalité, « *domondavou lo retirado ;* ils demandaient la retirée » à la manière des indigents ;

(1) DE SEILHAC, *Scènes et portraits,* 634.

puis, à la faveur des ténèbres, quand toutes les maisons étaient closes, ils descendaient silencieusement dans la vallée ; et, guidés par des chrétiens dévoués, allaient s'agenouiller aux pieds de la madone. Ils auraient été heureux surtout s'il leur avait été donné d'assister au saint sacrifice de la messe, dans quelque grange solitaire ; mais le curé de Bar souffrait la faim et toutes les privations, dans la prison de Tulle, et les prêtres des paroisses voisines avaient dû chercher le salut dans la fuite ; seul, Jean Névot, curé d'Orlhac de Bar, resté dans le pays, avait trouvé asile, dans le hameau solitaire de La Sarlarie, de Couzein, où nos grands parents (1) — qu'il nous soit permis

(1) La piété chrétienne autant que la piété filiale nous presse de consigner dans ce livre les noms bénis de ces amis héroïques du prêtre de Jésus-Christ, hors la loi, mais non hors toute société :

François Soleilhavoup, chef de la famille ;

Léonarde Raffy, sa femme, originaire d'Hublanges comme sa grand'mère, Catherine Marrel, dont nous avons cité le testament ;

Jeanne Soleilhavoup, leur fille aînée. Spectacle touchant que celui de cette enfant qui n'a pas encore dix ans (elle est née en 1785), s'attachant aux pas de sa mère, et, avec elle, portant en secret au prêtre proscrit le pain de sa charité et le pain plus doux encore de sa compassion enfantine ! Combien son jeune cœur dut s'ouvrir à la foi et à l'amour de Dieu et de l'Eglise, en présence du prêtre victime de sa fidélité. Du haut du ciel Jésus regarda cette noble enfant et l'aima, parce qu'elle avait attendri son cœur sur la plus sacrée de toutes les misères et secouru le plus auguste de tous les pauvres.

Le Dieu qui punit par où l'homme a péché (Sap. xi, 17) la récompensa par où elle avait fait le bien. Elle est par son père, par sa mère, par ses aïeux d'une famille sacerdotale : Dieu lui choisit un époux dans une famille sacerdotale ; il lui donne cinq enfants et par des alliances les introduit dans des familles sacerdotales ; enfin, comme les dons divins reçus pieusement ne peuvent que se perpétuer et s'accroître, le premier petit-fils que Dieu lui donne est un prêtre !

O mères, ô parents chrétiens, si par la sainteté de votre vie vous correspondiez aux desseins de Dieu, que votre récompense serait

de rappeler un souvenir qui nous est cher — lui donnèrent l'hospitalité, pendant la Terreur. Ne pouvant, sans imprudence, paraître au foyer, il se tenait caché tantôt dans une grange, tantôt dans une autre, principalement dans celle qui est au bas du hameau, sur le rocher près de la fontaine. C'est là, que dans les ténèbres de la nuit et au milieu des pleurs, il célébrait le saint sacrifice et administrait les sacrements de baptême, de pénitence et de mariage ! « Qui vous reçoit me reçoit ; et qui me reçoit, reçoit celui qui m'a envoyé. Celui qui reçoit le prophète, comme prophète, recevra la récompense du prophète ! » (Matth. x, 40-41.)

Cependant « la chute de Robespierre (9 thermidor an II, 27 juillet 1794) marqua la fin du règne de la Terreur. Si les lois révolutionnaires ne furent pas immédiatement abolies, il y eut du moins un adoucissement dans leur application. En prenant possession du pouvoir dictatorial, la Convention retira aux Comités la redoutable puissance qu'ils avaient exercée (1). » A la fin de l'année 1794 elle avait été obligée d'accorder à la Vendée le libre exercice du culte catholique, et par la logique des faits, elle s'était condamnée à l'étendre à la France entière. C'est pour cela que la loi du 21 février 1795, déclara que « nul ne pouvait être inquiété pour ses opinions religieuses, et toléra les oratoires privés où le public ne pouvait être admis au delà de plus de dix personnes. » En 1796, les rapports de police disent que, dans Paris, « les prêtres se permettent de courir dans les maisons où il y a des malades, pour les

belle ! Le sort de la famille, le sort de la société est entre vos mains ! Que de prêtres doivent leur sublime vocation à l'hospitalité et au dévouement de leurs ancêtres pour les confesseurs de la foi pendant la Révolution !

(1) DE SEILHAC, *Scènes et portraits*, 634.

forcer à se confesser. » Le *Courrier Français* du 27 mai 1796, annonçait que la veille, 26 mai, Fête-Dieu, « à Paris toutes les boutiques étaient fermées, les promenades publiques encombrées par les foules, et toutes les églises pleines » (1).

Néanmoins la Religion catholique, en France, se trouvait dans la situation où nous voyons aujourd'hui les religieux expulsés. Ils ont réintégré la vie commune, par tolérance tacite du gouvernement ; mais les fameux décrets sont toujours suspendus sur leurs têtes, comme l'épée de Damoclès. Cette situation précaire dura jusqu'au Concordat (16 juillet 1801 et 8 avril 1802).

Dans la pacifique et religieuse paroisse de Bar, le culte, interrompu seulement pendant les deux ans (seconde moitié de mai 1793-fin juin 1795) que J.-F. Nugon a passés dans les prisons de Tulle, avait recommencé dès le retour du vénéré pasteur ; de sorte que, dans leur supplique au Roi, les habitants de Bar ont pu dire avec vérité que « les premiers de leur contrée ils ouvrirent les portes de leur temple à la piété ardente des bons fidèles ». Alors Notre-Dame de Chastres put sortir de sa retraite : en attendant le relèvement de son sanctuaire, elle fut installée à une place d'honneur, dans la vieille église de Bar, où elle resta jusqu'au 15 août 1816.

C'est là que pendant vingt ans, les pèlerins sont venus,

_________

(1) V. l'ouvrage très intéressant et très documenté de M. AULARD, professeur à l'Université de Paris : *Paris pendant la réaction thermidorienne*, etc. (chez Cerf, rue Sainte-Anne, Paris).

Les rapports de police des 16 décembre 1794, 18, 22 et 25 février 1795, 7, 8, 9, 13 et 15 mars, 3, 5 et 12 avril, 4 juin 1795, signalent des réunions de fidèles, avec célébration de la sainte messe, d'abord dans des oratoires, puis dans des églises rendues au culte. (AULARD. tome I.)

aux fêtes de Chastres, lui offrir leurs hommages d'autant plus fervents que beaucoup de ces étrangers avaient craint de ne pas retrouver leur bienfaitrice. Après avoir déposé leurs vœux et leurs actions de grâces aux pieds de la madone, deux fois miraculeuse désormais ; avant de reprendre le chemin du retour, ils descendaient pour la plupart dans la vallée désolée, où Notre-Dame les avait tant de fois consolés et bénis. Ils s'agenouillaient et pleuraient devant la grotte ; ils pleuraient prosternés sur le roc où quelques débris indiquaient le lieu où s'élevait son sanctuaire ; ils y jetaient leurs offrandes, « et nous, enfants, ajoutaient les vieillards qui nous racontaient ces touchants souvenirs, nous allions remuer la poussière et y chercher l'obole des pèlerins. » O foi ! ô piété de nos pères ! Non, ils ne pouvaient rester stériles ces hommages désolés rendus à Notre-Dame sur le lieu même où reposèrent ses pieds, sur la poussière de son autel et de son sanctuaire. Ils devaient pénétrer le Cœur de son divin Fils et obtenir de nouveaux miracles.

Toutes les âmes étaient remplies, débordantes des mêmes pensées, des mêmes sentiments : « Jusques à quand cette vision horrible ? Jusques à quand le péché de la désolation ? Jusques à quand sera foulé aux pieds notre cher sanctuaire, notre citadelle sainte, notre Tour de David ? (1)

Malheureux ! pourquoi sommes-nous nés pour voir l'affliction de la France, le renversement des autels ? Notre gloire est dissipée ; nos prêtres et nos vieillards ont été massacrés dans les rues, ou étouffés dans les prisons, et

_________

(1) Usquequo visio... et peccatum desolationis quæ facta est, et sanctuarium et fortitudo conculcabitur ? (Dan., VIII, 13.)

l'élite de la jeunesse poussée dans l'exil. Tout ce que nous avions de beau, de saint, de glorieux a été profané... (1)

Sion est une solitude... la maison de notre sanctification et de notre gloire, où nos pères ont chanté Dieu et la Vierge n'est plus qu'un amas de cendre... Seigneur, ne nous regarderez-vous pas en pitié ? Resterez-vous dans votre silence, et nous laisserez-vous en proie à la douleur ? (2) Oh ! que le Seigneur ordonne, et nous reverrons tous les ornements de la splendeur dans la demeure du Seigneur et de Notre-Dame !... (3)

N'est-ce pas ici que la Reine des armées chrétiennes a établi son camp ? N'a-t-elle pas choisi ce lieu pour demeure et pour autel de son culte ? (4) Non, il n'est pas possible que le silence et la désolation pèsent à jamais sur de telles ruines, et que la solitude ne refleurisse point. Rendez-nous notre Dieu, crient nos frères de la Vendée ! Rendez-nous notre Dieu, répète la France entière; rendez-nous notre Dieu et notre Reine, ne cesse de répéter notre paroisse unanime. Ramenez ces longues théories de pèlerins fervents, ces cantiques qui retentissaient dans la vallée, ces proces-

(1) Væ mihi ! ut quid natus sum videre contritionem populi mei, contritionem civitatis meæ. Trucidati sunt senes ejus in plateis, juvenes ejus occisi sunt gladio. Templum ejus ut homo ignobilis ; vasa decoris tui, vasa gloriæ ejus captiva abducta sunt, sancta in manibus extraneorum facta sunt. Et ecce sancta nostra et pulchritudo nostra et claritas nostra desolata est... et coinquinaverunt ea gentes. Quo ergo nobis adhuc vivere ! (1 Mach., II, 7 à 13.)

(2) Sion deserta facta est... domus sanctificationis nostræ et gloriæ nostræ, ubi laudaverunt te patres nostri... et omnia desiderabilia nostra versa sunt in ruinas. Numquid super his continebis te, Domine, tacebis et affliges nos vehementer ? (Isa., LXIV, 10 à 12.)

(3) Amen ! sic faciat Dominus... ut referantur vasa in domo Domini ! (Jerem., XXVIII, 6.)

(4) Posuit castra sua in medio populi sui. (Judith, XVI, 4.)
Elegi locum istum mihi in domum sacrificii. (II Par. VIII, 12.)

sions de prêtres conduisant les triomphes de Notre-Dame, au carillon joyeux de toutes les cloches qui chantaient dans la vallée; et, sous des lambris nouveaux, devant un nouveau trône plus riche que le premier, rassemblez les enfants autour de leur Mère !

Un courant mystérieux inclinait invinciblement toutes les âmes à l'espérance : « La profanation ne sera pas éternelle; le jour de la réparation se lèvera. Oui, le Seigneur consolera Sion, il la consolera de tant de ruines. Le désert deviendra un séjour de délices, et la solitude comme l'Eden du Seigneur. La joie et l'allégresse y éclateront, ainsi que l'action de grâces et le chant des louanges. Croyez, mon peuple ; sachez, tribu fidèle, que telle est ma volonté. » (1)

Des symptômes extraordinaires affermissaient l'espérance dans les cœurs; partout on découvrait des garanties : la statue miraculeuse avait pu être sauvée ; elle était presque intacte, et sa mutilation même serait dans l'avenir une attestation nouvelle des desseins de Dieu et de Notre-Dame. Quoique le sanctuaire fût bâti sur le bord du précipice, on avait remarqué que pendant la démolition, pas une pierre n'était tombée dans l'abîme : il y avait donc dans ces ruines un principe de vie et de résurrection qui éclaterait un jour comme l'étincelle cachée sous la cendre.

Chaque année ajoutait encore à l'espérance; l'aurore montait lentement, mais progressivement, répandant ses rayons chaque matin plus nombreux et plus éclatants...

(1) Mandabitur sanctuarium (Dan., VIII, 14.)
Consolabitur ergo Dominus Sion, et consolabitur omnes ruinas ejus ; et ponet desertum ejus quasi hortum Domini. Gaudium et lætitia invenietur in ea, gratiarum actio et vox laudis. Attendite ad me, popule meus, et tribus mea, audite quia lex a me exiet: (Isa, LI, 3, 4.)

Un jour on parla d'une guérison miraculeuse, accordée par Notre-Dame; puis, d'un vœu que M. Mas aurait fait de reconstruire le sanctuaire... bientôt on apprit que par un achat régulier et authentique le sol sacré était enfin arraché à la profanation... enfin une nouvelle faveur de la Vierge venait de presser l'accomplissement du vœu déjà ancien... Tous ces faits étaient exacts. Encore une instance de Notre-Dame de Chastres, et son sanctuaire se relèvera.

# CHAPITRE CINQUIÈME

## La troisième chapelle de Notre-Dame de Chastres.

1. Les seigneurs de Bar. — 2. La famille Mas. — 3. Les causes de la reconstruction de la chapelle. — 4. Le cahier des travaux. — 5. Les réparations et améliorations successives.

Le dernier représentant de l'illustre famille des marquis de Bar, Jules-Armand de Bar, mestre de camp, était tombé glorieusement sur le champ de bataille de Ramillies, le 23 mai 1706. Saint-Simon, avare d'éloges, dit de lui : « Homme d'un singulier mérite et fort de mes amis. » (Mémoires, III, 276.) La terre de Bar passa aux mains de sa veuve Marie-Louise de Dangerus de Beaupuy (1), qui la donna par testament du 6 janvier 1707, à Guillaume de Juliard, prévôt de l'église de Toulouse;

(1) Nous avons une copie de son contrat de mariage passé dans le palais épiscopal de Hugues de Bar, évêque de Lectoure, et frère de Jules-Armand de Bar. Il débute ainsi :

« *A la plus grande gloire de Dieu soict.* Sachent tous presants et advenir que dans la ville et citté de Lectoure et pallaye épiscopal ce jour d'hui cinquiesme du mois de mars 1680 avant midi, regnant Louis par la grâce de Dieu Roy de France et de Navarre par devant moy nottaire royal soubz signé et par devant les temoins bas nommés ont esté présants et constitues en leurs personnes hault et puissant seigneur messire Armand Jules de Bar, seigneur, marquis du dit lieu, fils legitime et naturel de hault et puissant seigneur messire Guy de Bar chevalier seigneur du dit lieu Puymaret, Cazillac et autres places, lieutenant general des armées du Roy, gouverneur de la ville et cittadelle d'Amiens et

lequel, mort en 1737, eut pour héritière ab intestat, sa nièce la marquise de Gardouch-Belestat. Le fils de cette dame, le marquis de Varagne-Belestat, en devint héritier en 1752, et posséda la terre de Bar jusqu'à la Révolution qui confisqua ses biens (1).

Les seigneurs de Bar avaient 1° un fermier général de leurs rentes, Floucauld, bourgeois de Tulle, de 1751 à 1795 d'après les titres que nous avons sous les yeux ; 2° un fermier des terres, Jean-Mercure Filliol, « bourgeois de Tulle, habitant rue de la Barrière », de 1771 à 1794, année où, d'après l'acte de séquestre, par Antoine Lacombe (25 juillet 1793), finit son bail.

Les notes et papiers d'affaires de la famille Mas, nous montrent Jean-Mercure Mas en pleine jouissance des biens du marquis de Bar, dès 1805 ; le 20 avril 1811, il en devint acquéreur. Il était neveu et filleul de Jean-Mercure Filliol, sous les auspices duquel il était venu à Bar et s'était marié au village de La Font.

Dans les desseins de Dieu, cet homme de bien s'établis-

grand Baylly de Picardie, et de haute et puissante dame Jeanne Degenesse de Fabarie epouse et sepparée de biens du dit seigneur Guy de Bar d'une part, et haulte et puissante dame Marie-Louise de Dangerus filhe legitime et naturelle de defunct hault et puissant seigneur messire François de Dangerus seigneur comte de Beaupuy et de haulte et puissante dame Ursulle de Durand de Labastide comtesse de Beaupuy, d'autre part, » etc.

(1) Les écrivains ont tellement varié sur ces noms de famille que nous devons les reproduire ici tels qu'ils sont imprimés dans les feuilles de service des agents des marquis de Bar : « Messire François de Varagne, de Gardouch, marquis de Belestat, mestre de camp de cavalerie, ci-devant Enseigne de la compagnie d'hommes d'armes, sous le titre de Berry, seigneur de Gardouch, Belestat, Cepet, Labastide, St-Cernin, Villariès, Beaupuy, Brignemont, Estramiac, Fignan, Bar, St-Clément, Casiliac et autres places. »

VUE DU PONT DE LA COURT

Dont les piles des deux extrémités ont été bâties avec les débris de la Chapelle de Chaustes en 17.
1. chemin du gué. 2 gué de Chaustes ou de La Court 3 Rocher des chaux.

sait à Bar pour relever Notre-Dame de Chastres de ses ruines.

Afin de n'avoir pas à réfuter en détail ceux qui, par manque d'études suffisantes, ont écrit mille inexactitudes sur le restaurateur de la chapelle, notamment M. le chanoine Talin qui confond non seulement le père Jean-Mercure Mas, avec son fils Léonard Mas, mais même avec le grand-père de ce dernier (1), François Mas, notaire à Tulle, nous allons établir aussi brièvement que possible, la généalogie de cette honorable famille, avec les documents que nous avons trouvés aux archives départementales et paroissiales.

1° François Mas, notaire.

François Mas, notaire à Tulle, rue de la Barussie, épousa Marie-Anne Filliol qui vint mourir chez son fils, Jean-Mercure Mas, à La Font le 17 septembre 1803, âgée de 75 ans. De ce mariage naquirent trois enfants :

A. *Jean-Mercure Mas*, dit aîné dans un contrat du 13 mai 1811 (Etude Brisset), dit Jean-Baptiste Mercure dans certains actes, surtout dans les actes religieux. C'est le futur restaurateur de la chapelle de Chastres.

B. *François Mas*, propriétaire de La Borie, des Angles, épousa le 9 juillet 1799, an VII, Marie Delaurens-Puy-Lagarde, nièce de M. Nugon, curé de Bar, et habita le bourg de Bar avec sa femme jusqu'à la mort de leur oncle qui dut arriver de 1800 à 1803. Les registres de ces trois années font défaut.

C. *Marie Mas*, épouse de « sieur Léonard Brudieu, d'Hublanges, maire de la commune de Bar, de 1789, époque de l'institution des maires, jusqu'à l'abolition, en

(1) Voir *Semaine religieuse*, année 1885, p. 427.

1795 (1). Elle meurt à Hublanges veuve et âgée de 75 ans, le 31 août 1838.

Ils eurent quatre enfants : 1° Jean-Baptiste-Mercure Brudieu, né le 12 décembre 1804, tenu sur les fonts de baptême par Jean-Baptiste-Mercure Mas, son oncle, bourgeois de La Font, et Jeanne Farges, de La Vigne, de Naves ; 2° Dominique Brudieu, né le 15 avril 1806 ; parrain Dominique Brudieu, de La Vigne, de Naves ; marraine « demoiselle Marie Delaurens-Puy-Lagarde, sa tante, de La Borie, des Angles, » qui a signé : Delaurens de Mas ; 3° Jean-François Brudieu, né le 14 septembre 1807 : parrain « Jean-François Bardon, son cousin de Tulle, » marraine Mademoiselle Léonarde Brudieu, sa sœur ; » 4° Martialle-Françoise-Christine Brudieu, née le 4 octobre 1809 : parrain son « oncle François Mas, propriétaire de La Borie des Angles, » marraine Martialle-Françoise-Christine Mas, de La Font, » la miraculée de Notre-Dame de Chastres.

2° JEAN-BAPTISTE-MERCURE MAS, souche, dans notre pays, de la famille Mas « perle de la paroisse, secours et consolation des prêtres et des pauvres (2). » Le 31 juillet 1787, il épousa demoiselle Françoise Desplasses, fille de feu Jean Desplasse et de demoiselle Martialle Servenerie (3),

(1) Léonard Brudieu, fils de Joseph Brudieu, bourgeois et praticien, d'Hublanges, et de Léonarde Viossange, avait épousé : 1° le 23 avril 1782, Françoise Gouttes, fille d'Antoine Gouttes, bourgeois, et de demoiselle Roussarie, du village du Bos ; 2° le 1er messidor an V (9 juin 1797), Marguerite Paraud, âgée de 28 ans (il est âgé, lui, de 45 ans), fille de Jean Paraud, huissier, et de feue Geneviève Lespinasse, de la Barrussie, de Tulle.

(2) Lettre de M. L. Saint-Bonnet, curé de Bar (1825 à 1849), du 15 août 1868.

(3) Elle devait être originaire de Saint-Jal, où l'on trouve un village de ce nom. Etienne Servenerye, bourgeois du bourg de

de La Font. Témoins : « Léonard Bardon, docteur en médecine, Barthélémy Juyet de Labesse, procureur du Roy au présidial de Tulle, Pierre Filliol, bourgeois, tous habitants de Tulle.

« DESPLASSE espouse.                MAS espoux.

« DEBERNARD, not. royal à La Chapelle-Espinasse.

« BARDON m.  JUYET DE LA BESSE.  DEBERNARD.  FILLIOL.

« NUGON, curé de Bar. »

Le père de Jean-Mercure Mas ne signe pas l'acte, contrairement aux habitudes ; sa présence n'est pas mentionnée ; il ne sera point parrain aux baptêmes des enfants : tous ces faits indiquent qu'il était déjà mort.

FRANÇOISE DESPLASSE était d'une ancienne famille qui avait possédé la seigneurie du Bessou ; pour patrimoine elle eut le fief de La Font qui devint le berceau de la famille Mas, de Bar.

Jean-Mercure Mas était veuf quand il mourut, le 25 août 1834, à l'âge de 73 ans. Il eut quatre enfants de son mariage avec Françoise Desplasse.

A. *Marie-Anne Mas*, née le 15 juillet 1789. Parrain J.-B. Desplasse, son oncle, marraine Marie-Anne Filliol, veuve, sa grand-mère. Mariée à M. le docteur Bardon, de Tulle (1) ; marraine, le 2 août 1811, de « Marie Chassain, de La Font, dont le père est militaire, » et le 27 mars

Saint-Jal, sert souvent de témoin dans les actes des seigneurs de Saint-Jal, et fait, le 25 avril 1750, son testament mystique, écrit par Duval, not. royal.

(1) Le docteur Bardon habitait l'île (de maisons) Bausonie. Son revenu imposable était de 34 livres 10 sols en 1786. — Mas, notaire, habitait l'île de la Barrussie. Son revenu imposable était de 63 livres 5 sols en 1786. (*Bull.* de Tulle, année 1880, p. 326, 327, 330.)

1826, de son neveu Joseph-Marie-Maurice-Amédée Mas, elle signe au registre : Mas Bardon.

B. *Jean-Léonard-Marius Mas*, né le 28 octobre 1791, baptisé le lendemain. Parrain Jean-Léonard Desplasse, son grand-oncle ; marraine demoiselle Marie Mas, sa tante de Tulle.

C. *Marie Mas*, baptisée par le curé Nugon le 27 février 1793.

D. *Martialle-Françoise-Christine Mas* qui le 25 avril 1815 épouse M. Dominique Verdier, de Brach.

3° LÉONARD MAS eut de sa femme Clarisse-Reine-Eulalie Brival de La Vialle, d'Ussel, fille de Joseph-Maurice Brival de La Vialle et de Agnès Cécile de Lachapelle, cinq enfants :

A. Alexandre, mort le 10 mars 1835 âgé de 12 ans ;

B. Martialle-Françoise-Christine, morte le 7 octobre 1846 âgée de 18 ans ;

C. Joseph-Marie-Maurice-Amédée, né le 27 mars 1826, chef actuel de la famille ;

D. Henri ;

E. Irma.

Nous devions faire connaître cette honorable famille dont le souvenir est en bénédiction dans la paroisse de Bar, et dont Notre-Dame de Chastres a fait choix pour le rétablissement de son sanctuaire.

C'est à la suite de nombreuses apparitions et sollicitations de la Bienheureuse Vierge, que se sont élevées, dans notre siècle, les basiliques de La Salette, de Lourdes et de Pontmain : pendant plus de dix ans, en multipliant les appels et les faveurs, Notre-Dame de Chastres fit, pour ainsi dire, violence à Jean-Mercure Mas.

*Premier fait : guérison.* — La plus jeune de ses filles,

Martialle-Françoise-Christine Mas, devenue plus tard madame Dominique Verdier, de Brach, était très dangereusement malade, à La Font. Les médecins ne donnaient plus aucun espoir, et la famille était plongée dans la désolation. Ne pouvant plus compter sur les secours humains, Jean-Mercure Mas se tourna vers le ciel : si Dieu lui rend sa fille chérie, il fait vœu de relever le sanctuaire si regretté de Notre-Dame de Chastres : il en prend l'engagement solennel. Dieu et la Vierge, qui n'attendaient que cette prière et ce vœu, l'exaucèrent aussitôt.

Quelques personnes ont dit que Martialle-Françoise-Christine Mas, déjà mariée à M. Verdier, était très dangereusement malade, à Brach, quand elle fut guérie miraculeusement. Mais, c'est une erreur manifeste ; car 1° son mariage eut lieu en 1815. On lit en effet dans les archives paroissiales :

« Le 25 avril 1815, après la publication duement faite pendant deux dimanches consécutifs au prône de la messe paroissiale de Bar, des bans du futur mariage de Monsieur Dominique Verdier, fils majeur et légitime de Sr Jean Verdier et de demoiselle Martialle Porte, propriétaire au village de Brach, paroisse de St-Priech-de-Gimel, d'une part, avec demoiselle Martialle-Christine Mas, fille majeure et légitime de Monsieur Jean-Mercure Mas et de deffunte Mademoiselle Françoise Desplasse, du village de Lafont, paroisse de Bar, je prêtre soussigné exerçant les fonctions ecclésiastiques à Bar, n'ayant découvert aucun empêchement ny canonique ny civil, vu la dispense d'un troisième ban accordée par M. le Vicaire général à Tulle, en date du 22 avril dite année, signé Brival, vue aussi la permission à moi donnée de bénir les parties par Mr. le desservant de

Gimel signé Graffeuille en date du vingt-quatre avril dite
année, et bien assuré que les parties se sont disposées au
mariage par la réception des sacrements en pareil cas
requis, leur ai imperti la bénédiction nuptiale en présence
de leurs parents respectifs et même de Sʳ Sudour, avoué,
à Tulle, de Sʳ Jean-Baptiste Tramond, notaire public à
Cousin, de Verdier notaire public à Gimel, de Sʳ Jean-Louis
Trainssoutrot, demeurant au bourg de Bar, qui tous ont
signé avec moi.

VERDIER epoux.    MAS epouse.
SUDOUR avoué.    MAS.    VERDIER.
TRAMOND.    MAS.

LAVAL, pᵗʳᵉ. »

Or, tous les auteurs, d'accord avec la tradition, reconnaissent que cette guérison fut le premier fait qui
contribua à la reconstruction de la chapelle.

2° Il est certain que cette guérison eut lieu avant la fin
de l'année 1805 ; car en accomplissement de son vœu,
Jean-Mercure Mas — ses papiers que nous avons sous
les yeux en font foi — acheta, il ne dit pas en quelle forme,
le 15 novembre 1805, au bourg du vieux Bar, « dans la
maison de Salagnac », qui « voulut donner un louis », la
chapelle, ou plus exactement l'emplacement de la chapelle,
à Jean-Louis Trainssoutrot; pour « la somme de vingt
louis, ou deux cent quarante francs ».

Jean-Louis Trainssoutrot avait compte ouvert avec
J.-M. Mas, qui lui fournissait le grain nécessaire. Or,
d'une feuille en forme de bordereau de compte, portant ce
titre : « *etat des payements que j'ai fait au sieur Trainssoutrot pour l'acquisition de la chapelle de Chastres*, » il
résulte que le 25 novembre 1805, Jean-Mercure Mas a

payé à J.-L. Trainssoutrot, sur le prix de la chapelle, 168 francs. A la marge de cette feuille on lit la note suivante, qui paraît avoir été écrite plus tard : « Il faut savoir s'il est vrai que j'ai payé les 24 francs qu'il dit avoir reçus de Salaignac, parce que Salaignac m'a dit n'avoir rien payé, et je crois avoir une lettre de Trainssoutrot. »

*Second fait miraculeux : la flotte.* — Le chrétien sincère et animé des intentions les plus droites, oublie souvent, hélas ! dans la dissipation de son esprit, ses engagements les plus sacrés et les plus solennels. Par un nouveau bienfait, Notre-Dame dut rappeler à Jean-Mercure Mas son vœu oublié depuis près de cinq ans !

Profitant de la crue des eaux, selon la pratique de cette époque où l'on n'avait point encore ces belles routes qui serpentent aux flancs de tous les coteaux, charriant partout la vie et l'abondance, Jean-Mercure Mas conduisait sur la Corrèze une flotte très considérable de bois de chauffage, à Tulle : « *Toulsavo une legnado*, il poussait une lignée (1). » Cette opération était longue et pénible ; elle exigeait au moins deux jours de surveillance et de travail ininterrompu, même la nuit. Dans l'intervalle, les pluies ayant recommencé, les flots de la rivière débordée emportaient violemment les bûches à la dérive ; et, ce qui était plus funeste encore, par dessus les écluses et les barrages. Dans ce moment critique où un intérêt si considérable allait être compromis, Jean Mercure Mas se souvient de Notre-Dame de Chastres et de son vœu inaccompli ; il le renouvelle dans les sentiments du repentir et de la confiance. Le secours d'en-Haut fut immédiat, visible, éclatant,

(1) *Lignum*, bois. Les rivières servaient de routes et de chars pour porter à Tulle le bois de chauffage.

au dire des nombreux ouvriers échelonnés sur les rives, lesquels n'attribuaient qu'à « un miracle de la Vierge de Chastres la conservation de la flotte. »

C'est à la suite de cet événement que Jean-Mercure Mas, reprenant l'affaire de la chapelle, affaire négligée jusque-là comme son premier vœu, acheva d'en payer le prix, par un versement de 18 francs effectué le 10 septembre 1810.

*Troisième fait : gué de Chastres.* — O faiblesse du cœur humain ! Dans la prospérité Jean-Mercure Mas oubliait, ou plutôt différait encore d'accomplir son double vœu ; et, dans un nouveau danger, il fallut que Notre-Dame, par une faveur nouvelle, stimulât la volonté de son serviteur sincère mais négligent.

Il arrivait assez souvent à Jean-Mercure Mas de se rendre chez sa fille Christine, mariée avec M. Verdier et habitant au village de Brach ; et, en passant, chez sa sœur qui demeurait à Hublanges, où elle avait épousé Léonard Brudieu, ancien maire de Bar. Or, au temps de l'équinoxe d'automne, dans les premiers jours du mois d'octobre, revenant de l'une de ces visites, il traversait à cheval la Corrèze, sous le village de La Court, au gué appelé de Chastres et de La Court. A côté du gué le pont-passerelle, construit avec les débris du sanctuaire de Notre-Dame, existait depuis vingt ans ; mais il ne servait qu'aux piétons ; et, quand la rivière était débordée, il leur devenait inutile, parce que l'absence de terre-pleins sur les deux côtés, le rendait inaccessible. La Corrèze coulait violente et à pleins bords, et le voyageur et sa monture hésitaient. La rivière est large en cet endroit ; mais, disent les contemporains, par suite des trombes qui s'étaient succédé dans la journée, il survint à ce moment une nouvelle crue

si subite et si forte que « l'on croyait voir rouler en
grondant une seconde rivière de plusieurs coudées d'épaisseur, sur les flots de la première. » Le péril était
imminent ; aussi, Jean-Mercure Mas crie de toute son âme
à la Vierge de Chastres, qui peut oublier sa longue
infidélité et le sauver encore.

En ce point, comme sur tous les autres, a erré M. le
chanoine Talin. « La Vimbelle, dit-il, (sauf à se rétracter
plus loin, page 473, où il recommande de lire Corrèze,)
rivière torrentueuse, grossit tout à coup, un jour que
M. Mercure Mas la traversait. Se voyant en grand danger
de périr, il se souvint de la promesse de son père, et
s'engagea par vœu, à faire relever au plus tôt le sanctuaire
démoli par des mains sacrilèges.

« Quelques années après la restauration du culte catholique dans notre France, M. Mercure Mas, maire de Bar,
la fit (chapelle) reconstruire à ses frais. Son père s'était
promis de reconstruire la chapelle de Chastres. En conséquence il avait acheté l'emplacement et les matériaux de la
chapelle primitive, par acte reçu par Me Tramond, de
Couzein. Nous ignorons pourquoi il n'exécuta pas ce pieux
dessein (1). »

1° François Mas, père de Jean-Mercure, n'a pas exécuté
ce pieux dessein, parce que, notaire à Tulle, il n'a jamais
habité Bar, et n'a jamais fait la promesse et l'acquisition
que lui prête M. le chanoine. Si M. le chanoine avait raison, François Mas aurait contracté son engagement :
sept ans avant la démolition de la chapelle ; 2° dix-huit ans
avant la guérison de sa petite-fille Martialle-Françoise-
Christine Mas ; 3° sept ans avant la vente de la chapelle ;

(1) *Semaine religieuse*, année 1885, p. 427.

4° dix-huit ans avant qu'elle fût vendue ; enfin vingt ans très probablement, à coup sûr seize ans, après sa propre mort. Car François Mas plus probablement était mort avant le mariage de Jean-Mercure, son fils, ainsi que nous l'avons fait remarquer déjà ; sûrement il n'était plus de ce monde depuis au moins seize ans, puisque sa femme, Marie-Anne Filliol, est dite veuve dans l'acte de baptême de Marie-Anne Mas, sa petite-fille, le 15 juillet 1789. M. le chanoine aurait dû s'instruire avant d'écrire l'histoire.

2° Mᵉ Boudrie, petit-fils et successeur immédiat de Mᵉ Tramond, a eu l'extrême complaisance d'examiner soigneusement les pièces de ses minutes, du 2 décembre 1792, à l'année 1830 : il n'y a pas trouvé trace de la vente intervenue entre Jean-Louis Trainssoutrot et, non pas François Mas, mais Jean-Mercure Mas. M. le chanoine, selon son habitude, a conclu du possible et du vraisemblable, à la réalité.

Jean-Mercure Mas, dès le lendemain de cette grâce signalée, dit la tradition, se mit à l'ouvrage. Sur son ordre Jean-Léonard Marius Mas, son fils, se rendit auprès de J.-L. Trainssoutrot. Il régularisa en son propre nom, car il écrit : « J'ai achette (1) du sieur Trainssoutrot la chapelle de Chastre », par un sous-seings privés, la vente purement verbale mais suivie d'un plein effet, qui avait eu lieu, dix ans auparavant, entre son père Jean-Mercure Mas et Trainssoutrot, « dans la maison Salaignac », du vieux bourg de Bar. Léonard Mas, à ce moment (1815) avait 24 ans (2) et

(1) Les cas douteux ne manquent pas actuellement dans l'orthographe française ; ils étaient bien plus nombreux, au commencement du siècle.

(2) Il est mort à La Martinie, d'Orliac-de-Bar, le 7 février 1870, âgé de 79 ans.

s'occupait, sous l'autorité de son père, des entreprises et de tous les intérêts de la famille. C'est pourquoi il arrête les conventions avec les ouvriers et fait les achats en son propre nom, dirige et commande. Mais son père, Jean-Mercure Mas, qui était dans la force de l'âge (54 ans) et qui vécut encore dix-neuf ans (il est mort le 25 août 1834, âgé de 73 ans), loin de se désintéresser de la sainte entreprise dont il était la cause première et que son fils poursuivait en son nom, aimait au contraire à visiter les ouvriers et les travaux. La tradition qui nous l'apprend, ajoute même qu'un certain Mauriéras (Il y a encore des Mauriéras) pour molester Jean-Mercure Mas, ardent royaliste, affectait de répéter ce cri : « Vive l'Empereur ! »

Nous avons de tous ces détails une preuve irrécusable, le cahier des travaux, écrit tout entier ou plutôt vraiment calligraphié par Léonard Mas. Nous le publions intégralement, non en suivant l'ordre des personnes, qui est celui du manuscrit, mais l'ordre des matières ; parce qu'il offre des avantages spéciaux, tout en faisant connaître les personnes.

« LIVRE JOURNAL DES OUVRIERS QUI TRAVAILLENT

A LA CHAPELLE DE CHASTRES

ANNÉE 1815. (1)

« Le 15 octobre 1815, je Léonard Mas, et Léonard Dubech, et Pierre Mas, du lieu de Bouysse, avons fait marché avec Pierre Chastre, menuisier du lieu de La Cour, pour la charpente et menuiserie de la chapelle à raison d'un franc dix sols, sur quoi il doit se nourrir. » Cette formule

(1) Donc M. Champeval se trompe quand il dit : (*Bas-Limousin seigneurial,* p. 42) « rétablie en 1808 ».

avec la même date est répétée en tête des conventions faites avec chacun des ouvriers.

*La Maçonnerie*. Les maçons ont commencé de travailler le 16 octobre 1815.

Deux quintaux de chaux fournis par Mas de Bouysse.     6 00

1815 octobre 15. Jean Bach, de La Cour, nourrira les maçons à 14 sols par jour, et trois francs pour sa femme.

     Journées de 1815 : 95 . . . . . . . .    66 10 sols

     Journées de 1816 : 105 . . . . . .    73 10 sols

1815 octob. 15. François Neyrat, maçon de St-Martial de Gimel, pour maçonnerie de la chapelle. Il ne doit pas quitter le travail jusqu'à la fin.

     94 journées de 1815, à 14 sols . . .    65 16 sols

     105 journées de 1816. . . . . . . .    73 10

1815 octob. 15. Leonard Chabanier servira les maçons, à raison de 18 sols par jour et se nourrira : 34 journées. . . . . . . . . . . .    30 12

1816 juin 10. Compte avec François le Pollonais, mineur, des journées qu'il a employées pour creuser la pierre de taille, à Chatougnat. 5 journées à raison de 14 sols, . . . . . . . . . . . .    3 10

Poudre à mine pour extraire la pierre . . . . . . .    3

Chaux, 220 livres. . . . . . . . . . . . . . .    6 10

Fait arranger les outils . . . . . . . . . . . .    9

Bouviers qui ont mené la chaux . . . . . . . . .    7

              Total . . . . . . .    344 18 sols

*La Charpente.*

1816. 24 mars. Compte avec Chastre, dit Capole (1). 15 journées à raison d'un franc 10 sols. . . . . .    22 10 sols

Compte avec Mas pour nourriture des ouvriers qui ont fait le clocher : 25 journées à 1 franc. . . . .    25

Cent planches fournies par Mas, de Bouysse (2). . .    10

Journées de Léonard Chassaing, menuisier pour charpente : 11 journées à 1 fr 8 sols. . . . . . . .    15 8 sols

1815, octobre 20. Arrangement avec les scieurs de long de Corrèze, dont le maître est Janet, dit Jacquadoux et ses deux domestiques à raison de 12 sols.

                        72 18 sols

(1) Nous avons dit que ce mot signifie charpentier.
(2) Volige.

(Pas de compte des bois qui évidemment étaient fournis par les forêts de M. Mas. Les journées des scieurs-de-long, omises ici, ont dû être portées dans les comptes de famille.)

*La Menuiserie.*

| | | |
|---|---|---|
| 1816 juin 11. Planches prises à Salagnac. . . . . . . | 76 | |
| Conduite des planches de Salagnac . . . . . . . . | 2 | 11 sols |
| 1815 octobre 15. Léonard Chassaing, menuisier, d'Hublanges, à 1 fr. 8 sols et se nourrit. | | |
| 1816 septembre 25. Journées de Chassaing, menuisier, pour la menuiserie, 31 à 1 fr. 8 sols . . . . . . . | 43 | 8 |
| Quarante planches . . . . . . . . . . . . . . . | 20 | |
| | **141** | **19 sols** |

*La Couverture.*

| | | |
|---|---|---|
| Léonard Chassaing, d'Hublanges : 17 journées pour la tuile, à 1 fr. 8 sols . . . . . . . . . . . . . | 23 | 16 sols |
| Compte avec le Pollonais des journées qu'il a employées à creuser la tuile : 6 journées à vingt sols ; 14 journées à 28 sols . . . . . . . . . . . . | 25 | 12 |
| 1816 mai 2. Acheté six millets (*sic*) d'ardoise pour la chapelle de Chastres du sieur Pierre Varolle, dit Faillot, du lieu de Travassac, commune de Donzenac, qu'il doit me faire transporter à la Maison neuve et que je dois lui payer rendue, à la dite destinée, à raison de 14 francs le millet (*sic*). . . . . | 84 | |
| Transport de l'ardoise de la Maison neuve à Chastre, avec consommation chez Roche, Labesse, Leyrat et à La Cour, chez Teyssier. . . . . . . . . . . | 25 | 18 |
| Clous. . . . . . . . . . . . . . . . . . . . . | 17 | 6 |
| Aux couvreurs pour boire 4 fr. à Trainssoutrot, trois pintes et demie et demi quart de vin le jour de la lève du clocher, à 1 fr. 4 sols en tout. . . . . . | 8 | 10 |
| Botte de paille pour le clocher, payée à Pasquet. . | 3 | 10 |
| | **188** | **12 sols** |

*La Cloche.*

| | | |
|---|---|---|
| 1816 mai. Arrangé avec J. B. Salva, fondeur de cloches, à Tulle, qui doit nous fournir une cloche d'un quintal ou plus, moyennant 40 francs . . . . | 40 | |
| Battant de la cloche . . . . . . . . . . . . . . | 5 | 16 sols |
| Belledant fournit le métal pour faire la cloche, à 1 fr. 14 la livre. . . . . . . . . . . . . . . . | 236 | 6 |
| Ferrement de la cloche, 22 liv. à 15 sols. . . . . . | 15 | 10 |
| | **297** | **12 sols** |

A ce compte est annexée la lettre-quittance que nous croyons ne devoir pas omettre :

« Monsieur

« Vous m'excuserez si je ne suis pas venu moy-même, ma santé ne me le permet pas ; la présente vous servira de quittance de la somme de quarante francs que vous me promîtes pour la façon de votre cloche de la chapelle de Chastre.

« Je finy, Monsieur, en vous assurant de mes respect (*sic*) ainsi que Monsieur votre père et suis votre dévoué serviteur.

J. B. SALVA,<br>fondeur.

« A Monsieur Mas fils, au lieu de Lafond, commune de Bar,           à Lafond. »

*Les Ferrements.*

| | | |
|---|---:|---:|
| 1815 sept. 2. Chez monsieur Lagier, marchand de fer, rue de la Barrière, 142 livres de fer à 7 sols la livre | 49 | 14 sols |
| Ferrements de la chapelle, à Jean Cadet 202 livres à 7 sous | 141 | 8 |
| Clous (1) un millet (*sic*) autres clous 15 fr. en tout.. | 26 | |
| Roux, marchand de fer, à 7 sous la livre | 57 | 15 |
| A Raymond Clavelier. | 10 | |
| Serrure, arc-boutant, targette, charnières, boulons, paumelles. | 44 | 18 |
| Façon à Jean du Cadet, de la Barrussie, pour avoir travaillé aux grilles de la chapelle. | 83 | 10 |
| Façon de la croix de fer (2) sur le clocher de la chapelle payée à Hospital | 10 | |
| Autres façons à Hospital | 72 | 5 |
| Chez Degain, forgeron à Corrèze | 7 | 10 |
| | 503 fr. | |

(1) La pointe de Paris n'était pas inventée.

(2) Cette croix est aujourd'hui sur la place publique, scellée dans une pierre qui servait de bénitier, dans une des ouvertures de la façade.

*Plâtrerie, Peinture, Dorure.*

| | |
|---|---|
| Pour conclure arrangement avec Roche. . . . . . . . | 3  18 sols |
| Blanc de céruse 3 liv. 1/4 à un franc. . . . . . . . | 3   5 |
| Pinceaux payés à Borie . . . . . . . . . . . . . | 2 |
| Couleurs à Pastrie, 20 kilog. . . . . . . . . . . | 20 |
| Journées de M. Roche et son fils, à 1 fr. 15 sols, jusqu'au 26 mai 1816. Ces peintres ne sont pas nourris. 78 journées et 1/2 à 1 fr. 15 sols qui montent 173 fr. 7 sols 2 liards, plus 73 journées et 1/2 à 17 sols montent 62 fr. 9 sols 2 liards. . . . . . . | 199 17 |
| | 229 fr. |

### RÉCAPITULATION :

| | |
|---|---|
| Maçonnerie. . . . . . . | 344 fr. 18 sols |
| Charpente, . . . . . . . | 72  18 |
| Menuiserie . . . . . . . | 141  19 |
| Couverture . . . . . . . | 188  12 |
| Ferrements. . . . . . . | 503 |
| Cloche . . . . . . . . | 297  12 |
| Plâtrerie, peinture . . . | 229 |
| Total. . . | 1777 fr. 19 sols |

Il est évident que ce journal des travaux contient de nombreuses omissions, non seulement à l'article de la charpente, mais dans plusieurs autres. Toutefois, M. Mas ne déboursa pas plus de deux mille cinq cents francs environ, en comprenant dans cette somme l'achat de la chapelle; d'autant plus qu'il fut secondé par les habitants de la paroisse, qui transportaient les matériaux et donnaient des journées gratuitement.

Le dimanche 23 juin 1816, le pasteur de Bar, M. « l'abbé Laval » (1), comme on dit encore, dont la mémoire est en bénédiction, dut céder à l'impatience pieuse de sa paroisse et des paroisses voisines. Quoique les travaux intérieurs ne fussent pas achevés, avec l'autorisation de son évêque, il fit, en présence d'une foule considérable et profondément

(1) M. Laval fut curé de Bar du mois de juin 1804 au 17 juillet 1825.

émue et heureuse, la dédicace de la nouvelle chapelle et la bénédiction de la cloche. Elle eut pour parrain et pour marraine « M. Mas et sa fille », depuis l'année précédente, mariée à M. Verdier, de Brach. Cet honneur appartenait en effet aux deux miraculés de Notre-Dame. Tous les ouvriers, tous les fournisseurs (M. Mas a consigné ce détail) assistaient à la fête.

Jetons un regard sur le nouveau sanctuaire. Ce n'était pas assez pour M. Mas, ce n'était pas assez pour la paroisse qui le secondait, d'édifier une chapelle quelconque : le vœu universel, la piété envers Notre-Dame de Chastres réclamaient un édifice qui fût, non seulement par ses dimensions mais encore par sa forme, une image fidèle de celui qui avait disparu. Or, les deux tiers de la population paroissiale, la plupart des ouvriers employés par M. Mas ; M. Mas, le premier de tous, avaient vu le premier sanctuaire ; ils y avaient prié bien souvent ; ils en conservaient dans l'esprit l'image très vivante. Cette image fut pour eux un plan d'architecte. C'est ce que les vieillards, qui avaient vu les deux chapelles, nous ont appris, ce que l'acte d'estimation de Tramond, de Naves, nous fait entendre, malgré son laconisme. Ah ! si la nouvelle chapelle n'avait pas répondu à l'attente et à la piété publiques, si elle n'avait pas été l'image fidèle du sanctuaire détruit, comme à la reconstruction du temple de Jérusalem, « les chefs des familles, les anciens qui avaient vu le premier, en présence du second, auraient jeté de grands cris mêlés de larmes. » (I Esdras, III, 12.)

La chapelle bâtie par M. Mas avait la forme d'un rectangle de douze mètres de longueur sur cinq de largeur ; mais, près de la façade, on avait ménagé deux réduits de

SANCTUAIRE DÉDIÉ A N.D. de CHASTRES

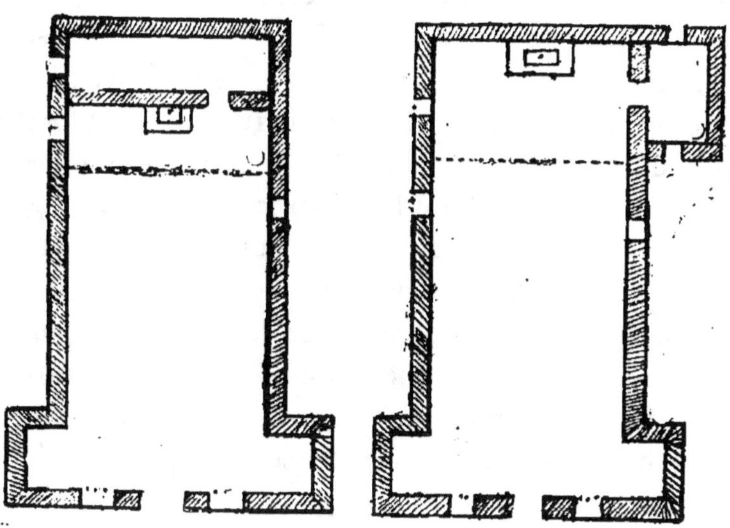

Chapelle Mas.　　　　Chapelle Bouscarel.

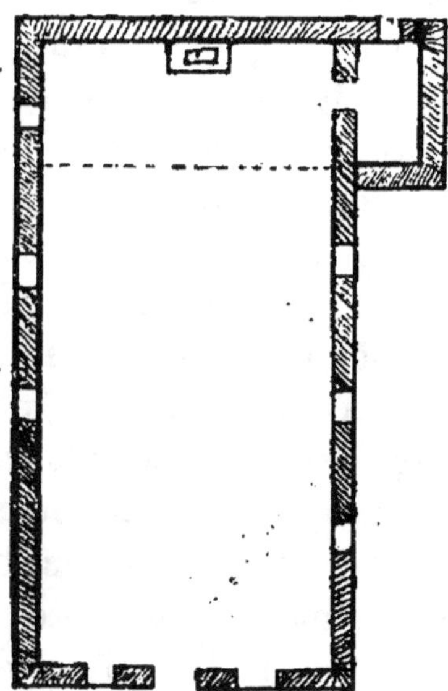

Chapelle Chauviniat.

11

deux mètres de longueur sur un mètre environ de profondeur, qui formaient deux renflements extérieurs, et donnaient au modeste édifice un caractère spécial. Quelles étaient et la signification et la destination de ces petites chapelles dans la grande? Voulait-on y placer de petits autels ou des bancs de famille? Quoi qu'il en soit, chaque année, avec des rideaux et des cloisons à grilles, on les transformait en confessionnaux, pendant la retraite préparatoire à la fête du 8 septembre. Le haut de la façade se perdait dans l'encaissement octogone du clocher, couronné d'un élégant cône imbriqué d'ardoise, qui portait aux cieux une belle croix de fer surmontée du coq symbolique, dont l'or resplendissait aux rayons du soleil : telle la lanterne aérienne qui se dresse sur le clocher, base trop vaste pour elle, de la nouvelle église de Bar. Les murs latéraux sont bas; vers la façade, un homme, en élevant le bras peut toucher les immenses tuiles qui forment un large cordon autour du toit, dont le reste est couvert de la belle ardoise toujours bleue de Travassac, sauf au chevet de la chapelle où, provisoirement et parce que l'ardoise a fait défaut, on a complété la couverture avec un cordon de chaume, d'environ un mètre de largeur. De la place, en embrassant du regard tout l'édifice, on n'aperçoit pour ainsi dire pas cette difformité; et, dans son ensemble, la chapelle, avec ses deux renflements latéraux, imaginés peut-être pour le symbolisme; avec son campanile élégant et élancé qui domine de toute sa hauteur l'arête de l'édifice, réveille à l'esprit l'image touchante de la poule de l'Evangile dilatant maternellement ses ailes, pour abriter tous ses petits; et cette image a autant de charme pour le cœur que de grâce pour les yeux. A l'intérieur, simple enduit à la chaux et au plâtre jusqu'à hauteur d'environ deux mètres, où prend naissance un lambris de bois, de forme prismatique, peint en bleu foncé et semé d'étoiles d'or; au fond, servant d'appui à l'autel, et s'élevant jusqu'au lambris, un mur de refend, séparant la sacristie du chœur de la chapelle. Cette sacristie qui a pour longueur la largeur de la chapelle, et n'a guère qu'un mètre et demi en largeur, n'a ni plafond ni lambris, et le regard monte jusqu'au toit mi-partie en ardoise et en chaume. Sur la façade, la chapelle a deux grandes baies, toujours ouvertes, et simplement grillées, avec bénitier intérieur dans l'embrasure, afin que les passants qui viennent s'agenouiller sur la marche extérieure puissent prendre de l'eau bénite, en même temps que faire leur prière et déposer leur offrande dans le tronc à côté du bénitier. Sur le côté latéral nord, deux petites ouvertures, l'une au chœur, l'autre dans la sacristie; au côté du midi, près de la sainte Table, une autre petite ouverture. Cependant la chapelle ne manquait pas de lumière, grâce aux deux larges baies de la façade; mais la chaleur, aux grandes fêtes, y était suffocante.

Contre l'attente du lecteur, contre toute vraisemblance, l'image vénérée de Notre-Dame ne fut pas réintégrée dans la chapelle, le jour de la dédicace (23 juin 1816). Le peintre Roche avait encore quelques détails de la décoration intérieure à exécuter; puis, la fête de l'Assomption, ou du triomphe de la Vierge, était prochaine, et il convenait qu'un triomphe fût associé à l'autre; d'autant que cette fête de l'Assomption — on s'en souvenait — était, dans les siècles reculés, la grande fête de Chastres.

Et ce fut le jeudi 15 août 1816, accompagnée de la paroisse

entière et d'un concours immense d'étrangers, que Notre-Dame de Chastres, dans un triomphe incomparable, prit possession de son nouveau palais champêtre. Il manqua à l'enthousiasme, il manqua en tête de cette foule émue au delà de toute expression, la présence et la voix d'un évêque. Mais Tulle n'avait point d'évêque : Napoléon le Grand, mesquin, tracassier et despote avec le Pape, dans la question de l'Eglise de France, la plus grande de toutes celles qu'il eut à traiter, Napoléon le Grand avait rayé le diocèse de Tulle (1). Seul, le pieux « abbé Laval, le saint abbé Laval », seul, car ses confrères étaient retenus par le devoir dans leurs paroisses, perdu dans la foule ivre de joie, conduisait en pleurant de bonheur et le cœur étreint par l'émotion, ce triomphe pacifique.

Depuis vingt ans, Notre-Dame de Chastres recevait l'hospitalité dans la vieille église de Bar : c'est là que les foules allèrent la prendre. Tout avait été prévu, et la fête était organisée dans les moindres détails. Aussi malgré les instances réitérées, malgré les supplications éplorées de la piété étrangère, la piété filiale des enfants de Bar ne put se résoudre au sacrifice de partager avec les pèlerins étrangers, l'honneur de porter en triomphe, durant le long parcours, l'image de Celle qui est la Souveraine de la Paroisse, la Reine du pays ; et les pèlerins étrangers respectèrent le pieux égoïsme des enfants de Bar.

Le cahier des Reinages écrit, calligraphié par M. Léonard Mas, est complet, du 15 août 1816 au 8 septembre 1828. Voici ce qu'il nous apprend sur la solennité d'aujourd'hui :

(1) Le siège rétabli par le Roi en 1817, accepté par les Chambres en 1819, ne fut pourvu qu'en 1823.

« *Registre des Reinages de l'Image de Notre-Dame de Chastre rapportée dans la chapelle de Chastre en procession le quinze août mil huit cent seize.* »

Du 15 août 1816.

« Porte-image de la sainte Vierge de Bar à Chastre,
à prix fixe : (deux francs)

## NOMS ET PRÉNOMS DES FILLES
### QUI ONT PORTÉ L'IMAGE DE LA STE VIERGE

| | | |
|---|---|---|
| 1 | Anne Mas, du Bour (*sic*). | 2 francs |
| 2 | Emerentianne (1) Champeval, de Meyrignat | 2 |
| 3 | Marie Chaussade, de Ceaux. | 2 |
| 4 | Marguerite Brudieu, du Bourg. | 2 |
| 5 | Toinette Leyris, servante à Ceaux. | 2 |
| 6 | Catherine Péchadre, de La Vialle | 2 |
| 7 | Jeanne Soleilhavoup, de Couzein. | 2 |
| 8 | La Marianne de chez M Tramond. | 2 |
| 9 | Catherine Maniaudeix, servante au Deveix. | 2 |
| 10 | Louise Nouailliat, de Ceaux. | 2 |
| 11 | Marie Nouaillat, de Ceaux | 2 |
| 12 | Françoise Vedrenne, de La Cour | 2 |
| 13 | Jeanne Linge, d'Hublanges. | 2 |
| 14 | Toinette Chassaing, d'Hublanges. | 2 |
| 15 | Jeanne Champeval, de La Cabane . | 2 |
| 16 | Toinette Martinie. | 2 |
| 17 | Charlotte Combes, de la Bouteyrie. | 2 |
| 18 | Charlotte Mercier, de Lafon. | 2 |
| 19 | Margueritte Vitrac, servante à Lafon. | 2 |
| 20 | Jeanne Champeval, de Lafon. | 2 |
| 21 | Marie .... nièce du meunier de Bar. | 2 |
| 22 | .... fille de Guy Champeval, de Champeval | 2 |
| 23 | Françoise Dubech, du Deveix | 2 |
| 24 | Charlotte Nouaillat, du Deveix | 2 |
| 25 | Leonarde Combes, du Mons. | 2 |
| 26 | Leonarde Bouysse | 2 |
| 27 | Marie Perrussie, de Ceaux. | 2 |

(1) Le corps de sainte Emérentienne, sœur de lait de sainte Agnès, est le trésor de l'église de Bar. « Sanctam Emerentianam collactaneam B. Agnetis virginis ecclesia de Bar habere se gaudet. » LABBE, Nova Bibliotheca manuscriptorum (tom. I. 633). Les

## NOMS ET PRÉNOMS DES FILLES

QUI ONT PORTÉ LA CROIX ET LES RUBANS. *Prix : 3 francs.*

Porte-croix :

28   Marguerite Mas, du Mons . . . . . . . . . . . . . 3

Porte-rubans :

29   Jeanne Mas, du Mons. . . . . . . . . . . . . . . 3
30   Leonarde Meyrignac, de Laguenoux. . . . . . . . . 3

On verra, au chapitre des fêtes, par la publication intégrale de ce registre, que presque toutes ces jeunes filles se mirent encore sous la protection de Notre-Dame de Chastres, en prenant un reinage, avant de se retirer de cette grande solennité.

Voilà donc l'Arche sainte rétablie dans son sanctuaire et le feu du sacrifice divin rallumé sur l'autel (II Mach. I, 19). De nouveau, l'Hostie sainte, l'Hostie proscrite, au pied de la Vierge, sur son autel, toujours vivante et toujours immolée, s'offrait elle-même sur la patène sacrée et dans l'or du calice ; et portée dans les mains du prêtre, s'élevait dans les airs, au-dessus de tous les fronts inclinés. Quelles douces larmes jaillissaient des yeux du prêtre et du pasteur, des yeux des innombrables pèlerins agenouillés dans l'étroit sanctuaire, aux barreaux des fenêtres, sur la place publique et autour de la chapelle !

Les guerriers qui avaient fait les campagnes de l'Empire, ce jour-là avaient repris leurs armes abandonnées ; et, en l'honneur de Celle qui porte le titre de Reine de Chastres ou des Camps, formés en phalange, ils lui faisaient cortège, avec autant de fierté qu'aux jours de leur gloire, à côté du grand Empereur.

Bollandistes n'en parlent point parce que leurs volumes de janvier et de février étaient publiés quand le P. Labbe donna au monde savant les manuscrits de B. Guidonis, év. de Lodève, et de Geoffroi de Vigeois.

« Maisons, granges, tout était changé en hôtelleries ; la place publique, les chemins, l'ombre des bois, tout était envahi par de longues tables insuffisantes : de nombreux pèlerins furent réduits à demander aux hameaux voisins le viatique indispensable du retour. »

Le ciel ne pouvait pas ne pas témoigner, par un signe sensible, qu'il acceptait cette dédicace populaire, et ne pas récompenser un pareil acte de foi et d'amour, par une faveur éclatante.

Un jeune homme de Tulle, âgé de 18 ans, perclus des deux jambes, après avoir épuisé toutes les ressources de la science, après d'autres pèlerinages, s'était fait transporter à Chastres, en cette circonstance extraordinaire. Une voix intérieure lui disait qu'une fête inouïe serait marquée par des faveurs inouïes. Sa foi et son espérance ne furent pas trompées. Subitement et complètement guéri, dans la chapelle même, sous le regard de la foule, il se leva en criant merci à Notre-Dame ! Il suspendit de sa main, ses béquilles, aux pieds de la madone, et, après avoir répandu son cœur dans l'action de grâces qu'on peut s'imaginer, mais qu'on ne saurait peindre, il reprit à pied le chemin de Tulle : les boiteux, avait dit l'Esprit-Saint, bondiront comme le chevreuil (Isaïe. xxxv, 6). Ce glorieux trophée, pendant de longues années les pèlerins de Chastres ont pu, comme nous, le voir au milieu du grand nombre des ex-voto.

Le privilégié de Notre-Dame vit encore (écrit en 1867) ; il est venu, chaque année, renouveler incognito sa reconnaissance, ou il a délégué quelqu'un de ses proches. Que ne pouvons-nous donner son nom ! Aux premiers jours de notre siècle, l'impiété ne florissait que dans les sphères aristocratiques et officielles; et, l'on n'avait pas encore assez d'esprit pour tenir registre exact des actes d'ingérence de Dieu, dans le domaine de l'homme souverain. Ce n'était encore que le temps du simple bon sens : on croyait à l'Eglise, à la Providence qui devait s'intéresser à son propre ouvrage ; par conséquent le miracle était aux yeux de tous, une chose si naturelle, c'est-à-dire si conforme à la raison et à l'ordre, qu'il était superflu de le consigner dans des archives.

Jusqu'en 1849, il n'y eut aucune modification dans l'état de la chapelle.

Dès son arrivée comme curé de Bar, M. G. Bouscarel (1849-1860) se montra très dévoué à Notre-Dame de Chastres. Tant qu'il n'eut pas le binage des Angles, il célébra chaque dimanche, avec autorisation de l'Ordinaire, une première messe à Chastres, et la grand'messe à Bar. Il aurait voulu faire de la chapelle, l'église paroissiale ; et, c'est de lui qu'est venue la première pensée du transfert, accompli depuis quinze ans, de l'église de Bar.

L'affluence des fidèles le détermina à agrandir la chapelle. A cet effet, il abattit le mur de refend dont nous avons parlé, et ajouta ainsi à la chapelle toute la superficie de la vieille et malpropre sacristie dont il fit disparaître le chaume. Avec les pierres de ce mur, il éleva au chevet du sanctuaire, du côté du midi, la petite sacristie qui existe encore.

M. Bouscarel aimait aussi les solennités de Chastres et ne négligeait rien pour leur donner de l'éclat. C'est pourquoi, malgré le manque de chemins carrossables, il y fit venir, pour présider la grande fête du 8 septembre, Monseigneur Berteaud, son ami et son collègue d'enseignement, au séminaire du Dorat. Ce fut un beau jour pour Chastres ! Plus de trois mille personnes s'y étaient rendues. La cloche cassée venait d'être refondue : Mgr Berteaud la bénit ; Martial Salagnac et Jeanne Leyrat, sa femme, étaient, l'un, parrain, l'autre, marraine. Selon son habitude, l'illustre évêque rompit le pain de la parole à la foule toujours avide de l'entendre, du haut d'un ambon champêtre à l'ombre des grands arbres. Cette parole étincelante et pleine de doctrine ne faisait pas seulement tressaillir les auditoires savants de Paris et de Rome, capables de raisonner l'admiration et l'enthousiasme ; elle ravissait les hommes des champs qui en sentaient les beautés sans les comprendre. Cette éloquence de prophète ne dédaignait pas l'idiome limousin, langue des Troubadours, si harmonieuse et si chantante que le poète de Florence fut sur le point de lui donner la préférence pour sa Divine Comédie ; elle trouvait son inspiration partout : c'était assez de la vallée silencieuse, ou des « prairies diaprées », ou des champs où jaunit « le blé qui sera bientôt la Chair du Christ » ; ou du sanctuaire qui « abrite, comme le sein de la Vierge, cette chair nécessaire au monde » ; ou de « la Coureuse » (1) qui se hâte vers les plaines évangélisées par Martial » ; ou des « collines au front mélancolique » ; ou du châtaignier limousin et de son fruit « emblème de la Vierge immaculée ». Mais, visiblement, l'aigle était à l'étroit dans cette cage ; la pensée restait captive, malgré les attitudes sublimes, les regards de feu et les coups puissants de son aile.

A cette scène pleine de grandeur de l'évêque-orateur

(1) Mgr Berteaud n'appelait la Corrèze que « sa Coureuse ».

tenant suspendues à ses lèvres ruisselantes de poésie et de doctrine, des populations entières, « avec des chaînes d'or, comme le Jupiter d'Homère », et les charmant, comme « Orphée aux accents de sa lyre inspirée », succédaient d'autres scènes, sublimes comme la précédente, mais de simplicité et de familiarité. L'évêque, avec sa petite taille, disparaissait dans la foule qui se précipitait littéralement sur lui. Tous lui souriaient, tous lui parlaient : il souriait, il parlait à chacun ; il bénissait, il livrait sa main que l'on couvrait respectueusement de baisers. Il ne dissimulait pas sa préférence pour les enfants et les vieillards. Brusquement le dialogue commençait, moitié patois, moitié français : « Sais-tu ta prière ? *Connais-tu lou boun Di?* Sais-tu qu'il n'y en a qu'un ? *L'ama bin lou boun Di! El lo Vierdzo, l'ama bin lo bi ?* Et alors il « chantait le Christ et la Vierge » dans une langue qui n'appartenait qu'à lui et qu'il a emportée sans retour. Ces âmes d'enfants étaient ravies ; aujourd'hui, selon son expression, « elles restent fières d'avoir été armées par lui de la foi et de la vaillance chrétiennes ».

Avec les vieillards, le dialogue conservait ce diapason, tout en revêtant une nuance particulière, le caractère patriarcal qui vient de l'âge. L'évêque, par une exception qui dans sa pensée devait avoir une cause pleine d'élévation et de délicatesse, ne tutoyait pas les vieillards ; il avait pour eux des tendresses caressantes, d'une suavité infinie. Aussi tous les vieillards sortaient quand l'évêque venait dans la paroisse ; ils mettaient toute la matinée, appuyés sur le bâton nécessaire et enveloppés dans le manteau de laine, dans leur *saïle* limousin, pour se rendre à l'entrevue. L'évêque les connaissait tous ; il n'en négligeait aucun ; il avait un mot personnel pour chacun. La scène était biblique : l'évêque consolait, encourageait le vieillard, en aiguillonnant parfois la conscience par la pensée de cette grande responsabilité qu'impose une longue vie. Le vieillard ne craignait pas de parler ; et pour témoigner sa reconnaissance envers le prince de l'Eglise qui oubliait toutes ses grandeurs pour se faire tout à tous, il trouvait des réponses, il avait des mots, parfois profonds, toujours naïfs, et quelquefois exquis. Nous en avons vus qui bénissaient l'évêque et faisaient des vœux pour lui, dans le langage des patriarches. Nous croyons encore les entendre, au moment de la séparation, lui disant d'une voix altérée par l'émotion : « Je n'aurai plus le bonheur de vous revoir, Seigneur ! Que le bon Dieu vous bénisse ! Qu'il vous donne une bonne santé ! » Vingt fois nous avons été témoin de ces scènes, vingt fois nous avons été envahi par les mêmes émotions. Les Paul et les Antoine se rencontrant dans le désert, les grands évêques des premiers temps de l'Eglise, en se saluant dans le saint baiser, n'avaient ni d'autres sentiments, ni d'autre langage. Comme le divin Maître, l'évêque au milieu des foules était la lumière, la consolation, la sainteté, la vérité et la bonté : c'était le missionnaire et l'image de Dieu.

Le lecteur nous pardonnera cette digression un peu longue, et nous permettra d'ajouter encore un détail, d'autant plus qu'il a été omis par les biographes, et qu'il s'applique à Bar aussi bien qu'à d'autres paroisses. Quelqu'un de ses prêtres était-il originaire de la paroisse où il était en visite : l'évêque le savait toujours, et dans la circonstance ne l'oubliait jamais. Dès son arrivée, à moitié

descendu de voiture, au lieu de répondre à l'empressement du monde officiel : « Un tel, disait-il, est-il là ? Je
veux le voir ; qu'on le fasse venir ! » Et l'évêque avait
des marques étonnantes de respect pour un humble chrétien, pour un pauvre laboureur, pour le père d'un prêtre !
Il lui parlait de son fils, il lui parlait du sacerdoce, de l'honneur incomparable de la famille qui possède un prêtre...

Pourquoi ces attentions ? Pour la popularité ? Allons
donc ! Mgr Berteaud ne l'a jamais cherchée ; elle est venue
d'elle-même. Motif misérable ! et Mgr Berteaud n'en avait
que de surnaturels. Cet évêque divinisait tout ; dans sa
pensée, « de même que Dieu pour son Verbe, dès l'ori-
« gine de l'humanité, avait réservé la goutte du sang
« immaculé qui devait faire florir d'abord la chair très
« pure de la Vierge, puis, celle de son divin Fils, prêtre
« éternel, et l'avait conservée avec un soin jaloux, à
« travers tant de générations ; de même, par une sorte
« de corollaire et de conséquence, Dieu avait choisi aussi,
« dès l'origine, les flots du sang qui devait faire épanouir
« les évêques et les prêtres, et avait veillé à leur conser-
« vation. » De là ce respect religieux, cette tendresse
surnaturelle pour ceux que Dieu avait « appelés à lui préparer ses prêtres... » Il adorait, il aimait en eux les desseins
de Dieu, l'action persévérante de sa Providence à travers
les siècles, son sacerdoce perpétuel sur la terre comme
dans le ciel. Théorie admirable que l'évêque se plaisait à
rappeler à ses prêtres ! « Mes prêtres, croyez cela ! Enseignez cela ! Vous êtes grands ! De toute éternité vous avez
été dans les desseins et dans le cœur de Dieu ; de vous
aussi il dit : « Vous êtes mon Fils ; je vous ai engendrés
de toute éternité. »

On comprend qu'un évêque d'un esprit si sublime, d'un
cœur si grand et si exquis, fût l'idole des populations.
« Il le sera longtemps encore : « Ma gloire est tous les
« jours nouvelle, et mon arc se fortifie dans mes mains.
« Ceux qui m'écoutaient étaient dans l'attente et rece-
« vaient mes discours comme l'eau du ciel longtemps
« désirée. Si je souriais à leur vue, ils en étaient hono-
« rés ; si j'allais avec eux, je marchais à leur tête, et
« j'étais comme un roi au milieu des bataillons, comme
« le consolateur au milieu des affligés (1).

Au moment où M. G. Bouscarel, dont la vieillesse commençait, dût accepter le poste de Sainte-Fortunade, sur
les instances de son évêque, ou plutôt de son ami qui lui
répétait : « Je ne veux pas te laisser mourir à Bar », à ce
moment Dieu renoua dans la paroisse la chaîne du sacerdoce interrompue depuis près d'un siècle. Un enfant de
Bar, en effet, venait de recevoir l'onction sacerdotale.
Dans cette circonstance extraordinaire, la première pensée de M. Bouscarel fut pour sa chère chapelle de Chastres, pour la Vierge qui a donné au monde le Prêtre éternel, et qui, appelée par l'Eglise *virgo sacerdos*, la vierge-
prêtre, sera à jamais la protectrice et le modèle du clergé.

Le lundi, 4 juin 1860, ce jeune prêtre, qui avait offert

(1) Radix mea secus aquas et ros morabitur in messione mea.
Gloria mea semper innovabitur, et arcus meus in manu mea ins-
taurabitur. Qui me audiebant, expectabant sententiam et intenti
tacebant ad consilium meum. Verbis meis addere nihil audebant
et super illos stillabat eloquium meum. Expectabant me sicut
pluviam, et os suum aperiebant quasi ad imbrem serotinum. Si
quando ridebam ad eos non credebant et lux vultus mei non
cadebat in terram. Si voluissem ire ad eos, sedebam primus ;
cumque sederem quasi **rex** circunstante exercitu, eram tamen
mœrentium consolator. (JOB, **XXIX**, 20 à 25.)

la veille son premier sacrement, comme dit Joinville (1), dans la chapelle du Carmel de Tulle, devait célébrer sa seconde messe dans sa paroisse natale. A son insu, M. Bouscarel avait tout préparé et ordonné ; il avait convoqué les fidèles à Notre-Dame de Chastres, tranchant ainsi, sans s'en douter, une question pénible à notre cœur, partagé entre l'église de notre première communion et le sanctuaire de Notre-Dame, où la piété de notre père et de notre mère nous avait offert, avant notre naissance. Le jour ouvrier, le lendemain du dimanche ne furent pas un obstacle. La chapelle était pleine de fidèles, ou plutôt de pères et de mères de famille exclusivement, venus des extrémités de la paroisse et déjà préparés par la confession, à recevoir l'Hostie sainte de la main, encore ruisselante du saint Chrême, du jeune prêtre leur compatriote, à sa première messe dans la paroisse.

Les souvenirs qui nous venaient en foule de Notre-Dame ; l'immolation de l'Agneau divin, entre nos mains et par les paroles sacrées que notre bouche avait désormais la puissance de prononcer ; ces pères, ces mères qui étaient venus sous l'impulsion des sentiments les plus purs et les plus élevés, et qui mettaient tous leurs cœurs avec notre pauvre cœur, pour l'action de grâce et la louange : quelle source inépuisable et débordante de douces, de fortes émotions, même après les émotions inénar-

---

(1) « Il avint ainsi que mon prestre me chantait la messe devant mon lit en mon paveillon, et avait la maladie que j'avoie. Or avint ainsi que en son sacrement il se pasma. Quant je vi que il vouloit cheoir, je, qui avoie ma cote vestue, sailli de mon lit, tout deschaus, et l'embraçai, et li deis que il feist tout a trait et tout bellement son sacrement ; que je ne leroie tant que il l'auroit tout fait. Il revint à soi et fist son sacrement. »

(JOINVILLE, S. LOUIS, 92.)

rables de notre consécration sacerdotale ! Et toutes ces âmes qui, du regard, dévoraient l'autel où Dieu daignait élever notre jeunesse ; ces compatriotes, ces amis, hier familiers avec nous, et aujourd'hui, parce que subitement nous sommes devenu prêtre, impuissants à nous dire une parole, à cause de l'émotion chrétienne qui les suffoque ; tous ces amis du Dieu de l'Eucharistie et du prêtre, qui, à la Table Sainte, ne peuvent suspendre, malgré leurs efforts, les larmes qui ruissellent sur leurs joues, parce que un pauvre enfant de leur pays, parce que leur enfant, de sa faible main, leur donne le corps et le sang de leur Dieu, qu'il vient de consacrer pour eux : ah ! certes, toutes ces âmes vibraient à l'unisson de notre âme, dans les mêmes sentiments de la foi, de la reconnaissance et de l'amour, et leur émotion était aussi peu contenue que la nôtre !

Elles sont connues de Dieu, ces mères éminemment chrétiennes, qui, en ce moment, par l'entremise de Notre-Dame, firent monter jusqu'au trône du Seigneur la prière et le vœu de la pieuse Anne des Saints Livres : « Seigneur « des armées, si vous daignez regarder l'affliction de « votre servante, si vous vous souvenez de moi, si vous « n'oubliez point votre servante et que vous donniez à « votre esclave un enfant mâle, je vous l'offrirai pour « tous les jours de sa vie, et le rasoir ne passera point « sur sa tête (1). » Dieu a exaucé cette prière, puisque, à

(1) Domine exercituum, si respiciens videris afflictionem famulæ tuæ et recordatus mei fueris, nec oblitus ancillæ tuæ dederisque servæ tuæ sexum virilem ; dabo eum Domino omnibus diebus vitæ ejus, et novacula non ascendet super caput ejus.

(I. Reg. I 11.)

partir de cette époque, il n'a cessé de susciter, dans la paroisse de Bar, de nouveaux Samuels (1).

M. Paul Lestourgie (1860 à 1862), ne fit que passer à Bar. Il continua de célébrer à Chastres la messe de binage établie par son prédécesseur ; il dota la chapelle de l'autel qu'on y voit encore. Il l'avait acheté à M. Ollier, sculpteur et doreur à Tulle, où M. Vialle, toujours serviable et dévoué, était allé le prendre pour le transporter à La Court.

M. Léon Peyralbe (1862 à 1866), a fait disparaître le vieux ciel en planches peintes, et l'a remplacé par un lambris en plâtre, de forme prismatique, comme le précédent. De son temps, les pèlerins du 8 septembre eurent l'avantage d'entendre la parole élégante, docte et pieuse de l'aimable chanoine Moncourrier, qui s'en retourna en témoignant hautement de « l'édification que lui avait donnée l'attitude des fidèles, dont la presque totalité avait dû rester hors du sanctuaire ; et il ajoutait que jamais il ne lui était arrivé de parler à un auditoire aussi nombreux. »

M. Jean-Baptiste Bouyssou (1866 à 1872). Ce pasteur

---

(1) Noms des prêtres enfants de la paroisse de Bar :
1860. Jean-Baptiste Bessou, ch. h., curé-doyen de Lubersac.
1861. Eugène Roume, Lazariste, mort à Lisbonne.
1866. Jean Dubois, curé de Lanteuil.
1868. Georges Merpillat, curé de Lagraulière.
1873. Marcellin Salagnac, curé de Montgibaud.
1885. Martial Merpillat, aumônier des Filles Notre-Dame. Ussel.
1887. Rémi Roume, curé de Lostanges.
1890. Antoine Meyrignac, curé de La Chapelle-aux-Brocs.
Le 3 juin 1890, il vint de Naves, afin de célébrer à Chastres sa troisième messe, en actions de grâces ; les autres prêtres ont eu la même piété, quoique les archives paroissiales ne rendent témoignage que pour M. Meyrignac.

VUE INTÉRIEURE DE LA CHAPELLE

s'occupa avec un grand zèle, on pourrait dire, avec passion, de l'histoire de Notre-Dame de Chastres, commencée déjà depuis dix ans. Il continua l'enquête et l'étendit
à la paroisse entière, nous envoyant avec empressement
et grande joie, tous les détails qu'il recueillait avec soin.
Les nombreuses dépositions qu'il a entendues ont confirmé de point en point les récits que nous avaient faits les
vieillards.

M. Joseph Tramond (1872 à 1875), pendant son rapide
séjour, continua le binage de Chastres, que la faible santé
de son prédécesseur avait fait interrompre. Il s'appliqua à
propager et accréditer le projet du transfert de la vieille
église, ou à Chastres, ou sur le puy de l'Hérène qu'elle
couronne aujourd'hui d'une manière si pittoresque.

M. Antoine Chauviniat (1875 à 1881). Jeune, intelligent, plein d'ardeur et de zèle, habile dessinateur, aimant
à embellir et à construire, capable de dresser un devis et
de diriger des travaux, il a, pour ainsi dire, entièrement
renouvelé la chapelle de Chastres. Dès son arrivée il en
conçut le projet. Après avoir obtenu de son Conseil de
fabrique le vote favorable nécessaire, en 1876, il se mit
en course, malgré les rigueurs de l'hiver ; et, accompa·
gné du maire, M. Dubois, il frappa à toutes les portes,
sollicitant de chacun un concours effectif, ou en nature
ou en argent. La recette en argent ne s'éleva qu'à 360 fr. ;
mais les bois pour la charpente furent donnés, et l'on ne
manqua pas de bras pour extraire la pierre, ni de chars
pour la transporter gratuitement.

En présence de ces ressources manifestement insuffisantes, le pasteur n'hésite pas à recourir à la charité étrangère, si toutefois on peut employer ce mot, quand il

s'agit de Notre-Dame de Chastres. Il a consigné dans ses archives, pour les recommander à la reconnaissance des pèlerins, les noms des généreux donateurs.

Dons en nature :
La famille de M. Boudrie, notaire à Bar, a donné la porte grillée et vitrée ; sa sœur, Madame Valette, de Chamboulive, un vitrail ; sœur Thérèse de Jésus, un autre vitrail.
Madame la comtesse de Valon et sa fille Madame la marquise de Castel-Bajac, deux vitraux.
M. l'abbé Salagnac et sa famille d'Hublanges, un vitrail.
M. Boudrie, du Mons, la rosace,
Mademoiselle Amélie Sudour, de Tulle, la statue de la Vierge Mère qui couronne le pignon de la façade. Cette statue est l'œuvre de M. Peuch, sculpteur à Tulle.
Secours en argent :
Le Conseil de fabrique s'impose tous les sacrifices, en contribuant pour deux mille francs.
Un anonyme donna mille francs.
Puis vinrent les nouvelles offrandes de :
Madame la Comtesse de Valon.
Mademoiselle Amélie Sudour.
Madame Vidalin.
Madame Floucaud-Pénardille.
Mademoiselle Bénigne Vidalin.
M. l'abbé Bessou, chan. hon., supérieur de la maison secondaire d'Ussel.
R. P. Prieur de la Chartreuse du Glandier,
M. le Baron Lafond de St-Mûr.
Et beaucoup d'autres dont l'offrande, quoique plus modeste, ne fut pas moins utile au sanctuaire et agréable à Notre-Dame.

« Ces secours inattendus étaient un signe de la volonté du ciel : aussi, dès le mois d'avril 1877, la démolition commença. La charpente, pièce à pièce, était descendue ; il ne restait que le beffroi, sur lequel la cloche devait être montée provisoirement. Confiant dans l'assistance de la Vierge pour l'honneur de laquelle tout était entrepris, le surveillant des travaux commanda aux ouvriers de réunir leurs efforts et de lancer cette masse d'un coup sur le rocher. Le lourd beffroi n'eut aucun mal.

« L'heureux pasteur posa et bénit la première pierre du nouveau sanctuaire le 1er mai, à l'ouverture du beau mois de Marie. Tandis que les ouvriers poursuivaient leur travail, il allait, lui, de village en village, réclamant de nouvelles journées et assignant à chacun sa semaine et son jour. L'entreprise fut achevée en quelques mois, et le 8 septembre, la même année 1877, M. Lalite, vicaire général, bénissait le nouveau sanctuaire. Son allocution est encore dans toutes les mémoires : « Que suis-je venu faire aujour-
« d'hui, au milieu de vous, M. F. ? Suis-je venu chanter
« le flot qui murmure en bas, sous le rocher qui sert de
« base à ce gracieux sanctuaire ? Suis-je venu chanter vos
« grands et majestueux châtaigniers, en ce moment si
« riches d'espérance ? Suis-je venu chanter vos blés noirs
« blancs qui couvrent vos champs fertiles ? Non, M. F.; je
« suis venu tout d'abord vous féliciter tous, habitants de
« la paroisse de Bar, féliciter en même temps tous les
« généreux donateurs, qui avaient et qui ont concouru à
« la restauration du sanctuaire de N.-D. de Chastres ; je
« suis venu surtout pour le bénir. »

« L'année suivante, 1878, c'était M. Paré, vicaire géné-ral, qui venait, le 8 septembre, charmer les pèlerins par sa parole élégante et facile (1)...

« C'était donc un fait accompli : le nouveau sanctuaire se dressait au sommet du village, sur son piédestal de granit, comme une fleur sur sa tige. Mais la grotte, où avait été miraculeusement découverte la statue de Notre-Dame, restait presque inaccessible aux pèlerins. Un large

(1) Archives de M. l'abbé Chauviniat.

sentier, partant du chevet de la chapelle, y descendit en pente douce ; une statue de la Vierge fut placée dans la grotte, pour consacrer la tradition. Des hommes de bonne volonté, des villages d'Hublanges et du Mons, entre autres, MM. Malaurie, Boudrie et Dubois, se suspendant sur l'abîme, construisirent un mur de soutènement de trois mètres de hauteur en face de la grotte. Le terre-plein était à peine nivelé que pendant la nuit tout s'écroula dans la Corrèze. Mais l'esprit du mal, qui ne fut pas étranger à cet accident, ne fit qu'aiguiser davantage le zèle des ouvriers volontaires : maintenant, une plate-forme assez vaste permet aux pèlerins de se grouper devant la grotte.

« Si la procession, descendue au rocher par le sentier, pouvait remonter en continuant sa marche et en contournant la grotte, quel charmant spectacle elle présenterait ! Cette pensée est à peine exprimée que les ouvriers de bonne volonté accourent de nouveau : rien ne coûte quand il s'agit de N.-D. de Chastres ! Sous les coups de la pioche et du burin et des explosions de la mine, le rocher s'émiette, se brise et roule en blocs au fond de l'abîme : au bout de quelques semaines, des degrés sont taillés dans le roc, et le large sentier, du sud-est au nord-ouest de la chapelle, contourne la vaste plate-forme. Pour les pèlerins, pour la procession, le passage est ouvert, féérique mais dangereux. Aussitôt, une âme charitable offre un gardefou en fer, que l'on s'empresse de sceller dans le rocher : désormais grands et petits, libres ou chargés d'oriflammes et de bannières, peuvent défiler sans crainte sur l'abime béant, et en chantant des cantiques (1). »

Il fallait, pour concevoir et mener à bonne fin un travail

(1) Archives de M. l'abbé Chauviniat.

de cette nature, un homme intelligent, courageux et plein de bon goût.

Le nouvel édifice est élevé à moitié sur les murs du précédent : le pignon de l'ancien chevet et le mur latéral du côté du midi, ainsi que la sacristie, œuvre de M. Bouscarel, ont été seulement surélevés d'un mètre environ ; tout le côté latéral nord, ainsi que la façade, afin d'agrandir la chapelle, ont été repris dès le fondement. Les dimensions intérieures sont les suivantes : longueur $12^m42$, largeur $5^m62$. La forme est celle d'un rectangle. Les murs latéraux, d'une hauteur de trois mètres à l'intérieur, portent un lambris en plâtre, forme anse de panier, peint en bleu de ciel tendre semé d'étoiles d'or. Au-dessus de l'autel, un œil-de-bœuf est fermé par un vitrail représentant le saint Cœur de Marie : don de M. Boudrie, du Mons. Le côté latéral de l'épitre a trois baies cintrées, ornées de vitraux, représentant plusieurs scènes de la vie de la Sainte-Famille ; dons : le premier, de la famille Salagnac, d'Hublanges ; le second et le troisième, de M^{me} la comtesse de Valon. Côté de l'évangile : trois baies cintrées attendant des vitraux. Façade : pour rosace un œil-de-bœuf portant les armes de Mgr Denéchau ; de chaque côté de la porte, une grande baie, protégée par une grille en fer, et fermée par un vitrail : celui de l'épitre représente la Visitation et a été donné par M^{me} Boudrie, de Couzein ; celui de l'évangile représente la Salutation angélique : c'est un don de M^{me} Valette, de Chamboulive. La porte est large et cintrée ; à panneaux pleins dans le bas, elle est à jour dans le haut, avec un vitrage protégé par une grille de fer élégamment ornée. La façade est flanquée de deux pilastres qui attendent encore les statues qui doivent les couronner. Le

pinacle, à une baie pour la cloche, dont le parrain est
M. l'abbé Rémi Roume, curé de Lostanges, et la marraine, M^me Le Rasle, domine l'arête du toit de la chapelle,
de près de trois mètres, sous les pieds de la statue presque
de grandeur naturelle qui le surmonte. Qu'il nous soit
permis de regretter la disparition du campanile élevé par
M. J.-Mercure Mas : il aurait pu remplacer le pinacle actuel
ou y être adossé, croyons-nous, avec avantage.

Notre-Dame de Chastres a donc eu, dans cette vallée,
au moins cinq sanctuaires successifs : 1° celui que vient
d'élever M. Chauviniat ; 2° la chapelle bâtie par Jean-
Mercure Mas, au commencement du XIX^e siècle ; 3° la
chapelle du pèlerinage détruite en 1794 ; 4° l'humble
oratoire provisoire élevé par *le Made* aussitôt après la
découverte miraculeuse de la statue ; 5° enfin « l'église du
champ de La Court ». Malgré ses transformations et son
transfert sur le plateau qui domine La Court, ce sanctuaire
appelé de La Court dans le titre de 1452, et « de Chastres »
dans tous les autres, ainsi que nous l'avons montré, n'a
jamais eu, n'a jamais dans le langage du peuple plus fidèle
encore, que cette dénomination : la chapelle de Chastres ;
en souvenir de « l'église du champ de La Court », ou de
Chastres, qui a donné naissance aux autres oratoires.

Quoique ce premier sanctuaire soit appelé « église » par
la tradition, il ne s'ensuit pas qu'il ait été un monument
majestueux comme ceux auxquels nous donnons aujour-
d'hui ce nom d'église. Comparées à nos églises actuelles,
les premières églises n'étaient que des chapelles. On peut
en voir la preuve dans Didron, *Manuel d'Iconographie
chrétienne grecque et latine*, introduction, où il donne les
dimensions d'un grand nombre d'églises antiques. « L'an-

cienne cathédrale d'Athènes a onze mètres de longueur
dans œuvre, six mètres vingt-cinq centimètres de largeur. »
Ce sont les dimensions de la chapelle de Chastres actuelle.
Notre très ancienne église du vieux Bar, paroissiale sous
les Mérovingiens, ne dépassait pas en superficie intérieure,
avant la construction du chœur en 1446, notre chapelle
d'aujourd'hui. « L'église du champ de La Court » n'était
donc qu'un oratoire (1).

L'homme ennemi, dont parle M. le chanoine Talin, ne
pouvait voir de bon œil les travaux de Chastres, et
M. Chauviniat, comme les Israélites, dut tenir d'une main
la truelle et de l'autre l'épée. On lit aux archives paroissiales : « Qui pourrait croire que le vénéré doyen de
Corrèze (c'était alors le futur chanoine Talin) était gêné
par le voisinage du pèlerinage de Chastres ? Je voudrais
garder le silence ; mais comment taire le conseil qu'il
donna un jour au curé de Bar ? « A votre place, dit-il, en
« rebâtissant la chapelle, je la ferais assez grande pour
« qu'elle pût servir d'église paroissiale ; et ce serait même
« un grand service rendu à la commune. » Qui ne voit
que c'était détruire le pèlerinage de Chastres ? Le doyen

(1) Le même auteur (pp. 338-339) donne de la forme grecque et
de la forme latine l'explication suivante : « Dans l'église grecque
la danse fait partie intégrante des offices ; on danse pendant l'administration des sacrements. Les génuflexions, les processions, les
gestes des officiants occidentaux se formulent en rondes dans
l'Eglise orientale. Nos monuments sont longs et faits pour des
processions, pour des *allées*, pour des marches ; les églises de
l'Orient sont carrées ou plutôt circulaires et disposées pour des
danses, pour des rondes. C'est ainsi que dans l'église d'Eleusis, j'ai
vu danser en rond, autour de la cuve baptismale, le prêtre, le
parrain et les invités au baptême du jeune enfant. Ainsi encore,
dans une église d'Athènes, j'ai vu danser en rond des jeunes gens
qu'on venait de marier et les prêtres qui officiaient. »

eut beau encore tenter de séduire quelques-uns des personnages influents de la commune, le sanctuaire s'est reconstruit, conservant son antique cachet de piété champêtre : à travers les siècles il restera l'oratoire béni, la chapelle dédiée uniquement à Notre-Dame de Chastres (1). »

Les conseils perfides et l'intrigue ayant échoué. M. le chanoine se console par la censure.

« Tout en rendant un juste tribut d'éloges, dit-il, à la piété « de M. Mas, il faut l'avouer, la beauté du site de Chastres « ne l'inspira guère. Tout prêtre, constitué gardien de ce « sanctuaire disgracieux, et portant en son cœur un peu « d'amour pour la Très Sainte Vierge, a dû rêver son « embellissement et mieux encore sa démolition pour « la *(sic)* remplacer par une chapelle plus digne de Celle « qu'on y honore. »

« Quoi qu'en dise l'auteur de *Quelques notes*, M. Chauviniat n'a pas fait disparaître un toit couvert de paille qui n'a jamais existé (2). Nous ne prétendons pas admirer la chapelle nouvelle. Dépourvue de tout style, elle n'a d'autre avantage sur la chapelle précédente, que d'être plus spacieuse, plus propre, en un mot, plus convenable... Si les architectes refusent à son œuvre (de M. Chauviniat) leur approbation, ce sanctuaire n'en témoigne pas moins la foi du pasteur et de son troupeau (3). »

Ainsi, au jugement de M. le chanoine, les pauvres habitants de Bar et leur curé ont eu le grand tort de ne

(1) Archives de M. l'abbé Chauviniat.

(2) Voir plus haut pages 162 et 168, ce que nous avons dit de ce chaume.

(3) *Semaine religieuse*, année 1885, p. 427.

pas élever à Chastres une basilique de Montmartre ! M. le chanoine n'a pas même essayé de remplacer l'étroite, basse et humide chapelle du Pont de Corrèze par une basilique de Lourdes.

Le sol sur lequel est ouvert le chemin de ronde pour la procession appartient, presque en totalité, à M. Vialle qui est heureux de le mettre à la disposition des pèlerins de Notre-Dame. Quant à la plate-forme rocheuse sur laquelle est bâtie la chapelle, voici la note que nous avons reçue de la *Direction des Contributions directes*, de Tulle :

« A Tulle, le 6 décembre 1899.

« Monsieur,

« En réponse à votre lettre du 5 courant, relative à la chapelle de Chastre, sise dans la commune de Bar, je m'empresse de vous faire part des renseignements ci-dessous :

« 1º Les documents cadastraux déposés dans les archives de la Direction ne datent que de 1830 ; et, pour tout ce qui est antérieur à la dite année, les recherches ne pourraient être utilement faites que dans les archives de la mairie de Bar.

« 2º La chapelle en question qui est dessinée comme telle sur le plan cadastral, figurait sur l'état de sections (c'est-à-dire au moment du cadastre) au nom de M. Mas Léonard fils, à Lafon (folio 246) et portait les désignations cadastrales qui suivent : C. 1167. La Châtre, sol de chapelle, 01ᵃ, 1 cl., 0ᶠ30.

« 3º Du folio 246, elle a été mutée — pour 1891 — au nom de Roume François, à Meyrignac (folio 387, suite de 383) ; puis tirée de ce folio en 1893 et supprimée de la matière imposable pour être portée au folio 125 de la commune (pour mémoire), avec la mention : sol de la chapelle du Chastre, appartenant à la commune et improductive de revenu. Cette parcelle qui a une superficie d'un are ne paie donc plus d'impôt depuis 1893,

« Veuillez agréer, Monsieur, l'assurance de ma considération distinguée.

« BLANCHOT.

« *A Monsieur Bessou, curé de Lubersac (Corrèze).*

## CHAPITRE SIXIEME

## La Statue de Notre-Dame de Chastres.

1. Statuaire byzantine, statuaire romaine. — 2. Iconographie de
la Vierge dans le cours des siècles. — 3. La statue de Notre-
Dame de Chastres.

Votre humble historien arrive enfin à vos pieds, ô
Notre-Dame de Chastres. « O ma Reine et ma Souveraine,
que votre vertu se répande dans mon âme ! ô Mère de
mon Seigneur, Servante de votre Fils, Mère du Créateur
du monde, je vous le demande, je vous en prie, je vous
en supplie, donnez-moi l'Esprit de mon Rédempteur, afin
que, à votre égard, mes pensées soient vraies et dignes,
vrai et digne mon langage, et que mes affections soient
acquises à toute vérité et à tout bien » (1).

Il y a eu à Chastres, dans le cours des siècles, au moins
quatre chapelles successives dédiées à la très sainte Vierge ;
mais il n'y a eu qu'une seule et même statue, celle qui est
aujourd'hui, à juste titre, l'objet de la vénération des
fidèles.

« Vous ne ferez ni sculpture, ni image d'aucune sorte
(Exod. xx, 4), disait le Seigneur aux Juifs environnés de

(1) Domina mea atque dominatrix mea, dominans mihi, Mater
Domini mei, ancilla Filii fui, Genitrix factoris mundi, te rogo, te
oro, te quæso, ut habeam Spiritum Redemptoris mei, ut de te vera
et digna sapiam, vera et digna loquar, vera et digna quæcumque
sunt diligam. (S. Ildefonsus arch. Toletanus. Ex. lib. de virginitate
Mariæ.)

nations païennes qui avaient peuplé le monde d'idoles. Mais cette défense ne devait pas s'étendre aux chrétiens ; parce que leur sens élevé les garantirait contre le danger des grossières idoles. Aussi, dès les premiers jours, ils voulurent que les saints mystères parlassent à leurs yeux en même temps qu'à leurs oreilles et à leurs cœurs. Dans les premiers essais d'iconographie que la foi et la piété leur inspirèrent, comment auraient-ils pu oublier la Bienheureuse Vierge qui, de son vivant, fut l'objet d'un culte de la part des apôtres et des disciples de son divin Fils ?

Berceau de l'humanité et de la Religion, l'Orient est aussi le berceau de l'art chrétien ; l'Occident n'a fait que marcher à sa suite, en imitant imparfaitement son modèle. La sculpture byzantine ou orientale se distingue par la beauté des proportions, la grâce des formes et la perfection du travail. En s'emparant des types orientaux, l'art romain ou occidental eut le tort de leur imprimer le cachet de dignité froide, rigide et lourde qui lui est propre. « Les corps de six têtes, dit Mgr Barbier de Montault, sont trapus ; ceux de neuf têtes élancés, élégants (2). » Chez les Grecs, le fameux canon de Polyclète d'après lequel la beauté de la taille exige huit fois les dimensions de la tête, était un dogme pour les artistes ; nos modernes exagèrent encore cette loi. Les nombreuses représentations des statues antiques que nous voyons dans l'*Antiquité expliquée*, de B. De Montfaucon (1) ont généralement : chez les Grecs, 8 têtes, parfois 9 ; chez les Latins 7, rarement 8 ; chez les Gaulois 6, par exception 7 têtes. — « Apprenez, ô mon

(1) Mgr Barbier de Montault. *Iconographie*, I, 48.
Voir aussi Didron. *Iconographie*, Hist. de Dieu, 137-138. — *Manuel d'Iconog. chrét. grecque et latine*, 52-53.
(2) Vol. I. 8, 14, 58, 62, 64, vol. V, 40, 46.

élève, que le corps de l'homme a neuf têtes en hauteur. »
Didron ajoute en note : « La proportion réelle du corps
humain est environ de sept têtes et trois quarts ou de huit ;
c'est celle que nos peintres et sculpteurs, qui préfèrent
à l'idéal la réalité, ont adoptée de nos jours (1). »

La statue de Chastres n'a que cinq têtes et demie. Mais
le socle sur lequel elle repose ne dépassant pas les draperies qui enveloppent la sainte image rend moins sensible
ce défaut de proportions. Donc, par la taille, la statue est
romaine ; elle l'est plus manifestement encore par l'ensemble, le port, les draperies, l'expression générale, et, si
nous pouvons ainsi parler, la physionomie.

Le vêtement est incontestablement antique. Les artistes,
peintres ou sculpteurs, de tous les siècles, pour draper
leurs images ont emprunté plus ou moins au costume de
l'époque où ils vivaient ; c'est pourquoi nous voyons si
souvent des madones vêtues de justaucorps ou de robes à
pagodes et chaussées de souliers pointus : marques certaines de l'époque où travaillait l'artiste. Le costume de la
madone de Chastres est absolument romano-byzantin et pur
de tout mélange emprunté à une autre époque. Il se compose
en effet des deux éléments du costume ancien, romain ou
grec ; savoir : la stola ou grande et riche robe avec man-
ches étroites, ouverte sur le devant, ornée d'une large
et riche broderie en or, que les matrones portaient dans
les fêtes. Elles la croisaient sur la poitrine et l'assujettis-
saient aux reins, par une riche ceinture. Cette robe est
aujourd'hui l'aube du prêtre, à l'autel ; et la broderie en se
séparant du vêtement a formé l'étole sacerdole. Dans la
madone de Chastres on ne voit que le haut de la stola,

(1) DIDRON, *Manuel d'Iconogr. chrêt. grecque et latine*, 52 à 54.

croisée sur la poitrine et très richement brodée d'or, parce
que la Vierge, comme les grandes dames romaines ou
grecques, est enveloppée, de la tête aux pieds, du manteau
ou peplum en usage. La disposition, les plis des vêtements
accusent l'antiquité. On croirait que Didron avait la Madone
de Chastres sous les yeux quand il dit des images des Grecs
ou des Byzantins : « Ni le temps, ni le lieu ne font rien à
l'art grec. Le costume des personnages est partout et en
tout temps le même, non seulement pour la forme, mais
pour la couleur, mais pour le dessin, mais jusque pour le
nombre et l'épaisseur des plis. Ceux des saints grecs qui
portent des vêtements longs se reconnaissent tous à un
petit pli particulier que la robe forme au-dessous et au-
dessus du genou. On ne saurait pousser plus loin l'exactitude traditionnelle, l'esclavage du passé... L'artiste grec
est asservi aux traditions comme l'animal à son instinct ;
il fait une figure comme l'hirondelle son nid ou l'abeille
sa ruche. Le peintre grec est maître de son exécution ;
l'art est à lui, mais l'art seul ; car l'invention et l'idée
appartiennent aux Pères, aux théologiens, à l'Eglise catholique (1). »

Avec ces caractères de haute antiquité, comment expliquer la présence de cette statue, dans une solitude profonde
et très éloignée des grandes villes où les arts pouvaient
être en honneur ? Mais, à quelques kilomètres de Chastres,
en face du vieux Bar, dans les ruines de Tintignac, combien d'objets et de statues dont personne ne conteste
l'origine et le caractère romains. Expliquer la présence de
ces objets de l'art étranger dans notre pays, c'est expliquer la présence de la statue de Chastres. Au temps des

(1) DIDRON, *Manuel d'Iconogr.* Introduction, VII-IX.

Gaulois, pendant la période gallo-romaine et jusqu'au onzième siècle, Bar, si déchu aujourd'hui et si pauvre, a été le siège du pouvoir politique, militaire et administratif de toute cette région qu'on appelle aujourd'hui le département de la Corrèze. S'il y avait eu, au temps de la domination romaine, des télégraphes et des téléphones, Bar, chef-lieu régional, aurait été relié à Rome par les grandes villes du Midi, comme tout à l'heure les chefs-lieux des départements sont reliés à Paris, siège du pouvoir suprême. Dans cette situation, il est évident que le commerce importait ici les produits de l'industrie et de l'art romain, et que dans la région de Bar, comme dans les autres centres importants, se trouvaient des artistes ou des ouvriers habiles, de toutes sortes.

Non seulement chaque peuple imprime son sceau dans ses propres ouvrages; mais on peut dire que chaque siècle se reflète dans les œuvres qu'il produit. Toute époque a ses procédés, ses méthodes, sa touche; elle a surtout ses théories, ses doctrines, ses préjugés et ses passions, en un mot son état psychologique; et cet état, la littérature nous le révèle peut-être moins fidèlement que la peinture et la sculpture. Il est impossible de ne pas distinguer quatre époques dans l'iconographie de la Sainte Vierge, correspondantes aux divers états de l'esprit public.

*Première époque : Les temps apostoliques.* — Durant cette période les chrétiens sont absorbés par la contemplation du mystère d'un Dieu fait homme pour le salut de l'humanité. Leur foi, leur reconnaissance, leur amour s'exaltent dans la méditation de ce prodige de la charité divine. Sous l'influence des sentiments qui remplissaient toutes les âmes, les premiers chrétiens représentèrent les scènes de Bethléem, la Vierge et Joseph et les bergers et les Rois prosternés devant le petit enfant de la Crèche ; ou bien la Vierge assise présentant aux adorations des bergers ou des mages le divin Enfant, assis ou debout sur les genoux de sa Mère, accueillant avec une bonté divine les adorateurs empressés. Ce fut le principe et le prélude du culte ; ce fut aussi le principe et le prélude de l'iconographie chrétienne : advenis adoratus a Regibus, venerationis exordium est et præludium (1).

*Seconde époque : Les hérésies.* — Quand l'orgueilleux Arius (270-336) eut nié la divinité de Jésus-Christ, et l'impie Nestorius la Maternité divine de Marie ; quand les conciles d'Alexandrie (430) et d'Ephèse (431) eurent prononcé l'anathème, il y eut dans l'Univers entier non seulement une explosion de joie semblable à celle dont nous avons été témoins après la définition du dogme de l'Immaculée Conception, mais il y eut un épanouissement extraordinaire du culte de la très sainte Vierge. On multiplia ses images ; et, par le symbolisme, on en fit une affirmation permanente de la divinité de Jésus-Christ et de la divine Maternité de la bienheureuse Vierge. Marie est représentée comme la véritable Eve ; elle est debout ; elle tient le fruit de mort dans une main ; et, sur son sein le fruit de vie, Jésus, se tient debout sans l'aide de sa Mère, pour attester son indépendance souveraine et sa toute-puissance. D'une main il repousse le fruit de mort d'Ève coupable, ou le péché de l'humanité, puis, se retournant, semble dire au monde entier : Je suis le fruit de vie, je suis le Fils de Dieu, le Sauveur du monde. C'est à ce type vraiment remarquable par la conception théolo-

(1) Palatius. Gesta Pontificum romanorum, I, 29.

VUE DE LA GROTTE

ET CHEMIN DE CEINTURE DU SANCTUAIRE DE N. D. D. C.

Plateforme devant la grotte. 2. 2. 2. Abîme sur la Corrèze

gique, et très rare dans l'iconographie, qu'appartient Notre-Dame de Chastres. Elle est l'unique spécimen du diocèse de Tulle et le plus parfait de tous ceux que nous avons vus. Ni dans *Notre-Dame de France*, par M. Hamon ; ni dans l'*Iconographie* de Mgr Barbier de Montault, ni dans la *Sainte Vierge*, par Rohault de Fleury (1), ni dans l'*Iconographie* de Didron ; ni dans Maynard, *La Sainte Vierge*, ni dans V. Davin, *Capella græca*, ni dans Mgr Gerbet, *Esquisse de Rome*, nous n'en avons trouvé aucun d'aussi complet. Seule Notre-Dame d'Arcachon (voir Rohault de Fleury : *La Sainte Vierge*, Etudes archéologiques, II, 192 et 251) a quelque ressemblance avec Notre-Dame de Chastres.

*Troisième époque : Les Croisades.* — Pendant plus de deux cents ans, l'esprit public en Europe et surtout en France se passionna pour la délivrance des Saints-Lieux. Le tombeau, les souffrances, la passion et la mort de Jésus-Christ, par une association très naturelle, donnèrent naissance à la dévotion, aux souffrances, aux douleurs de la très sainte Vierge. C'est alors que l'iconographie chrétienne se mit à la représenter « assise au pied de la croix, tenant sur ses genoux le corps inanimé de son divin Fils. Ce groupe est connu sous le nom de Notre-Dame de Pitié. « La descente de la croix n'est pas très ancienne. Cependant on la constate dès le XIe siècle » (2). La fête de la Compas-

(1) Suivant l'ordre chronologique, des archéologues distinguent les types suivants :

1. Vierge orante (des temps apostoliques ou catacombes).

2. Vierge S. Luc, type byzantin, type Notre-Dame de Chastres.

3. Vierge carlovingienne, etc. (ROHAULT DE FLEURY, II, 613 à 617.)

(2) Mgr BARBIER DE MONTAULT. *Iconographie* II, 159.

sion ou des sept Douleurs fut établie par un concile de Cologne en 1413, en réparation des outrages des Hussites à la Bienheureuse Vierge dont ils avaient brisé les images, et fixée par Benoît XIII, en 1725, au premier vendredi après le dimanche de la Passion » (1).

*Quatrième époque : La Renaissance.* — Heure fatale à tous les points de vue ! Le paganisme et le naturalisme envahissent les âmes ; après des siècles glorieux de surnaturel, tout s'affaisse, tout devient humain. Plus de théologie, même plus de pensée chrétienne dans les représentations de la Vierge. Elle n'est qu'une mère profane, portant son enfant, lui prodiguant les caresses, jouant avec lui, dans une familiarité inconvenante, lui présentant des oiseaux, des papillons, des fleurs, etc. Le divin Enfant répond avec effusion à ces caresses vulgaires. L'idéal, à plus forte raison le divin, ont disparu pour faire place au naturalisme. Depuis la Renaissance, les images de la Sainte Vierge, dont le seul aspect autrefois réveillait dans les âmes les sublimes pensées de la foi et des mystères, ne disent rien aux regards de l'intelligence, qui semble avoir perdu la notion du symbolisme religieux et de l'idéal, et qui ne considère que les formes plastiques. On croit posséder un chef-d'œuvre si le modelé paraît sans défauts. Quelle déchéance ! Aux temps apostoliques, malgré l'imperfection du travail, l'Iconographie touchait les âmes, et leur inspirait la reconnaissance et l'amour envers Dieu anéanti pour le salut des hommes ; aux siècles des hérésies, elle était une protestation contre l'erreur, et une prédication éloquente de la doctrine ; aux Croisades, elle faisait entrer la componction dans les cœurs, et, par la grandeur de l'expiation,

(1) MAYNARD. *La Sainte Vierge*, 442.

leur inspirait l'horreur du péché ; aujourd'hui, du haut des autels, dans l'atmosphère sacrée des temples, faisant chorus avec les journaux, les écrits, les habitudes du siècle, elle infiltre le naturalisme dans les âmes qui viennent se dérober à l'influence du monde.

L'historiographe du diocèse, M. Poulbrière, décrit ainsi la madone de Chastres.: « C'est une image en calcaire de 0,70 de haut (elle n'a que 0,62), mutilée et refaite pour partie (la Vierge est intacte ; seul l'Enfant Jésus est mutilé ; la poitrine et le bras gauche, d'un coup de marteau ont été détruits), représente la Vierge-Mère debout, une couronne fleurdelisée sur la tête. Elle aurait pour date le xv⁰ siècle » (1).

A cette description trop laconique pour un archéologue autorisé, ajoutons celle qu'a faite M. le chanoine Talin, en signalant entre paranthèses, ses nombreuses et inexcusables inexactitudes : « La statue de Notre-Dame de Chastres est en calcaire, haute de 0,70. Elle est debout sur une base hexagonale. Un de ses pieds apparaît. Sa tête supporte une couronne fleurdelysée. De la main droite elle tient un objet qu'il est impossible de déterminer, vu la mutilation que la statue a supportée (objet impossible de déterminer ? Mais au premier coup d'œil on voit que c'est un fruit dont le pédoncule porte trois petites feuilles qui sont artistement redressées dos à dos ; en dehors du témoignage des yeux, il suffirait de savoir que les statues de la Vierge-Mère, de l'époque des hérésies, tiennent dans la main « la pomme traditionnelle (2), » selon l'expression des archéologues. —

(1) *Dictionn. des Paroisses.* Art. BAR, p. 82.
(2) ROHAULT DE FLEURY. *La Sainte Vierge*. Etudes archéol., II. 192 2ᵉ colon.

« Vu la mutilation ! » Mais la statue de la Vierge est intacte, et si une partie l'est plus que les autres, c'est la poitrine, sur laquelle est sculptée la main droite qui porte le fruit). Il ne reste de l'Enfant Jésus, porté sur le bras droit (1° l'Enfant Jésus, loin d'être porté, se tient debout les pieds appuyés sur le sein de sa mère ; 2° c'est le bras gauche qui, je ne dis pas le porte, mais l'entoure), qu'une main, qu'il appuie sur le sein de sa mère. Un ouvrier malhabile a cherché à reproduire, avec du plâtre, le petit Enfant Jésus (il n'a reproduit que la poitrine). Une tête mutilée, d'une époque plus récente que la statue de la Vierge, est fixée dans ce plâtre, au moyen d'une cheville de bois (la tête et le cou de l'Enfant Jésus sont très bien conservés ; ils ne sont pas d'une autre époque, quoi qu'en dise M. le chanoine qui ne peut en savoir plus que la tradition locale ; ils sont en calcaire comme la statue, à laquelle ils ont toujours appartenu). La Vierge est vêtue d'une robe frangée (la robe n'a point de franges ; elle n'est visible que sur la poitrine où elle est très richement ornée d'une large broderie en or) se croisant sur la poitrine. Cette statue, que nous croyons être du XVe siècle, est l'œuvre d'un ciseau peu exercé » (1).

Il faut qu'elle porte des marques incontestables de haute antiquité, pour que M. le chanoine la fasse remonter au XVe siècle, dont elle n'a aucun des caractères. M. Niel a raison de répondre : « Il (M. le chanoine Talin) reconnaît cependant que la statue de Notre-Dame de Chastres peut bien dater de ce fameux XVe siècle. Si nous n'avions pas peur de nous compromettre encore, nous dirions qu'elle

_____

(1) *Semaine religieuse*, année 1885, p. 444.

paraît beaucoup plus ancienne que cela (1). » Nous avons montré, chap. III, que le pèlerinage existait au commencement du xvᵉ siècle.

Au fond, M. Talin pensait comme M. Niel. Nous l'avons vu, en présence de la madone de Chastres, troublé, déconcerté, même sans voix, ce qui étonnera les lecteurs qui l'ont connu. Il était visible qu'il se faisait dans son esprit un rapprochement dont la conclusion lui était pénible ; qu'il était obligé de se dire : « Elle est vraiment plus remarquable que Notre-Dame du Pont, non seulement parce qu'elle est la synthèse parlante, éloquente de tout le mystère de la Maternité divine, mais parce que dans cette image tous les détails, depuis le type et les nombreux symboles jusqu'au vêtement, qui sont la marque du temps, tout annonce une très haute origine.

A notre tour essayons de la décrire et de l'interpréter :

Sur une base hexagonale de 0,20 de diamètre en tout sens, repose Notre-Dame de Chastres. L'image avec son piédestal n'a que o 62 de hauteur ; elle pèse 38 kilogrammes.

La Vierge est représentée debout, 1" « pour exprimer sa haute dignité (2) » ; 2° pour marquer son obéissance empressée : « voici la servante du Seigneur. » Elle porte sur la tête une superbe couronne d'or, dont le diadème est incrusté de pierres précieuses en oves et en losanges alternativement, gravées avec soin et enchâssées dans un cercle d'or. Par ses titres de Mère de Dieu, de Reine du ciel et de la terre ; par ses mérites et sa sainteté qui surpassent la

(1) *Principaux sanctuaires*, par un curé de campagne, 2ᵉ édit., p. 18.

(2) Barbier de Montault. *Iconographie.* I, 50.

sainteté et les mérites de toutes les autres créatures, la Vierge a droit à la couronne : Posuisti in capite ejus coronam de lapide pretioso (Ps. xx, 4) (1). Le pourtour de la couronne est surmonté de huit fleurons formés par autant de fleurs de lis ; dont deux, sur le côté gauche en arrière, sont presque à demi détruits, unique dégradation à constater dans l'image de la Vierge. « Le lis est le symbole du Christ, de la Vierge et de la chasteté (2) ». « Le lis par sa blancheur exprime la virginité de Marie (3) ». Il est « l'attribut spécial de la Vierge (4) ». « La fleur de lys était considérée partout comme l'emblème de la royauté (5) ». « Le lis transformé en fleur de lys a surtout la signification de royauté » (6).

Cette riche couronne repose sur un peplum ou grand voile qui enveloppe toute l'image de la tête aux pieds. A Rome et à Byzance, les matrones, les princesses et les impératrices faisaient usage de cet ornement, dont l'étoffe toujours très riche était très légère en été. Le peplum de Notre Dame de Chastres est « d'azur, couleur céleste (7) » semé d'étoiles d'or : « un grand signe parut dans le ciel : une femme revêtue du soleil, ayant la lune sous ses pieds et sur sa tête une couronne de douze étoiles. » (Apoc. xii, 1.) Au revers du manteau dans la partie qui de la tête descend jusqu'aux épaules, des deux côtés du cou, on distingue l'hermine « emblème de la modération et de la

---

(1) BARBIER DE MONTAULT. *Iconographie*. I, 42.
(2) BARBIER DE MONTAULT. *Iconographie*. I, 137.
(3) BARBIER DE MONTAULT. *Iconographie*. I, 67.
(4) BARBIER DE MONTAULT. *Iconographie*. II, 221.
(5) BARBIER DE MONTAULT. *Bulletin de Brive*. 1891, pag. 255.
(6) BARBIER DE MONTAULT. *Iconographie*. II, 221.
(7) BARBIER DE MONTAULT. *Iconographie*. I, 33.

pureté (1). » L'hermine marquant l'absence absolue de toute tache (2) est par là même le symbole de la Conception et de la vie immaculées de la Bienheureuse Vierge. Sous le manteau apparaît l'extrémité de l'un des pieds. Ce pied est chaussé, marque d'antiquité. « Les premiers sculpteurs chrétiens évitaient le nu, par horreur du paganisme. La nudité des pieds atteste la divinité. La Vierge même est chaussée » (3).

Le vêtement de la madone est drapé à l'antique, en plis très simples et légers, à la manière des statues de Rome et de Byzance, et à l'encontre de ces bourrelets massifs et de ces lourdes colonnes qui caractérisent le Moyen-Age.

La robe n'est visible qu'à la poitrine, seule partie qui ne soit pas couverte par le peplum : c'est une très riche stola romaine, ou fascia orientale (4).

La madone a « les cheveux flottants, emblème de la Vierge (5); » mais ils n'ont pas cette abondance luxuriante

(1) BARBIER DE MONTAULT. *Iconographie.*
(2) BARBIER DE MONTAULT. *Iconographie*, I, 265.
(3) BARBIER DE MONTAULT. *Iconographie*, I, 56 à 58.— DIDRON, *Manuel d'Iconog.*, 132.
(4) Fasciam... regale indumentum. Subarnalis, sic appellata quod sub armis, id est sub humeris circumvolat pectus. Nos vero non tam regium quam imperatorium esse ornamentum omnino censuerimus. Neque forsan aliunde stolas suas accepere christiani sacerdotes regiis nempe ornamentis donati subinde a principibus. (CARPENTIER. *Glossaire* IV, *Dissertatio de inferior ævi numismatibus*, p. 7, 9, 10.)
Erit pro suavi odore fœtor, pro zona funiculus. et pro crispanti crine, calvitium, et pro fascia pectorali, cilicium. *Isa*, II, 24.
Numquid obliviscitur virgo ornaments sui, aut sponsa fasciæ suæ pectoralis. *Jer*. II, 32.
La fasce pectorale est encore le grand ornement des Chinois et des musulmans.
(5) BARBIER DE MONTAULT. *Iconographie*. I, 53, 55, 187. — II, 220.

du moyen-âge, qu'on remarque en particulier, dans Notre-Dame du Pont, de Corrèze.

Des bras de la Vierge, le droit, dans la main duquel est « la pomme traditionnelle (1) ; » « la pomme qui est l'attribut de la Vierge (2), » est appuyé sur la poitrine, sculpté dans le même bloc que le corps et adhérent ; le gauche décrit une courbe autour de l'Enfant Jésus, un peu au-dessous des reins ; il est en saillie, pour indiquer, conformément à l'iconographie de la période apostolique, que la Mère, par respect, évite de toucher son enfant, sa toute-puissance et son indépendance divines n'ayant besoin du secours d'aucune créature.

La figure de la madone a grand air, avec ses traits et ses lignes très amples, sa forme ovale bien accusée, ses yeux grands et saillants, son front large et puissant, et les grands arcs de ses sourcils. La bouche est ouverte, ou, comme disent les archéologues, « vociférante » (3); tout dans sa physionomie exprime l'enthousiasme. C'est bien la Vierge de l'Evangile, honorée de la maternité divine. Dans le ravissement de son *Magnifical*, et dans les transports de la reconnaissance et de l'admiration, elle chante les grandes choses que le Tout-Puissant a faites en elle, depuis le berceau du monde représenté par le fruit du péché, jusqu'à l'Evangile dont le fruit divin est Jésus donné au monde par Marie.

« Marie (dans le type Mère de Dieu) ne se sépare

(1) ROHAULT DE FLEURY. *La Sainte Vierge*. Etudes archéol. II, 192.

(2) BARBIER DE MONTAULT. *Iconogr*. I, 137.

(3) « La bouche s'ouvre pour chanter ou vociférer ; elle reste fermée quand il s'agit simplement de la parole. BARBIER DE MONTAULT. *Iconogr*. I, 49.

jamais de son Fils, qu'elle le tienne sur son giron ou sur son bras, le plus ordinairement le bras gauche. Chez les Byzantins (1), l'enfant est appliqué contre la poitrine, elle ne le touche pas et ouvre de chaque côté les bras par respect : il en fut de même chez les Latins dès l'époque des catacombes. Le port de l'enfant sur l'un des bras ne semble pas antérieur au xie siècle » (2).

L'Enfant Jésus fut affreusement mutilé en 1794 : le thorax, le bras gauche, le bras droit jusqu'au poignet qui est adhérent au corps de la mère, broyés sous le coup du marteau d'un impie, ont entièrement disparu ; mais, ce qui reste, c'est-à-dire tout le bas du corps à partir de la ceinture ; puis la tête et le cou, et enfin le poignet et la main droite, nous permettent de reconstituer l'attitude. Il est debout ; les pieds, dont un seul est visible et nu, ce qui est la marque de la divinité, reposent sur le sein de sa mère ; le corps se jette sur le côté où il est appuyé au bras gauche de la Vierge, replié en arc autour de l'enfant. De la main droite il repousse « la pomme traditionnelle

(1) M. Ponton d'Amecourt fait remarquer que dans les monnaies mérovingiennes la terminaison grecque os remplace très souvent la terminaison latine us ; et il ajoute : « On pourrait y voir l'indication d'une tendance a imiter la langue grecque, d'une mode qui portait les esprits éclairés à prendre exemple sur Byzance, alors le foyer des lettres et des arts... quelque chose de vrai dans cette remarque, et l'on ne saurait nier, sous bien des rapports, l'influence venue de l'Orient. » (PONTON D'AMECOURT, *Essai sur la numismatiq. méroving.* 42, 47.)

« Entre l'Eglise grecque et l'Eglise latine les relations ont été fréquentes. Jusqu'au schisme, les deux communions n'en faisaient qu'une ; après la séparation. les échanges détournés, directs même, ont été nombreux. En fait d'art nous avons trouvé de singulières analogies. » (DIDRON, *Manuel d'Iconog. chrét. grecque et latine*. Introduction, XXXV-XXXVI.)

(2) BARBIER DE MONTAULT. *Iconographie*, II, 226.

de la Vierge » et se tournant vers l'humanité, il semble lui dire : « Je suis le vrai fruit de la vie. »

Il n'est pas porté sur le bras de sa mère. « Ce n'est pas sans dessein que l'Enfant Jésus est représenté se tenant par sa propre force, sans être soutenu par sa mère ; c'est pour marquer son origine surhumaine » (1). Il est vêtu d'une robe de brocart d'argent. « Le xv° siècle a commencé à déshabiller l'Enfant Jésus, et à étaler le sein de la Vierge dans l'allaitement. La Renaissance naturaliste a érigé le nu en système » (2).

Il n'a pas de couronne : il les donne, et la première est pour sa mère. Imagination bizarre d'un artiste qui s'est avisé de représenter l'Enfant Jésus couronné d'épis de blé (3).

Le thorax a été grossièrement rétabli, au moyen d'une masse de plâtre, sur laquelle on a fixé la tête unie au cou, recueillie par la pieuse Jeanne Hospital. Ce bloc informe et sans bras doit être l'ouvrage de Roche, le peintre-décorateur de la chapelle de 1815 ; il est peint en couleur brocart d'argent qui s'harmonise parfaitement avec la teinte de la partie intacte. Les artistes peuvent désirer une restauration savante, et on aurait pu la faire ; mais l'horrible difformité ne nous choque pas à ce point : elle est une cicatrice glorieuse en même temps qu'une marque permanente, une garantie des desseins de Dieu et de la Vierge.

Concluons cette rapide étude de la sainte image : depuis des siècles, Notre-Dame de Chastres reçoit les hommages de la piété ; parce que les fidèles ont sollicité sa protec-

(1) Mgr GERBET. *Esquisse de Rome*, I, 389.
(2) BARBIER DE MONTAULT. *Iconogr.* I, 58.
(3) Voir journal *La Croix de la Corrèze,* feuilleton des 4 et 11 février 1900, mis plus tard en brochure.

tion divine et ont été exaucés : elle recevrait aussi les hommages de la science si les savants s'étaient avisés de l'étudier ; ils admireraient en elle le plus riche symbolisme. Est-il possible, en effet, de condenser plus complètement, dans une même image, le dogme de Marie? Tout dans cette vénérable et savante effigie révèle à la fois la Reine du ciel et de la terre, la Mère de Dieu et des hommes, la co-rédemptrice de l'humanité et la Fille du Très-Haut : *incessu patuit dea*. L'archéologue et l'artiste qui étudieront cette statue, son cachet ou caractère propre, le travail d'exécution, les proportions, l'attitude, la draperie même, dont les éléments, la simplicité et l'ordonnance sont manifestement antiques ; les détails sans nombre que saisit de prime abord l'œil exercé de l'artiste et du connaisseur, comme nous percevons dans les personnes, les airs de famille, sans pouvoir les exprimer, — ne pourront s'empêcher de reconnaître, en Notre-Dame de Chastres, un type *sui generis*, qui est très rare et qu'on ne trouve nulle part aussi parfait, une œuvre du ciseau de Rome et du pinceau de Byzance réunis (1), venue ou non de l'étranger ; un monument de cette époque mérovingienne qui, dans l'art plus encore que dans la littérature, avait pris l'Orient pour modèle (2); une Madone enfin destinée, non à un sanctuaire pauvre et relégué dans la solitude,

(1) Après l'hérésie des iconoclastes, non seulement il n'y eut plus de sculpture en Orient, mais on brisa les statues ; la peinture, par un illogisme étrange, continua d'être cultivée.

(2) Il y a eu des imagiers à Bar, et Jean du Mons, autrement dit Champeval, de 1450 (v. CHAMPEVAL, *Bas-Lim. seig.*, 41. — Bull. de Tulle, 1899, p. 267. — Bull. de Brive, 1898, p. 207) n'est certes par le premier. Que la madone de Chastres soit l'œuvre d'un artiste du pays, ce n'est pas invraisemblable ; qu'elle ait été exécutée d'après une peinture byzantine, il n'y a point de témérité à le

mais à une église de ville, à « l'église de la ville de Chastres », conformément aux données de la tradition locale.

Cependant le lecteur se demande peut-être si certains détails ne contredisent pas cette haute antiquité.

Il est reçu, en effet, de considérer la couronne, surtout ornée des fleurs de lis, comme un ornement relativement moderne, les symboles héraldiques ne remontant, dit-on, qu'aux Croisades. Quelque générale que soit cette croyance, elle n'est qu'une erreur. « L'origine de la couronne, dit Mgr Barbier de Montault, est païenne » (1). Court de Gibelin ajoute : « L'antiquité nous offre sans cesse des « symboles singuliers, sur ses monnaies et sur ses médail- « les (2)... Notre blason moderne ne renferme rien qui « n'ait été connu des anciens. Nous n'ignorons pas que « dans ce moment nous avons l'air d'être seul de notre « sentiment, tant on est convaincu que c'est un art « moderne, qu'il n'a été connu qu'au temps des Croisa- « des, par la nécessité où était chaque guerrier, chaque « chef, chaque nation de se reconnaître entre eux (3). » Puis ce savant rappelle que l'alouette et le coq étaient les symboles des Gaulois ; le lion, celui des Celtes ; le serpent d'argent et le gui, celui des Druides ; que dans

supposer. « Les grecs brisent les statues et ne sculptent pas ; donc notre statuaire ne provient pas des byzantins. » (DIDRON, *Manuel d'Iconog. chrét.* Introd. XXXIX.)

(1) *Iconographie chrétienne*, I. 43.

(2) Exemple d'armes parlantes. « Alingaviensis (LANGEAIS, Indre-et-Loire). Ce triens est un des plus curieux de la série mérovingienne ; le revers représente une mouette éployée ; c'est un type parlant : *Alæ gaviæ.* » (PONTON D'AMÉCOURT, *Essai sur la Numismatique méroving.* p. 36.)

(3) *Monde Primitif*, VII, p. 125 et suiv., 229 et suiv. Voir aussi DIDRON, *Iconogr.* Hist. de Dieu, 140, 141.

l'histoire romaine, à toutes les pages, il est question des *insignia gentis*, des armoiries de famille ; il cite Virgile faisant dire à Corèbe : *Prenons les insignes des Grecs ;* il parle du vaisseau de Caïcus orné de son blason ; il rappelle que le roi Aventin, vaincu par Enée, portait sur son bouclier le signe héréditaire de ses ancêtres, l'Hydre aux cent têtes ; enfin qu'Eschyle emploie un acte entier de sa tragédie des *Sept Chefs devant Thèbes*, à décrire les armoiries gravées ou peintes sur leurs boucliers.

Les empereurs païens ne se couronnaient pas seulement de lauriers, ils avaient aussi des diadèmes d'or et de pierreries ; il faut en dire autant, à plus forte raison, des impératrices, surtout de Byzance : ce sont elles qui ont inauguré les lis sur leurs couronnes. Les statues royales du portail de Saint-Germain-des-Prés, œuvre de Childebert, fils du grand Clovis, ont des couronnes fleurdelisées (1).

L'historien Eusèbe nous apprend que saint Jean, le disciple bien-aimé, portait sur son front une lame d'or, dans la célébration des saints mystères (2).

La fleur de lis, dès la plus haute antiquité, a été un ornement recherché. Saint Grégoire le Grand, pape, parle de deux couronnes ou candélabres, ornés de dauphins et de lis (3). « Quand Judith eut cessé d'implorer le Seigneur, « elle se leva, appela sa servante, ôta son cilice, se parfuma de myrrhe, orna sa chevelure, posa un bandeau sur « sa tête, se para des vêtements de sa joie, prit des bracelets et des lis et des pendants d'oreilles (4). » Du

(1) S. Grégoire de Tours, 1373.
(2) Thomassin. *Vetus et nova Ecclesiæ disciplina*, 1, 366.
(3) Coronas cum delphinis duas et de aliis coronis lilios. (*Epistol.* lib. 1, 68, tom. III, 524.)
(4) Judith, x. 1, 2, 3.

temps de César, une espèce de retranchement, à cause de sa forme, portait le nom de lis (1).

Par lui-même le lis était déjà un symbole ; il devait donc dès la première heure entrer dans le blason. Les rois de France, surtout ceux de la première race, ont porté le beau nom de Famille des Lys, et ce titre leur était cher (2).

Auparavant les rois Francs avaient pour insigne de noblesse trois bouffons ou athlètes ; mais au baptême de Clovis, on vit descendre du ciel cette fleur qu'on appelle maintenant le lis, sur un fond de ciel serein, que les Français appellent azur (3) ; et parce qu'elle devint le symbole de nos rois elle acquit de leur puissance une signification nouvelle, elle fut l'emblème de la force et de la protection ou *bonne garde* (4).

Comme les rois de France, les papes introduisirent les

(1) Id ex similitudine floris lilium appellabant. (*De Bello Gallico*. Lib. VII, ch. LXXIII.)

(2) DUCANGE-CARPENTIER. *Glossaire*, au mot Corona.

(3) Accepi fuisse regibus Francis bufones tres, nobilitatis quidem insigne ; sed Clodoveo christianis sacris initiato demissum cœlo esse id quod nunc reges gestant, lilia aurea quibus subest cœli sereni color quem azurum Franci dicunt. . Traditum quoque est sericum rubrum instar signi militaris quadratum fulgore splendentem divinitus esse exceptum ; quo in expeditionibus contra fidei christianæ hostes pro signo Franci reges uterentur ; huicque vexillo Auriflammans hactenus permansisse ; diuque a Dionysianis cœnobitis asservantum esse. Sed abutentibus signo adversus Christicolas regibus, illud evanuisse. Alterum tamen non dissimili forma instauratum esse quod ab episcopis et loci abbate consecratum inter sacra asservant.

(Compendium de gestis Francorum Roberti Gaguinis ordinis S. Trinitatis generalis minister, fol. IX.)

(4) Lilii flos in signum salvæ guardiæ apponebatur... Posuit et signum floris lilii in demonstrationem ejusdem guardiæ. (CARPENTIER, *Gloss.* II, 1060.)

lis dans leurs blasons. De l'année 432 à l'année 1088, c'est-à-dire pendant les six cent cinquante ans qui ont précédé immédiatement la première croisade, nous avons compté quarante-cinq papes qui avaient des armoiries complètes (1) ; l'un d'eux, le soixante-troisième, Benoît, qui régna de 573 à 577, portait une fleur de lis dans chacun des trois quartiers de son écu ovale (2).

Les pieux enfants de Marie pouvaient-ils ne pas lui donner le lis, comme emblème de sa divine protection et *bonne garde*, outre les significations dont nous avons parlé ? Dès le IXe siècle, et même dès le VIIIe, on trouve, d'après M. Rohault de Fleury, des Madones portant la couronne fleurdelisée ; et l'auteur fait observer que les statues dont il donne les images sont vraisemblablement plus anciennes (3).

La belle couronne que porte Notre-Dame de Chastres n'est donc pas une objection contre sa haute origine.

Outre la Madone miraculeuse, la chapelle possédait encore une statue de Notre-Dame de Pitié que, dans notre enfance, nous avons vue sur une crédence, auprès de l'autel, du côté de l'Evangile. Qu'est-elle devenue ? Un des instituteurs qui ont résidé à Chastres, avant la construction de la nouvelle église de Bar et de la mairie-école, affirmait l'avoir vue dans une maison qu'il n'a point nommée. Enfin, s'il faut en croire Madame Léonard Mas, il y avait aussi, dans cette chapelle, avant la Révolution, les statues de sainte Anne et de saint Joseph, que les pèlerins

(1) Voir : PALATIUS, *Gesta Pontificum Romanorum*, tom. I, 204 à 421.

(2) PALATIUS, *Gesta Pontif. Romanorum*, tom. I, 266.

(3) ROHAULT DE FLEURY. *La Sainte Vierge*. Etudes archéologiques, II, p 177, 460.

seraient venus vénérer le 19 mars et le 26 juillet ; mais pendant les vingt années que nous avons consacrées aux recherches, la tradition n'a ni confirmé ni contredit le fait.

Terminons ce chapitre : le pèlerinage de Chastres, au point de vue de l'importance, est, dit M. Niel, le troisième du diocèse, Belpeuch et Eygurande occupant les premiers rangs ; nous ne craignons pas d'ajouter qu'au point de vue de l'antiquité, il est le premier après Roc-Amadour, dont il semble être une imitation.

O Notre-Dame de Chastres, « ô ma Reine et ma Sou-
« veraine, très sainte Marie, aujourd'hui et pour tout le
« cours de ma vie, et pour l'heure de ma mort, je me
« confie à votre bonté de mère, je m'abandonne à votre
« bienheureuse protection ; je me jette avec confiance
« dans le sein de votre miséricorde ; je vous recommande
« mon âme et mon corps, toutes mes espérances et mes
« consolations, mon indigence et mes misères, ma vie et
« la fin de ma vie ; afin que, par votre très sainte inter-
« cession et par vos mérites, toutes mes pensées, mes
« paroles et mes actions soient réglées et dirigées selon
« votre volonté et celle de votre divin Fils. Ainsi soit-il. »
*(Prière de saint Louis de Gonzague.)*

# CHAPITRE SEPTIÈME

## Les Fêtes de Notre-Dame de Chastres.

1. Fêtes extraordinaires. — 2. Fêtes règlementaires.

La suite et l'enchaînement des faits nous ont amené à décrire certaines fêtes extraordinaires que nous aurions dû peut-être plus logiquement réserver pour ce chapitre. Afin d'être complet, nous ajouterons un mot sur quelques autres solennités accidentelles qui n'ont pas eu place dans notre récit.

Dès son arrivée (8 avril 1879) dans le diocèse de Tulle Monseigneur Denéchau voulut visiter le sanctuaire de Chastres. Voici le compte rendu que M. A. Chauviniat, alors curé de Bar, a consigné dans les archives paroissiales :

« L'an mil huit cent quatre-vingt, le premier juillet, fête de l'octave de s. Jean-Baptiste, a eu lieu dans la chapelle de Notre-Dame de Chastres, la confirmation des enfants de la paroisse de Bar, donnée par sa Grandeur Monseigneur Henri-Charles-Dominique Denéchau, assisté du chanoine secrétaire général M. Soullier. Ont bien voulu honorer de leur présence cette belle et brillante cérémonie M. Talin, curé de Corrèze, M. Villadard, aumônier de Ste-Ursule de Tulle, M. Fage, ancien curé d'Orliac-de-Bar, M. B. Peschel, curé de St-Augustin, M. L. Rivière, curé de Chaumeil, M. J. Dubois, curé de Lanteuil, M. G. Merpillat, curé de Pradines, M. J. Chabrerie, vicaire de Naves, et M. A. Chauviniat, curé de Bar.

« Messieurs les membres du Conseil de fabrique, ainsi que tous les conseillers municipaux ont bien voulu assister à cette fête et tenir compagnie à Monseigneur tout le temps de son court séjour à Bar.

« Je tiens aussi à relater sur ce registre la brillante conduite des anciens soldats de la commune, qui, sur l'invitation de M. Dubois, maire de Bar, ont bien voulu faire à Sa Grandeur une escorte d'honneur, depuis la maison commune, jusqu'à la chapelle de Chastres.

« Inutile de parler du concours bienveillant apporté à cette fête, soit par les parents des enfants, soit par leurs amis venus de tous côtés. »

Suivent les noms des soixante-deux enfants qui ont été confirmés. Dans son compte rendu, M. le curé, homme de goût et habile organisateur, ne laisse pas même soupçonner la grande part qui lui appartient dans cette belle fête, où les marques du respect le plus religieux furent prodiguées au premier pasteur du diocèse.

De 1881 à 1885, période de la construction de la nouvelle église (1), la chapelle de Chastres tint lieu d'église paroissiale. Pendant la semaine le pasteur était autorisé à célébrer la sainte messe et à faire les cérémonies du culte dans l'un des appartements du nouveau presbytère; mais

(1) Par délégation de Mgr l'Evêque, la première pierre fut posée et bénite par M. Bouladoux, curé de Bar, le 17 juillet 1881, à l'issue de la messe du dimanche. Le 23 juillet 1882, il bénit le nouveau cimetière; le 5 avril 1885, jour de Pâques, l'église manquant encore de portes et de vitraux, M. Gorse, curé de Bar, fut, pour ce jour seulement, autorisé à y célébrer la sainte messe. Ce ne fut que le 1ᵉʳ novembre 1885 qu'il en prit possession définitive; enfin le 17 juin 1886, Mgr Denéchau la consacra sous le titre du Sacré-Cœur de Jésus, sur la demande du pasteur, y déposant, selon les prescriptions de l'Eglise, les reliques de trois ss. martyrs, savoir :

chaque dimanche et aux grandes fêtes, la sainte messe et les offices avaient lieu dans la chapelle de Chastres, trop étroite pour contenir les fidèles de la paroisse.

C'est pendant cette période que Notre-Dame de Chastres eut la pieuse visite du nouveau doyen de Corrèze, M. Prabaunaud, en tête de sa paroisse. On lit au registre paroissial de Bar : « La journée du 14 mai 1883, lundi de la Pentecôte, a été vraiment belle pour Notre-Dame de Chastres. Le temps était splendide ; les pèlerins étaient accourus nombreux ; mais ce qui relevait surtout la fête, c'était la paroisse de Corrèze venue avec son pasteur, croix en tête et bannière déployée. Nous garderons un précieux souvenir de cette démarche du doyen de Corrèze et nous nous efforcerons de l'imiter. L. Cavert, curé. » De fait, le 8 septembre, unique fête de Notre-Dame du Pont, beaucoup de personnes, après les cérémonies de Chastres, toujours terminées avant deux heures, se rendent à Corrèze.

En 1883, le 17 juin, M. le chanoine Talin prépare à la première communion les enfants de la paroisse de Bar, dans la chapelle de Notre-Dame de Chastres. Ces enfants, au nombre de cinquante-six, se cotisent généreusement

---

s. Justin, s. Romain, et s<sup>te</sup> Liberata. — La vieille église avait pour patrons, primaire, s. Vincent, diacre ; secondaire, s. Eutrope.

Presque tout le corps de sainte Emérentienne, sœur de lait de sainte Agnès, repose dans l'église de Bar (Geoffroy de Vigeois, chap. IV. — B. Guidonis. *Labbe*, I, 633. — Bonaventure de Saint-Amable, *Annal. du Limousin*, 102). L'antique châsse tombant de vétusté, a été remplacée, cette année, par une nouvelle châsse exécutée sur le modèle de la première.

M. Champeval (*Limous. seign.*, 42) a mal lu Bor. Nous avons vérifié le texte. Dans *Labbe* on trouve *Ecclesia de Bar*, en superbes caractères.

pour offrir à leur église en construction, un souvenir de leur communion première.

Le vénérable M. Porte, supérieur pendant de longues années du grand séminaire de Tulle, dont la « sainte mémoire » est en bénédiction, voulut faire le pèlerinage de Chastres Il fit don à Notre-Dame d'un ornement en soie rouge. Son successeur, M. Benoît, également cher au clergé, a fait plusieurs fois le pèlerinage et a présidé la fête du 8 septembre. Sous la conduite de leur pieux maître « le saint M. Tardif » les séminaristes sont venus maintes fois demander à la Vierge de connaître et de remplir leur vocation.

Les familles les plus distinguées par la noblesse, les titres et les charges honorifiques, ainsi que par la fortune, des régions circonvoisines, se font un honneur de prendre part aux fêtes du pèlerinage. Ces fêtes, chaque année, sont les suivantes : lundi de Pâques, lundi de Pentecôte, Assomption et Nativité de la Bienheureuse Vierge.

Il est impossible de n'être pas frappé du nombre et du choix de ces jours de fêtes. Ni dans *Notre-Dame de France*, ni dans les nombreux ouvrages que nous avons consultés, nous n'avons rencontré cet exemple. Parmi les sanctuaires innombrables dédiés à la très sainte Vierge et rendez-vous de pèlerinages, les uns ont le lundi de Pâques, d'autres le lundi de Pentecôte, quelques-uns la fête de l'Assomption, un plus grand nombre la fête de la Nativité : aucun n'a tous ces jours à la fois de fête et de pèlerinage. Comment expliquer qu'un pauvre sanctuaire dans la solitude, loin de tout centre populeux et savant, environné d'une population de cultivateurs, ait choisi, avec un sens si pieux et si profondément théologique, ces jours du lundi de Pâques, du lundi de la Pentecôte, du 15 août et du 8 septembre, sans trouver un exemple semblable dans le Limousin et même en France ? Ce fait est significatif ; il est une preuve de plus de la haute antiquité du pèlerinage. En effet, les premiers chrétiens avaient pour habitude de ne jamais séparer, dans leur amour et leur culte, le divin Sauveur de sa très sainte Mère : c'était leur manière, avant toute hérésie, d'affirmer, de professer leur foi au dogme de la Rédemption par Jésus et par Marie ; après les hérésies, c'était de plus leur protestation contre l'erreur, leur profession publique et solennelle de la Maternité divine. Les mystères de Noël et de l'Epiphanie sont aussi bien les mystères de la Mère que les mystères du divin Enfant : c'est pourquoi point de fête spéciale à Chastres. L'Ascension a son pendant dans l'Assomption. Les mystères de Pâques et de Pentecôte semblent plus étrangers, ou moins personnels à la Bienheureuse Vierge : aussi il y a pèlerinage à Chastres, le lendemain de ces deux grandes solennités.

LUNDI DE PAQUES

I. « En méditant le mystère pascal... ayons soin de ne jamais séparer le Fils de la Mère, et nous serons dans la vérité (1). » En effet, la grande œuvre du relèvement de l'humanité est commune au Christ et à sa très sainte Mère, non seulement parce que Marie a donné le Rédempteur, mais encore parce que providentiellement la bienheureuse Vierge a suivi pas à pas et secondé le Sauveur durant sa mission évangélique, partageant son divin labeur, ses

(1) DOM GUÉRANGER. *Année liturgique*, Temps pascal, II, 651, 652.

humiliations, ses opprobres, ses souffrances jusque sur le Calvaire, où, de tout son cœur de Mère de Dieu et de Mère des hommes, elle a accompli avec son divin Fils le sacrifice de l'expiation. Aussi, pénétrés de cette doctrine, les pèlerins de Chastres, au lendemain du grand jour où ils ont chanté l'*alleluia* de leur délivrance, l'*alleluia* de leur liberté recouvrée d'enfants de Dieu, l'*alleluia* de la reconnaissance envers leur Libérateur, viennent faire éclater dans le sanctuaire leurs applaudissements en l'honneur de leur Rédemptrice :

> Vitam datam per Virginem
> Gentes redemptæ plaudite.

II. Un sentiment profond et délicat de piété les amène aussi aux pieds de la Madone. Ils affluent à son sanctuaire comme les disciples après la résurrection de Jésus à la demeure de sa divine Mère, pour s'associer à sa joie et la féliciter après tant de larmes et d'incomparables douleurs. Glorifiés en leurs âmes par la sainteté recouvrée, dans leurs corps un jour par l'immortalité qu'ils recevront (1), ils viennent consoler leur divine Mère : « Vos enfants étaient morts ; ils sont ressuscités ; ils marchent dans une vie nouvelle ! » Comme les enfants bien nés confient toutes leurs joies et toutes leurs peines au cœur de leur mère bien-aimée, ainsi les pèlerins de Chastres viennent faire hommage de la joie qui déborde de leurs âmes réconciliées, à Celle qui est la cause de leur joie et de leur bonheur.

(1) Fratres Christi ; facti glorificati, modo in anima stolam felicitatis accipiunt, in futuro autem in corpore stolam immortalitatis habebunt. (J. DE VORAGINE. *Sermones aurei*, I, 454.)

## Reinages de la Ste Vierge de la seconde fête de Pâques, du 7 avril 1817

### (première année de la reconstruction du sanctuaire.)

| Nᵒˢ | NOMS ET PRÉNOMS | |
|---|---|---|
| 1 | Première reine : Jeanne Madranges | 1 fr. |
| 2 | Martial Gorse de Corrèze | 10 sols |
| 3 | Anne Jaucen, servante à Ceaux | 10 |
| 4 | Catherine Maniaudeix, servante au Deveix | 10 |
| 5 | Jeanne Neuville de La Vialle | 10 |
| 6 | Jeanne Dubech de Ceaux | 10 |
| 7 | Léonarde Jeandie du Soulier de Corrèze | 10 |
| 8 | Françoise Bassaler de Corrèze | 10 |
| 9 | Léonarde Tereygeol de Couzein | 10 |
| 10 | Madame Tramond de Couzein | 10 |

### 1818. 23 Mars

| | | |
|---|---|---|
| 1 | Première reine : Jeanne Neuville de La Vialle | 10 |
| 2 | Jeanne Dubech, servante à Ceaux | 10 |

### 1819. 12 Avril

| | | |
|---|---|---|
| 1 | Première reine : Madame Mas de Lafon | 1 |
| 2 | Madame Tramond mère de Couzein | 15 |
| 3 | Marie Merpillat de Couzein | 10 |
| 4 | Marie Brudieu des Combes | 10 |
| 5 | Jeanne Dubech, servante à Ceaux | 10 |

### 1820.

| | | |
|---|---|---|
| 1 | Charles Meyrignac de Laguenoux | 10 |
| 2 | Mademoiselle Coralie Tramond | 10 |
| 3 | Madame Tramond mère | 15 |
| 4 | Louise Verdier d'Hublanges | 10 |

### 1821. 23 Avril

| | | |
|---|---|---|
| 1 | Martial Leyrat | 12 |
| 2 | Madame Mas | 10 |
| 3 | Marie Mercier de Lafon | 10 |
| 4 | Mademoiselle Coralie Tramond | 10 |

### 1822. 8 Avril

| Nᵒˢ | | |
|---|---|---|
| 1 | Marie Mons du Soulier de Corrèze | 1 l. |
| 2 | Jeanne Val de La Vialle | 10 sols |
| 3 | Marie Meyrignac de Lafon | 5 |
| 4 | Jeanne Combes de Champeval | 10 |

### 1823. 31 Mars

| 1 | Madeleine Orliaguet de Corrèze | 10 |
|---|---|---|
| 2 | Marguerite Chapu de St-Clément | 9 |
| 3 | Toinette Meyrignac | 5 |
| 4 | Léonard Mercier de Ceaux | 10 |

### 1824. 19 Avril

| 1 | Catherine Bousseyrol de Ban | 5 |
|---|---|---|
| 2 | Léonard Mas fils | 10 |
| 3 | Léonard Vernat | 10 |

### 1825. 4 Avril

| 1 | Léonard Vernat de Malleret, comⁿ de Corrèze | 10 |
|---|---|---|
| 2 | Jeanneton. . . . servante de M. Teyssier | 10 |

### 1826. 27 Mars

| 1 | Michelle Dubois d'Hublanges | 10 |
|---|---|---|
| 2 | Toinette Maugin de Bouysse | 10 |
| 3 | Léonarde Combes | 10 |
| 4 | Marie Cœuille de Meyrignac | 10 |
| 5 | Marie Combes de Lafon | 10 |

### 1827. 16 Avril

| 1 | Michelle Dubois d'Hublanges | 10 |
|---|---|---|
| 2 | Toinette Maugen de Bouysse | 10 |
| 3 | Marie Lanot | 10 |

### 1828. 7 Avril

| 1 | Léonarde Vedrenne de Cazillac | 16 |
|---|---|---|
| 2 | Toinette Maugen de Bouysse | 10 |
| 3 | Marie Roubertou du bourg de Gimel | 10 |

## LUNDI DE PENTECOTE

C'est le jour du pèlerinage des enfants, qu'on apporte en grand nombre, aux pieds et sous les ailes de leur Mère du Ciel.

I. Pentecôte ! Ratification de notre affranchissement, adoption de l'humanité, naissance du vrai peuple de Dieu baptisé dans l'Esprit-Saint et le feu ! (S. Matth., III, 11 ; — S. Luc, III, 16) ; Dieu ne rougit plus désormais de s'appeler notre Dieu (Hebr., XI, 16) : nous sommes participants de sa nature divine (II Pet., I, 4) ; nous sommes des dieux et les fils du Très-Haut (Ps. LXXXI, 6) ; nous sommes les enfants de la résurrection (S. Luc, XX, 30); l'Esprit de Dieu habite en nous (I Cor., III, 16); — II Tim., I, 14; — Jac., IV, 5); il rend témoignage que nous sommes enfants de Dieu (Rom., VIII, 4); cet Esprit d'adoption que nous avons reçu nous donne le droit de crier à Dieu du fond de notre exil : « Notre Père ! » (Rom., VIII. 15); notre vrai nom est maintenant enfants de Dieu; nous le sommes; oui, maintenant nous sommes enfants de Dieu (I Jean, III, 1); Jésus-Christ n'a pas honte de nous appeler ses frères (Hebr., II, 11), et sa bienheureuse Mère voit en nous d'autres Jésus.

Telle est la sublime doctrine des pèlerins de Chastres; telle la raison de leur visite au sanctuaire et de l'offrande de leurs enfants. Touchante pensée ! Pensée féconde et profondément chrétienne ! Synthèse du christianisme ! Se grouper autour de Marie ; réunir sous son aile maternelle les petits enfants devenus, ne serait-ce qu'un moment, les compagnons, les petits amis du petit Jésus, n'est-ce pas professer que nous n'avons tous qu'un même Père, une même Mère ; que nous sommes la famille de Dieu (Act., XVII, 28), que nous vivons de l'Esprit de Dieu et de Jésus-Christ (Act., XVI, 7 ; — Eph., IV, 4), et que semblables à notre frère aîné (Rom. VIII, 29; — Col., I, 15-18) par les pensées, par les sentiments, par les actes, en un mot par la vie entière, sous l'action de l'Esprit-Saint, nous croissons en ce monde, comme Samuel, comme Jésus, en sagesse et en sainteté, aux yeux de Dieu et aux yeux des hommes ? (I Reg., ii, 26 ; — S. Luc, ii, 40.)

II. Une pieuse tradition, consacrée par la peinture et par l'approbation tacite de l'Eglise, veut qu'au jour de la Pentecôte, l'Esprit-Saint, sous la forme d'un globe de feu, soit descendu d'abord sur la tête de la très sainte Vierge, proclamée pleine de grâce, au nom même de Dieu, par son messager céleste ; et que là, il se soit partagé en langues de feu qui allèrent se reposer sur les apôtres et les disciples de Jésus ; c'est pourquoi les pèlerins de Chastres viennent remercier Notre-Dame de ce que, après leur avoir donné leur Rédempteur, elle leur donne encore leur Sanctificateur.

III. Le Fils de Dieu a expié le péché, obtenu le pardon de l'humanité coupable, son rétablissement dans ses droits primitifs, son élévation à une dignité plus éminente que la première : sa mission est accomplie. Au divin Esprit maintenant, douce chaleur, levain céleste déposé dans les âmes, de s'insinuer dans leurs pensées, dans leurs affections, dans leurs actes, dans leur vie, de les transformer, de les diviniser. O Notre-Dame, le Seigneur qui a fait en vous de grandes choses, opère dans nos cœurs tous les jours des merveilles ; et tandis qu'intérieurement il sanctifie et prie avec des gémissements inénarrables, extérieurement, ô notre Mère, vous ne cessez de nous environner de votre sollicitude maternelle, vous faisant l'aide de notre Sanctificateur après avoir été la coopératrice de notre Rédempteur : « Ils n'ont point de vin, *vinum non habent.* » (S. Jean, ii, 3.)

Or, cette haute intelligence des mystères, absolument

étrangère aux chrétiens de nos jours, apanage exclusif des doctes théologiens, comment les habitants de cette solitude si éloignée des foyers de la science, l'ont-ils acquise ? Oui, nos ancêtres, pour célébrer, dans le mystère de la Pentecôte, le mystère de Marie ; pour choisir, avec tant de sens théologique, les jours de leur pèlerinage, ont dû s'abreuver aux sources les plus pures et les plus abondantes de la sainte doctrine, dans ces siècles reculés où la science religieuse était familière aux plus humbles, où de simples fidèles étaient versés dans la connaissance des divines Ecritures, au point de reprendre, dans leurs assemblées, l'exégète qui, par mégarde ou par calcul, employait un terme autre que celui de l'Evangile populaire.

REINAGES DE LA SAINTE-VIERGE DE LA SECONDE FÊTE DE LA PENTECÔTE (26 mai 1817.)

Nos

1 Première reine : Louise Nouaillat, de Ceaux . . .    15 sols
2 Toinette Nouaillat, de Ceaux. . . . . . . . . .    10
3 Marie Hospital, de Ceaux . . . . . . . . . . .    10

**1818. 11 mai.**

1 Première reine : Léonarde Deveix, des Angles . .    2   5
2 Pierre Ceaux, de Couzein. . . . . . . . . . . .    1
3 Anne Conte, de Lafon . . . . . . . . . . . . .    10
4 Antoine Laporte, de Nouaillat .   . . . . . . .    10
5 Emérentiane Champeval, de Meyrignac . . . . .    15

**1819. 31 mai.**

1 Jeanne Bouysse, de Saint-Hilaire-Peyroux . . . .    15
2 Antoine Bouysse, même commune du Peyroux . .    15
3 Pètre Martinie. . . . . . . . . . . . . . . . .    10
4 Antoine Laporte, de la Ratonie de Naves. . . . .    10

**1820. 21 mai.**

1 Catherine Bourge, de Saint-Hilaire-Peyroux. . . .    15
2 Léonard Reynie, de Saint-Hilaire-Peyroux . . . .    15
3 Catherine Nouaille, du Soulier de Corrèze . . . .    10
4 Jeanne Neuville, d'Orliaguet de Gimel . . . . . .    10

### 1821. 10 juin.

1 Pierre Cardie, de Saint-Hilaire-Peyroux . . . . . . 6 15 sols
2 Pierre Buje, de Saint-Hilaire-Peyroux . . . . . . . 1
3 Martre Lavor, de Lafon de Bar . . . . . . . . . 10
4 Toinette Barret et Jeanne Farges . . . . . . . . 10
5 Jeanne Saint-Agne . . . . . . . . . . . . . . . 10

### 1822. 27 mai.

1 Marie Dantial, de Saint-Hilaire-Peyroux . . . . . 2 5
2 Jeanne Bassaler . . . . . . . . . . . . . . . . . 4
3 Marie Lanot . . . . . . . . . . . . . . . . . . . 4
4 Léonard Mons . . . . . . . . . . . . . . . . . 4

### 1823. 19 mai.

1 François Neyrat, du Mons . . . . . . . . . . . 2 10
2 Jean Soleilhavoup, de Couzein . . . . . . . . . 10
3 Marie Saulanges, de Tulle . . . . . . . . . . . 10
4 Jean Malaurie, de Fressinges . . . . . . . . . 10
5 Jeanne Laval, de Saint-Mexent . . . . . . . . 10
6 Léonarde Leyrat, de La Vialle . . . . . . . . 10
7 Catherine Val, de Lavergne, cᵒ des Carmes de Tulle. 10

### 1824. 7 mai.

1 Bernard Lacheze, de Cornil, adjoint (1) . . . . . . 1
2 Pierre Recardie, de Saint-Hilaire-Peyroux . . . . . 10
3 Une femme de Saint-Hilaire-Peyroux . . . . . . . 10
4 Marguerite Mestre, de Cornil . . . . . . . . . 10
5 Jeanne Patraud, de Champeval . . . . . . . . . 10
6 Verdier Jean, de l'Hospital de Corrèze . . . . . . 10
7 Jean Lachèze, du bourg de Saint-Hilaire . . . . 10
8 Rosalie Combes, de Couzein . . . . . . . . . . 10
9 Marie Vachet, de Champeval . . . . . . . . . . 10
10 Jeanne Mirat, de Champeval . . . . . . . . . 10
11 Jeanne Périer, de Champeval . . . . . . . . . 10

(1) Ce cahier de reinages montre : 1ᵒ que le lundi de Pentecôte est le jour des malades, des infirmes, des enfants et des pèlerins lointains ; 2ᵒ que les pèlerins de Chastres viennent surtout des pays où la noble famille des marquis de Bar a des possessions : Saint-Salvadour (Cazillac et Bort), Saint-Clément, Cornil, Puymaret près Brive.

## 1825. 25 mai.

1 Antoine Cornil, de la commune de Cornil . . . . . 1 l.
2 Antoine Maurier, de Tulle. . . . . . . . . . . 10 sols
3 Marie Vachet, de Champeval. . . . . . . . . . . 5
4 Jean Auziet, de Cornil. . . . . . . . . . . . 5
5 François-Louis-Armand Mas, de Lafon. . . . . . . 1

## 1826.

1 Jean Vacher, de Saint-Hilaire-Peyroux. . . . . . 1 10
2 J⁰ Patrau, de Vieille-Coux, c. de St-Hilaire-Peyroux 10
3 Mʳ Vacher. . . . . . . . . . . . . . . . . 1
4 Le Chassaing. . . . . . . . . . . . . . . . 10
5 Elisabeth Péchadre. . . . . . . . . . . . . . 10
6 Toinette Goudour. . . . . . . . . . . . . . 5
7 Toinette Basset . . . . . . . . . . . . . . 5
8 Toinette Plamolet et Anne Meneyrol. . . . . . . 5
9 Jeanne Rivassou. . . . . . . . . . . . . . . 5

## 1827. 11 juin.

1 Jean Bernardie, de Saint-Hilaire-Peyroux, . . . . 2 10
2 Jeanne Mazaud, de Saint-Hilaire-Peyroux. . . . . 3
3 Toinette Chanoine, de Lafon. . . . . . . . . . 1
4 Marguerite Galleyrie, de Saint-Hilaire-Peyroux . . 1 5
5 Jean Soulier, du Mons de Condaillac de Gimel . . 1
6 Etienne Soulier, de Bar . . . . . . . . . . . 10
7 Joseph-Louis Pasquet de Salagnac, d'Hublanges. . 10
8 Jeanne du Jardin, de Tulle. . . . . . . . . . 5

## 1828. 26 mai.

1 Jean Gaillirie, de Saint-Hilaire-Peyroux . . . . . 3
2 Christine Trainssoutrot, à Bar . . . . . . . . . 2
3 Marguerite Bernardie, de Saint-Hilaire-Peyroux. . 1 5
4 Jean Soulier, du Mons de Condaillac de Gimel. . 1 10
5 Jean Malaurie, de Fressinges. . . . . . . . . . 15
6 Louise Trainssoutrot, de Bar. . . . . . . . . . 10
7 Léonard Cheze . . . . . . . . . . . . . . . 5
8 Françoise Maugein, du bourg de Bar . . . . . . 10

Les reinages sont relativement plus nombreux à cette
fête de la Pentecôte, parce qu'ils sont un moyen de mettre

sous la protection de Notre-Dame les enfants malades, infirmes ou en bonne santé, et que le lundi de Pentecôte est le jour de pèlerinage des infirmes et des enfants.

### ASSOMPTION

« C'était, de temps immémorial, la grande fête de Chastres, » nous disaient les vieillards ; et ils ajoutaient d'un accent ému, qu'ils ne s'expliquaient pas la disparition de cette solennité. La tradition, en effet, est plus frappée des événements extraordinaires ; ce qui arrive dans l'ordre régulier des choses attire moins son attention et reste moins fidèlement dans ses souvenirs. Or, l'Assomption, à Chastres comme dans tous les sanctuaires non paroissiaux, a éprouvé le contre-coup des phases et des modifications survenues dans le culte de la Vierge, en France.

D'institution apostolique (1), et, pendant des siecles, unique fête de la Bienheureuse Mère de Dieu, l'Assomption a été la solennité religieuse et nationale de la France, dès l'origine de la monarchie (2). Les vieilles chroniques nous disent que la famille royale et la nation des Francs furent consacrées à la Sainte Vierge par saint Remi, quand elles reçurent de ses mains le saint baptême. De cette croyance est venu l'adage si heureusement formulé par l'un de nos plus grands papes, Benoît XIV : *Regnum Galliæ, regnum Mariæ*, royaume de France, royaume de Marie (3).

Ainsi, dès l'origine de la monarchie, Marie était reine

(1) Dom GUÉRANGER, *Année liturgique : de la Pentec.*, IV, 454-455. — MONTIGNY, *Dict. des Antiq. chrét.*, 270. — MAYNARD, *La Sainte-Vierge*, 443.

(2) Les vieux martyrologes, les liturgies gallicanes. V. MABILLON; S. GRÉG. TURON , *De Clor mart.*, lib. I, cap. IX, p. 731.

(3) DARRAS, *Hist. de l'Eglise*, XIV, 34-35. Ces paroles sont aussi attribuées à saint Bernard.

de France, dans la pensée nationale, alors que l'Assomption était encore son unique fête liturgique. Tous les sanctuaires, déjà très nombreux, presque toutes les églises, étaient dédiées à la Mère de Dieu, et par conséquent, pour fête patronale, célébraient l'Assomption ; l'Assomption avait à la fois le caractère de solennité religieuse et de solennité nationale : on comprend avec quel enthousiasme la célébraient des populations profondément chrétiennes, alors que de nos jours, en cette fête, elles sortent de leur sommeil religieux.

Les capitulaires de nos rois n'ont donc pas innové : ils n'ont fait que consacrer une institution populaire et nationale, en décrétant : 1° que l'Assomption de la Vierge serait une des grandes solennités de l'année ; 2° qu'on s'abstiendrait de toute œuvre servile ; 3° qu'elle serait précédée d'une vigile avec jeûne ; 4° enfin qu'il y aurait, pour les moines, une double réfection, comme aux solennités de Pâques et de Pentecôte (1).

Or, en ces temps reculés, existait encore au champ de La Court et « la ville de Chastres » et son « église dédiée à la Vierge, et la Madone actuelle, plus honorée alors qu'elle ne l'est même aujourd'hui, parce que la foi et la piété étaient plus vives, et parce que le cycle liturgique de la Vierge, orné aujourd'hui de tant de gracieuses fêtes, n'avait encore que l'Assomption. La tradition a donc raison de dire que de temps immémorial, elle était la grande fête de Chastres ; elle aurait pu ajouter : la grande fête nationale de la France.

(1) In præcipius solemnitatibus... in Assumptione sanctæ Mariæ plenarium officium agatur et bis reficiatur. (BALUZE ,Chignac . I, 585. — Opus servile non faciatis in Assumptione Sanctæ Mariæ. (955, II, 1090, avec les notes de Baluze, II, 1171-1172.)

Il en fut ainsi jusqu'au Vœu de Louis XIII, 10 février 1638. Comme les capitulaires des rois lointains prédécesseurs, l'ordonnance de Louis XIII n'était qu'un pieux renouvellement ; mais elle donnait une forme particulière au culte national de la Patronne de la France. Elle prescrivait en effet dans toutes les églises paroissiales, avec le concours obligé des autorités civiles, militaires et administratives, une procession solennelle à la fois religieuse et nationale (1). A partir de ce moment, la fête de l'Assomption cessa d'être célébrée à Notre-Dame de Chastres ; conformément aux ordres du roi, elle eut lieu dans l'église paroissiale de Bar, comme dans toutes les églises paroissiales du royaume.

La Révolution mit fin à cette admirable manifestation de tout un peuple, qui se renouvelait chaque année et qui était si chère à tous les cœurs chrétiens et français. Après le Concordat (1801-1802), qui rétablit la religion catholique en France, Napoléon institua une sorte de contrefaçon et de parodie (2) de cette solennité : tant l'Assomption

(1) GABOURD, *Hist. de France*, XII, 394-395.

(2) Les préoccupations de Napoléon, en rétablissant la religion catholique, étaient politiques, dynastiques autant que religieuses : il fixa au 15 août, jour de l'Assomption, la fête de saint Napoléon, saint que l'on eut beaucoup de peine à découvrir dans les martyrologes ; et le 12 février 1806, il écrivit à Portalis, à ce sujet : « On chercherait à donner à la procession qui se ferait ce jour-là, un caractère propre à effacer les anciens souvenirs, » non révolutionnaires, mais royaux.

Il fixa au premier dimanche de décembre la fête anniversaire de son couronnement et de la bataille d'Austerlitz.

L'article 3 de cette loi portait : « Il sera prononcé avant la procession, et par un ministre du culte, un discours analogue à la circonstance », c'est-à-dire l'éloge de Napoléon, à propos de saint Napoléon.

Touchant la fête du couronnement et de la bataille d'Austerlitz,

était vraiment la fête nationale, tant elle restait gravée dans les cœurs et dans les vœux, même après huit années de proscriptions et d'impiété ! Alors la chapelle de Chastres n'existait plus ; il « n'en restait qu'un petit monceau de poussière ».

Enfin de cette cendre sacrée, le 23 juin 1816, avait germé une fleur nouvelle, un nouveau sanctuaire en l'honneur de Notre-Dame de Chastres. Louis XVIII qui régnait alors, imbu des idées *philosophiques* et servi par un franc-maçon, Decazes, premier ministre, n'avait pas rétabli la fête nationale de l'Assomption : acte de complaisance à l'adresse des tenants de la vieille impiété ; acte indigne d'un roi très chrétien ; acte d'inutile servilité ! Les habitants de Bar, au contraire, s'empressèrent de renouer les antiques traditions de leur chère chapelle de Chastres. Après avoir choisi le

l'article 8 disait : « Il sera prononcé dans les églises, par un ministre du culte, un discours sur la gloire des armées françaises et sur l'étendue du devoir imposé à chaque citoyen de consacrer sa vie à son prince et à sa patrie. »

Malheur aux orateurs qui, dans ces circonstances, manquaient d'enthousiasme politique, à plus forte raison, qui laissaient échapper un mot jugé répréhensible ! Ils étaient punis avec rigueur : L'abbé Langlade, de Bordeaux, fut envoyé à Bazas et mis sous la surveillance de la police : « Je le punirai de telle manière, écrivit Napoléon, que cela serve d'exemple aux autres. » L'abbé Lemaître, de Bordeaux, pour avoir dit du haut de la chaire dans la cathédrale de Bordeaux : « Le peuple pleure souvent les victoires de ses princes ; il se morfond auprès de leurs feux de joie ; il voudrait plus de pain et moins de lauriers ; » fut arrêté et mis en prison.

Pressé de sanctionner l'établissement de ces fêtes, le légat du Pape rendit un décret portant « qu'à l'avenir et à perpétuité, la fête de saint Napoléon serait unie à celle de l'Assomption ; » mais il refusa de concourir à l'établissement de la fête du couronnement et de la bataille d'Austerlitz.

Voir : Thibaudeau, *Empire*, IV, 9. — Lecestre, *Lettres*, I, 260. — Surtout Jauffret, *Mémoires*, II, 78, 499.

15 août 1816 pour réintégrer solennellement la Madone miraculeuse dans le sanctuaire qu'ils venaient de lui bâtir, chaque année à la suite, ils célébrèrent la fête de l'Assomption, à Chastres, avec un concours et des élans de piété dont les registres de cette époque rendent témoignage. Nous avons reproduit la liste des reinages, pour le transport de la sainte image de l'église de Bar à la chapelle de Chastres, le 15 août 1816; il nous reste à donner les reinages de la fête de l'Assomption, de cette même année et des années suivantes.

### REINAGES DE LA SAINTE VIERGE DU 15 AOUT 1816

Nᵒˢ

| | | |
|---|---|---|
| 1 Premʳᵉ reine : Jeanne Bru de la Chastre de Corrèze... | 2 fr. | |
| 2 Toinette Roubert, de Meyrignac.......... | | 15 sols |
| 3 Catherine Duffour ............. | | 15 |
| 4 Marie Mongenie, de Meyrignac........ | | 15 |
| 5 Jeanne Monteil, de Ceaux........... | | 15 |
| 6 Toinette Chassaing............. | | 15 |
| 7 Marie Tourneix ............. | | 15 |
| 8 Catherine Estorges............ | 1 | |
| 9 Jeannes Linges, d'Hublanges.......... | | 10 |
| 10 Jeanne Martinie, d'Hublanges......... | | 10 |
| 11 Peyronne Mas............... | | 10 |
| 12 Marguerite Jeandie, de la Planade....... | | 10 |
| 13 Catherine Maniaudeix........... | | 10 |
| 14 Madeleine Agnoux............. | | 10 |
| 15 Jeanne Laporte .............. | | 10 |
| 16 Jeanne Dubois............... | | 10 |
| 17 Marie Chaussade............. | | 10 |
| 18 Charlotte Champeval, de Meyrignac....... | | 15 |
| 19 Jeanne Dubois.............. | | 10 |
| 20 Françoise Dubech, du Deveix......... | | 10 |
| 21 Marguerite Mas, de Bouysse......... | | 10 |
| 22 Jeanne Mas, de Bouysse.......... | | 10 |
| 23 Marguerite Combes............ | | 10 |
| 24 Léonarde Geneste ............ | | 10 |
| 25 Marie Laporte.............. | | 10 |
| 26 Marie Brudieu, des Combes......... | | 10 |

27 Marie Vernat . . . . . . . . . . . . . . . . . . 10 sols
28 Anne Mas, du Bourg . . . . . . . . . . . . . . 10
29 Louise Lanot, de la Chastre. . . . . . . . . . . . 10
30 Louise Soulier . . . . . . . . . . . . . . . . . 10
31 Marie Bellardie . . . . . . . . . . . . . . . . 10
32 Marie Nouaillat . . . . . . . . . . . . . . . . 10
33 Léonarde Combes, du Mons . . . . . . . . . . . 10
34 Jeanne Soleilhavoup . . . . . . . . . . . . . . 10
35 Toinette Jobs, de Fressinge. . . . . . . . . . . . 10
36 Léonarde Meyrignac. . . . . . . . . . . . . . . 10
37 Marie Neuville. . . . . . . . . . . . . . . . . 10
38 Toinette Leyris . . . . . . . . . . . . . . . . 10
39 Clémentine Teyssier . . . . . . . . . . . . . . 10
40 Jeanne Champeval. . . . . . . . . . . . . . . . 10
41 Marie Combes. . . . . . . . . . . . . . . . . 10
42 Joséphine Teyssier . . . . . . . . . . . . . . . 10
43 Jeanne Huguet Roche. . . . . . . . . . . . . . 10
44 Jeanne Bassaler . . . . . . . . . . . . . . . . 10

Année 1817. 15 août.

1 Première reine : Madeleine Soulier, de Corrèze. . . 1 5
2 Toinette Roubert, de Meyrignac. . . . . . . . . . 10
3 La petite Coralie, de M. Tramond, de Cousein. . . 15
4 Marie Mongenie . . . . . . . . . . . . . . . . 10
5 Catherine Bos, du Soulier de Corrèze . . . . . . . 15
6 Léonarde Bouysse, de Ceaux . . . . . . . . . . . 10
7 Françoise Bouysse, de Ceaux. . . . . . . . . . . 14
8 Marie Tourneix . . . . . . . . . . . . . . . . 15
9 Catherine Chaussade. . . . . . . . . . . . . . . 10
10 Toinette Neyrat, de Meyrignac-l'Eglise . . . . . . 10
11 Dominique Vernat. . . . . . . . . . . . . . . . 10
12 Elisabeth Lidove, de Ceaux. . . . . . . . . . . . 10
13 Marie Chaussade. . . . . . . . . . . . . . . . 10
14 Charlotte Champeval, de Meyrignac. . . . . . . . 12
15 Jeanne Dubois. . . . . . . . . . . . . . . . . 10
16 Marguerite Mas . . . . . . . . . . . . . . . . 10
17 Jeanne Mas . . . . . . . . . . . . . . . . . . 10
18 Marguerite Combes. . . . . . . . . . . . . . . 10
19 Leonarde Geneste . . . . . . . . . . . . . . . 10
20 Marie Brudieu, des Combes. . . . . . . . . . . . 10
21 Anne Mas, du bourg. . . . . . . . . . . . . . . 10
22 Louise Lanot, du Soulier. . . . . . . . . . . . . 10
23 Marie Nouaillat . . . . . . . . . . . . . . . . 10

24 Léonarde Combes, du Mons. . . . . . . . . . . . . .  10 sols
25 Clementine Teyssier . . . . . . . . . . . . . . . .  10
26 Joséphine Teyssier. . . . . . . . . . . . . . . . .  10

### Année 1818. 15 août.

1 Première reine : Marguerite Bassaler, de Corrèze. .  15
2 Jeanne Champeval. . . . . . . . . . . . . . . . . .  10
3 Léonarde Leyrat . . . . . . . . . . . . . . . . . .  10
4 Catherine Pechadre. . . . . . . . . . . . . . . . .  10
5 Marie Laporte, d'Orliac. . . . . . . . . . . . . .  10
6 Marie Merpillat . . . . . . . . . . . . . . . . . .  10
7 Léonarde Mercier . . . . . . . . . . . . . . . . .  10
8 Marthe Lavot, de Meyrignac . . . . . . . . . . . .  10
9 Léonarde Croussat. . . . . . . . . . . . . . . . .  10
10 Catherine Faugère . . . . . . . . . . . . . . . .  10
11 Jeanne Neuville . . . . . . . . . . . . . . . . .  10
12 Léonarde Geneste . . . . . . . . . . . . . . . .  10
13 Marguerite Combes. . . . . . . . . . . . . . . .  10
14 Léonarde Sounis. . . . . . . . . . . . . . . . .  10
15 Jeanne Roubert . . . . . . . . . . . . . . . . .  10
16 Monsieur Vidalin, de Tulle. . . . . . . . . . . .  10
17 Monsieur Devienne, directeur . . . . . . . . . .  10
18 Justine Monteil. . . . . . . . . . . . . . . . .  15
19 Léonarde Salagnac, des Combes . . . . . . . . . .  10
20 Monsieur Dominique Verdier, de Brach. . . . . . .  1
21 Léonard Dubech, du Deveix. . . . . . . . . . . .  10
22 Monsieur Léonard Mas . . . . . . . . . . . . . .  1
23 Pierre Mas, de Bouysse. . . . . . . . . . . . . .  10
24 Toinette Roubert, de Meyrignac. . . . . . . . . .  10
25 Léonarde Bouysse, de Ceaux . . . . . . . . . . .  10

### Année 1819. 15 août.

1 Françoise Alleyrat, de Meyrignac . . . . . . . . .  10
2 Anne Madelmont, de Ceaux . . . . . . . . . . . . .  15
3 Léonarde Miginiac, du Bessou . . . . . . . . . . .  10
4 Jeanne Bassaler, de Ceaux. . . . . . . . . . . . .  10
5 Emérentianne Soleilhavoup. . . . . . . . . . . . .  10
6 Elisabeth Dulaurent, du Soulier de Corrèze . . . .  10
7 Catherine Bassaler, de Ceaux. . . . . . . . . . .  10
8 Léonard Val et Léonard Chabassier. . . . . . . . .  10
9 Joseph Champeval. . . . . . . . . . . . . . . . .  10
10 Elisabeth Nouaillat, de Ceaux . . . . . . . . . .  10
11 Marguerite Combes, du Mons. . . . . . . . . . . .  10

12 Léonarde Combes, du Mons. . . . . . . . . . . . . . **10 sols**
13 Charlotte Meyrignac, de Laguenoux. . . . . . . . . **10**
14 Léonarde Mazellier, du Mons. . . . . . . . . . . . . 1
15 Marguerite Mas, de Bouysse . . . . . . . . . . . **10**
16 Charlotte Champeval. . . . . . . . . . . . . . . . **10**

Cette année 1819, la fête de l'Assomption fut célébrée à Chastres pour la dernière fois : elle ne figure plus au registre des reinages, tandis que les trois autres fêtes continuent jusqu'en 1828, dernière année contenue dans les cahiers. Que s'est-il donc passé en 1819 ? Un grand événement, préjudiciable à la grande fête de Chastres, mais heureux pour la France et pour le diocèse de Tulle, venait de s'accomplir. Le 11 juin 1817, un nouveau concordat avait été conclu entre Pie VII et Louis XVIII; mais à ce sujet, pendant deux ans, il y eut des difficultés devant les Chambres dont « la tribune commençait à se poser en rivale du trône ». Enfin « en 1819, un bref adressé à tous les évêques de France terminait les difficultés soulevées par le Concordat de 1817 » (1). L'évêché de Tulle était rétabli quoiqu'il n'ait été occupé qu'en 1823 ; la France rentrait dans la plénitude de ses traditions religieuses, et l'Assomption, de nouveau fête nationale, et célébrée avec pompe dans toutes les églises paroissiales, cessait pour le sanctuaire de Notre-Dame de Chastres.

## NATIVITÉ

L'Assomption supprimée à Chastres, la fête de la Nativité y fut célébrée avec plus d'éclat. Elle est depuis cette époque la fête principale, la fête votive : « *lo volo do*

(1) DARRAS, *Hist. gén. abrégée de l'Eglise*, IV, 542. — DARRAS-FÈVRE, XL, 275.

*T'sastras*, » la fête votive de Chastres. Ce jour est chômé généralement dans la paroisse, et on s'invite entre parents. Il porte aussi le nom significatif de *fête des Confréries* ; « *s'einvitoul per la Coufreirissas* », ils s'invitent à la fête des Confréries, dit-on, pour exprimer les relations étroites de parenté et d'amitié. Les villages circonvoisins de Corrèze et de Gimel célèbrent cette fête par ces réunions de familles, en sorte que la fête de Chastres est la fête régionale.

Les huit jours qui précèdent la solennité sont consacrés à une retraite. Des prêtres étrangers à la paroisse se tiennent à la disposition des fidèles pour les confessions et les prédications. La fête est toujours présidée par un dignitaire ecclésiastique, et le sermon donné par un prédicateur en renom d'éloquence.

Quel charmant spectacle présente en ce jour la riante vallée ! Les deux belles routes, qui serpentant à mi-côte sous les châtaigniers, aux flancs des deux collines qui entourent et abritent la plaine, viennent se rencontrer au seuil de la chapelle, sont déjà couvertes de pèlerins. Tout à coup, vers dix heures, s'éveillant dans leurs demeures aériennes, toutes les cloches de la paroisse et de Notre-Dame éclatent comme les trompettes d'argent d'une légion d'anges, au-dessus de la vallée ; à la suite de la Madone bien-aimée, portée sur les épaules des jeunes filles aux voiles blancs, pieusement fières de cet honneur, se déroule le cortège triomphal, au chant des hymnes liturgiques et des saints cantiques, répercutés par les échos de la vallée, et répétés dans le lointain par les derniers groupes des pèlerins : le spectacle est vraiment beau et saisissant. Les chanteuses de la cathédrale de Tulle sont arrivées les premières. Les paroisses voisines ont député leurs chantres les plus mélodieux : au dialogue des voix douces des jeunes filles alternant avec les voix énergiques et sonores des hommes, on a comme une illusion du concert grandiose décrit dans l'Apocalypse : on croit entendre tantôt la suave symphonie des harpes et des cithares (XIV, 2) ; tantôt la voix des grandes eaux et des grands tonnerres (XIV, 2) : tantôt l'explosion des voix réunies de toutes les créatures qui sont dans le ciel, sur la terre, sous la terre, dans les mers et tout ce qui existe (V, 13) ; en un mot, l'acclamation de l'univers entier en l'honneur de la Vierge au berceau, que le flot des siècles apporte au rivage d'un monde perdu ; de la Vierge, qui fut l'aurore du salut, qui est maintenant la Reine du ciel et de la terre, la Mère de Dieu et des hommes.

La chapelle décorée de guirlandes de fleurs et de verdure, au dedans et au dehors, est envahie depuis longtemps, et la foule couvre déjà la vaste esplanade ornée d'arcs de triomphe. La multitude est recueillie dans la prière ; presque tous les pèlerins sont à genoux, un cierge à la main, près de la porte, aux croisées et aux flancs extérieurs de la chapelle ; dans l'intérieur, malgré la chaleur qui y est intense, car le ciel est bas, les ouvertures rares et étroites, et les rangs pressés, règnent le silence religieux et la prière. Une couronne de prêtres vénérables entoure l'autel et forme une garde d'honneur. La messe est chantée solennellement par le chœur des hommes et par le chœur des chanteuses de Tulle. A l'Evangile, l'orateur choisi monte sur l'ambon improvisé, au seuil de la chapelle si le temps est pluvieux, sous l'un des grands arbres au bord de l'esplanade, si le temps est beau ; et, nouveau Bridaine, il chante, autrefois dans l'idiome du pays, aujourd'hui en français académique, les vertus, les gloires et les bienfaits de Notre-Dame de Chastres. La foule silencieuse écoute avec respect et avec avidité.

Après la messe solennelle et les vêpres de la Sainte Vierge, se déroule la pittoresque procession. (*Voir planche VII*). Contournant la chapelle au midi, elle descend par le sentier jusqu'à la grotte miraculeuse, et, passant sur le bord de l'abîme, elle remonte, au sanctuaire, par le côté opposé. Les dernières strophes de l'*Ave Maris Stella* expirent, Jésus-Hostie sort de son tabernacle, et, du haut de son soleil d'or, bénit les amis de sa sainte Mère. L'émotion dans la voix, parce que le regret est dans tous les cœurs, les chanteuses entonnent le cantique des adieux : la Vierge bien-aimée sait s'il y a des pèlerins dont le cœur n'est pas gonflé d'un sanglot, et les yeux mouillés de larmes, à ce moment suprême... On se retire à contre-cœur, emportant dans l'âme un peu de consolation, la confiance et le courage. Comme souvenir à offrir à ceux qui sont restés au foyer, les pèlerins emportent une parcelle du ruban de la Madone, qui sera pour eux la frange du vêtement de la Vierge toute-puissante ; ou bien, ils dérobent un fragment du rocher, ou un rameau, ou une feuille des grands arbres qui ombragent le sanctuaire pour en faire, dans l'occasion, un remède dont ils ont, disent-ils, éprouvé l'efficacité. Encore quelques instants, et la foule sera écoulée, et le silence aura repris possession de la vallée ; déjà on n'entend plus que les chants lointains des groupes qui regagnent leurs demeures. C'est ainsi qu'à Chastres, on a encore, on aura longtemps, dans toute sa pureté, l'image des fêtes antiques, simples, innocentes, dont le récit nous émeut et nous charme chez les écrivains du moyen-âge.

Et ce sont ces fêtes, c'est ce pèlerinage si chrétien, si édifiant, que *per fas et nefas*, M. le chanoine Talin, pendant trente ans, s'est efforcé de détruire ! Il a eu le triste courage d'écrire ceci :

« Il (l'auteur des *Principaux sanctuaires de la Sainte Vierge au diocèse de Tulle*) nous parle de milliers de pèlerins venant chaque année à Notre-Dame de Chastres, du Bas-Limousin et des divers points de la contrée (1). Il nous raconte leur vive foi, leur piété ; il nous les montre tête découverte en plein soleil, un cierge à la main, avouant cependant que tout cela a complètement changé depuis quelque temps. Hélas ! il y a déjà bien longtemps que Chastres n'a pas vu de spectacle aussi édifiant ! (2)

« Voilà plus de cinquante ans que je fréquente la paroisse de Bar (M. le chanoine écrit en 1885 ; il est né en 1825 : il apportait donc à Chastres, dès l'âge de dix ans, ce rare esprit d'observation et de bienveillance). Bien des fois (3) je me suis mêlé aux fidèles qui venaient à Notre-Dame de Chastres et jamais je n'ai été l'heureux témoin de cette affluence, de cette piété. Ce que j'ai vu, je le raconterai avec franchise ; de bons prêtres recommandables par leurs vertus, autant que par leur position

(1) Le registre des reinages le prouve incontestablement.

(2) Grâces à Dieu, il le voit à chaque fête !

(3) Je ne crois pas que M. le chanoine étant curé de Gimel, (curé de Corrèze, il ne pouvait s'absenter) se soit trouvé plus de trois ou quatre fois au pèlerinage où sa présence était très remarquée, parce que personne n'ignorait son hostilité. — Comment pouvait-il assister à l'office, au chœur, et se mêler aux pèlerins sur la place ? Seul le prêtre quêteur, et M. le chanoine ne l'a pas été, peut voir quelle est l'attitude de la foule pendant les cérémonies.

élevée garantiraient au besoin la véracité de mon témoignage (1). Quelques centaines de personnes (2) se rendent à Chastres, les lundis de Pâques, de Pentecôte et le 8 septembre. Peu d'entre elles s'approchent des sacrements. Le nombre des communiants de ces dernières années ne s'est pas élevé à quatre-vingts ; c'est à peine si une trentaine d'honoraires de messes ont été recueillis pour l'année ; la quête pour l'entretien de la chapelle est insignifiante (3). Evidemment l'homme ennemi a passé par là. Nous faisons des vœux bien sincères pour que le zèle du pasteur de la paroisse de Bar, jeune et intelligent, ne s'attiédisse pas et ne se décourage jamais. Qu'il conserve ce qui est excellent dans ce pèlerinage, qu'il en corrige les

(1) Nous nous demandons si, parmi les prêtres qui se rendaient fréquemment au pèlerinage, il s'en trouve même un seul qui ne nous ait fait un devoir de protester contre les dires de M. le chanoine et ne nous y ait invité maintes fois. Mais pendant l'été de 1885, la ville d'Ussel, contre les traités, avait retiré au diocèse les bâtiments du vieux collège, et il nous fallait préparer un nouveau local pour la rentrée du mois d'octobre suivant !

(2) La chapelle contient au moins deux cents personnes ; et ce nombre ne représente pas le quart des pèlerins, aux fêtes ordinaires.

(3) Peut-on espérer à Chastres et même à Corrèze, de voir les splendides offrandes qui ont lieu à Lourdes et à Montmartre ? Chastres est surtout le pèlerinage des pauvres habitants des campagnes. Quelle que soit leur bonne volonté, peuvent-ils faire des dons magnifiques ?

A quelle source M. Talin, qui exagérait en tout, a-t-il puisé ces renseignements intimes ? ils ne s'accordent ni avec ce que nous avons vu, ni avec les renseignements que nous ont donnés les pasteurs de la paroisse.

Quand les prêtres dans leurs paroisses manquent de messes, la diminution doit nécessairement se faire sentir dans les pèlerinages. A la fête de la Lunade, un chanoine se tenait à un bureau en pleine cathédrale, pour inscrire les messes offertes par les pèlerins : nous ne reverrons peut-être jamais ces beaux jours !

abus, qu'il fasse disparaître ce qui y attriste les vrais dévots à la Sainte Vierge, et les âmes en retireront de grands fruits, et Dieu sera lui-même vraiment glorifié » (1).

On lit en tête de la *Semaine religieuse* de cette époque : « Adresser tout ce qui concerne la rédaction, à M. l'abbé « Talin, chanoine, directeur de la *Semaine religieuse* à « Tulle. » Ces mots expliquent la publication de pareils articles dans le journal diocésain.

L'abbé Niel, auteur des *Principaux sanctuaires de la Sainte Vierge au diocèse de Tulle*, a réfuté assez longuement M. le chanoine Talin, dans la seconde édition de son opuscule, de la page 15 à la page 24. Nous ne croyons pas devoir citer cette réfutation un peu vive et un peu trop personnelle ; mais nous ne pouvons nous dispenser de faire quelques observations.

Plus souvent que M. le chanoine, que son devoir empêchait d'assister à la fête du 8 septembre et qui a été si rarement témoin des concours du lundi de Pâques et du lundi de Pentecôte, nous avons pris part aux solennités de Chastres. Nous y avons prêché plusieurs fois la retraite préparatoire au 8 septembre ; nous avons eu souvent l'honneur de quêter pour la chapelle : nous affirmons « en

______

(1) *Semaine relig.*, année 1885, 443-444. Ainsi, en termes francs, Dieu et la Vierge ne sont pas glorifiés à Chastres, et les âmes ne retirent pas de fruits de ce pèlerinage. Telle était bien la pensée obsédante de M. le chanoine. Il a dû l'atténuer ici, parce qu'il écrivait ; mais dans les conversations, combien de fois l'avons-nous entendu s'exprimant sans ambages, même en présence des pasteurs de Bar ; comme si de son bureau il voyait mieux ce qui se passait à Chastres, que les prêtres qui sont sans cesse sur les lieux et qui prennent part à toutes les fêtes ! Mais il lui fallait à tout prix faire prévaloir ses imaginations pour justifier son *delenda Carthago !*

toute sincérité » qu'autour du sanctuaire, et jusque sur la lisière des bois, à l'ombre des châtaigniers aussi bien qu'à la grotte, nous avons *chaque fois* été profondément édifié en traversant dans tous les sens la multitude des pèlerins, de les trouver fractionnés en grappes humaines, le rosaire ou le livre à la main, les cierges fixés dans le sol, priant dans le recueillement et la ferveur ; les petits enfants au centre du cercle, nous versaient l'obole des parents, avec la grâce et le cœur particuliers à l'enfance. Le pauvre laboureur ne peut offrir la pièce d'or de l'opulent citadin ; mais son obole est le denier de la veuve. De bonne foi, des pèlerins qui marchent pendant trois ou quatre heures et même davantage, pour se rendre à Chastres, ou à un pèlerinage quelconque, peuvent-ils venir à jeun ? Nous savons pertinemment, nombre de pèlerins nous l'ayant dit, qu'il est dans leurs habitudes de faire la sainte communion dans leurs paroisses respectives, la veille, ou le matin même de la fête si l'église se trouve sur leur chemin. Le 14 avril 1868, M. J.-B. Bouyssou, curé de Bar, nous faisait l'honneur de nous écrire : « Je regrette que vous n'ayez pas été témoin de cette belle journée (lundi de Pâques). Jamais tant de monde, si ce n'est quand Monseigneur y a présidé quelque cérémonie. A la messe de sept heures nous avons eu plus de quatre cents communions, non pas seulement de ma paroisse, mais d'Orliac, de Corrèze, de Naves, de Saint-Augustin, de Saint-Salvadour, de Seilhac, etc. Deux personnes des environs de Cornil ont fait la sainte communion, après cinq heures de marche, nu-pieds pendant la majeure partie du chemin, malgré le froid : il faut avouer que ces bonnes âmes nous rempliront de confusion au tribunal de

Dieu ! On a fait une procession magnifique : tous répon-
daient : *Ora pro nobis* ! nous avons été frappé du recueillement général durant toute la cérémonie. »

Le désordre qui a si fortement scandalisé M. le chanoine
Talin, qui, personne ne l'ignore, voyait avec l'imagination
plus que par les yeux, consiste, à l'arrivée des pèlerins et
avant le commencement de la messe, dans un va-et-vient
de personnes qui, unies par les liens de la parenté, se cher-
chent mutuellement sur la place publique couverte de
plus d'un millier d'étrangers. Le mouvement cesse et le
silence est observé dès le commencement de l'office. On lit
dans le *Corrézien* du 19 septembre 1900 : « Le pèlerinage
de Chastres avait cette année un caractère de piété plus
accentué : communions plus nombreuses que les années
précédentes, offrandes pour la chapelle plus généreuses ;
pas d'amusements frivoles dans le bourg, pas ou peu de
cette jeunesse volage attirée par des divertissements et non
par la dévotion, mais de vrais pèlerins qui priaient avec
ferveur. » (1)

Il n'y a à Chastres ni auberges, ni cafés ; le bourg voisin
n'a qu'un débit de comestibles ; un quart d'heure après les
cérémonies religieuses, il ne reste aucun étranger ; les jeunes gens sont obligés de rentrer dans leurs familles pour
conduire les troupeaux aux champs, à trois heures, au
plus tard ; tout retard leur attirerait des réprimandes
sévères : dans ces conditions, peut-on dire sans exagéra-
tion : « l'homme ennemi a passé » à Chastres plus qu'ailleurs ? Hélas ! il ne respecte même pas les lieux les plus
saints ; et, nous avons personnellement constaté sa
présence à Eygurande, à Roc-Amadour, à Lourdes, voire

(1) L'auteur de cet article est loin d'être optimiste par nature.

même à Corrèze, où, malgré la sainte terreur que pouvait encore exercer le curé, il y avait de la dissipation dans certaines auberges. De plus, avec ses fêtes de nuit, M. Talin ouvrait la porte à de graves désordres. A cette époque (1871 à 1881), avant l'inauguration du chemin de fer de Tulle à Ussel, il nous arrivait souvent de passer en pleine nuit aux Champs de Brach. Le grand courrier de Tulle à Clermont arrivait en effet vers minuit à La Moncourrier. Dans l'une de ces circonstances, l'auberge se trouva illuminée, comme en feu ; tous les appartements étaient inondés de lumière. Les danses, au son des instruments champêtres, donnaient leur plein ; autour de la maison, sur les routes, au loin sur l'avenue de Corrèze, un beau clair de lune nous faisait distinguer de nombreux groupes de jeunes gens et de jeunes filles. Comme les jeunes gens ont la mauvaise habitude de se rendre en foule, le soir, aux noces, surtout quand elles sont célébrées dans les auberges : « Pourquoi ce rassemblement considérable, et à cette heure, demandâmes-nous ; sans doute le maître de la maison a marié aujourd'hui quelqu'un de ses enfants ? — Ah ! Monsieur, nous fut-il répondu, c'était aujourd'hui à Corrèze la fête du 8 septembre ! »

L'argument tiré des abus n'ayant pas donné le succès désiré, M. le chanoine eut recours à d'autres moyens. On lit dans les archives paroissiales de M. Chauviniat : « Une surprise m'était réservée à l'Evêché : «Eh bien, me dit brusquement Mgr Berteaud, M. Talin t'a déjà parlé du désir qu'il aurait de voir tes paroissiens prendre un autre jour que le 8 septembre pour fête patronale de Chastres ? Mais qu'en penses-tu ? Et tes paroissiens qu'en pensent-ils ? » Et sans attendre de réponse : « Allons ! allons ! gardez tous les deux le 8 septembre pour fête de votre pèlerinage, et continuez l'un et l'autre de bien chanter Marie, de la faire aimer, et que les deux sanctuaires de Chastres et du Pont, ne soient plus une cause de brouille entre les deux curés. »

Le coup d'autorité avait échoué, mais M. Talin ne se tenait pas pour vaincu. On lit encore dans les archives paroissiales de M. F. Bouladoux, successeur de M. Chauviniat : « Juin 1881. M. Talin vient m'installer dans la cure de Bar... Il profite de cette première rencontre pour m'engager à renoncer à la fête du 8 septembre, et à conduire mes paroissiens, ce jour-là, à Corrèze... A l'encontre de ces prétentions, M. Gratfeuil, vicaire général, témoin du concours et de la piété des pèlerins, pendant notre fête qu'il présidait, a déclaré que le 8 septembre devait rester le grand jour du pèlerinage de Notre-Dame de Chastres. »

M. l'abbé Talin était un prêtre plein de talent et de zèle. C'est lui qui, devenu doyen de Corrèze, son pays natal, a fondé le pèlerinage de Notre-Dame du Pont. Nous avons connu ses deux prédécesseurs immédiats, M. Duclaux et M. Laygue : le 8 septembre, ils ne célébraient dans la chapelle du Pont, qu'une simple messe basse, à laquelle assistaient une dizaine de personnes pieuses. Nos contemporains le savent et l'ont vu comme nous. M. Talin a fait de ce jour une solennité et un pèlerinage, par la pompe des cérémonies, par sa persévérance à y convier un nombreux clergé et les paroisses du canton ; par l'institution d'une retraite préparatoire, et même par les réjouissances profanes d'un feu d'artifice, dans les ombres de la nuit. Pour donner toute l'efficacité possible à ces attractions de nature si disparate, il conçut l'incroyable projet de détruire le pèlerinage tant de fois séculaire de Notre-Dame de Chastres ; et, jusqu'à son dernier moment il n'a rien négligé pour le faire triompher. Le chanoine Des Cordes, si longuement réfuté par le P. Bonaventure de Saint-Amable (1), a montré moins d'acharnement contre l'apostolicité de saint Martial, que M. le chanoine Talin contre le pèlerinage de Chastres.

M. Talin était un homme de beaucoup d'esprit ; il savait être délicat, exquis même ; mais, sous l'empire d'une idée préconçue et fixe, il devenait partial, injuste, irrespectueux. A bout de raisons, il faisait des mots, qu'il aimait à répéter dans les conversations, et qu'il ne put s'empêcher de porter jusque dans la chaire : « Après tout, disait-il trop souvent, Notre-Dame de Chastres n'est que la bru de Notre-Dame de Corrèze. » Cette saillie archi-fausse historiquement et même administrativement, nuisait à la cause qu'il voulait servir ; les habitants de Corrèze, nous le savons par leur propre témoignage, étaient unanimes à blâmer une manière si étrange de parler, et s'en montraient confus.

Terminons ce chapitre par la liste des reinages de cette fête, d'après le registre manuscrit déjà cité : beaucoup de familles y trouveront avec plaisir les noms de leurs parents.

REINAGES DE LA SAINTE VIERGE DU 8 SEPTEMBRE 1816

Nᵒˢ

1 Première reine : Toinette Mougen, du Mons . . . . . 2 fr.
2 Madame Teyssier, d'Hublanges. . . . . . . . . . . 1
3 Léonarde Terriou. . . . . . . . . . . . . . . . . . 15 sols
4 Jeanne Estorges . . . . . . . . . . . . . . . . . 1  5
5 Léonarde Jouvion, de Meyrignac . . . . . . . . . 1
6 Marie Bordas . . . . . . . . . . . . . . . . . . 10
7 Charlotte Géraudie, de Menchamps de Gimel . . . 15

(1) *Histoire et défense de l'apostolat de S. Martial*, Iʳᵉ p., liv. v', pp. 143 et suiv.

| | |
|---|---|
| 8 Léonarde Bouysse . . . . . . . . . . . . . . . . . . | 15 sols |
| 9 Léonarde Croussat, d'Orliac-de-Bar . . . . . . . . | 10 |
| 10 Marguerite Ban . . . . . . . . . . . . . . . . . . | 10 |
| 11 Léonarde Mercier. . . . . . . . . . . . . . . . . | 10 |
| 12 Anne Leyniat. . . . . . . . . . . . . . . . . . . | 10 |
| 13 Jeanne Bassaler . . . . . . . . . . . . . . . . . | 10 |
| 14 Toinette Farnièras . . . . . . . . . . . . . . . | 10 |
| 15 Martiale Porte, du Chastang. . . . . . . . . . . | 10 |
| 16 Françoise Vedrenne . . . . . . . . . . . . . . . | 10 |
| 17 Marie Mongenie, de Meyrignac. . . . . . . . . . | 10 |
| 18 Françoise Deveix, de Lestrade d'Orliac-de-Bar. . . | 10 |
| 19 Jeanne Perrussie. . . . . . . . . . . . . . . . . | 10 |
| 20 Jeanne Chassaing . . . . . . . . . . . . . . . . | 10 |
| 21 Eléonore Four, de Tulle . . . . . . . . . . . . . | 10 |
| 22 Emérentianne Bellardie. . . . . . . . . . . . . | 10 |
| 23 Louise Linge. . . . . . . . . . . . . . . . . . . | 10 |
| 24 Louise Verdier. . . . . . . . . . . . . . . . . . | 10 |
| 25 Anne Bouysse de Mezenges de Gimel. . . . . . . | 10 |
| 26 Jeanne Baudière ou la vieille Baudieyraude . . . . | 10 |
| 27 Marie Nouaillat de Lestrade d'Orlhac. . . . . . . | 10 |
| 28 Léonarde Monéger de Ceaux . . . . . . . . . . . | 10 |

### 1817. — 8 septembre.

| | |
|---|---|
| 1 Première reine : Marie Lacroix de La Vialle. . . . . | 1 |
| 2 Jean Mas, du bourg. . . . . . . . . . . . . . . . | 10 |
| 3 Léonard Saint-Jal de Lestrade. . . . . . . . . . . | 10 |
| 4 Marguerite Massoulier de Ceaux. . . . . . . . . . | 10 |
| 5 Charlotte Nouaillat. . . . . . . . . . . . . . . . | 10 |
| 6 Toinette Mougein de Bouysse. . . . . . . . . . . | 10 |
| 7 Madame Teyssier . . . . . . . . . . . . . . . . | 1 |
| 8 Charlotte Géraudie de Menchamps . . . . . . . . | 15 |
| 9 Jeanne Bassaler de Ceaux . . . . . . . . . . . . | 10 |
| 10 Léonarde Monéger de Ceaux. . . . . . . . . . . | 10 |

### 1818. — 8 septembre.

| | |
|---|---|
| 1 Catherine Neuville. . . . . . . . . . . . . . . . | 10 |
| 2 Marie Chassaing du Chastang.. . . . . . . . . . | 10 |
| 3 Jeanne Meyrignac du Mons. . . . . . . . . . . . | 10 |

### 1819. — 8 septembre.

| | |
|---|---|
| 1 Léonarde Leyrat de Lavialle. . . . . . . . . . . . | 10 |
| 2 Marie Nouaillat de Bouysse.. . . . . . . . . . . | 10 |
| 3 Marie Merpillat.. . . . . . . . . . . . . . . . . | 10 |
| 4 Jeanne Dubois . . . . . . . . . . . . . . . . . | 10 |
| 5 Toinette Mougen. . . . . . . . . . . . . . . . . | 10 |

## 1820. — 8 septembre.

 1 Toinette Mougen du Mons . . . . . . . . . . . . . .   15 sols
 2 Marie Nouaillat du Mons . . . . . . . . . . . . .   10
 3 Marie Nouaillat de Lafon. . . . . . . . . . . . .   10
 4 Jeanne Tereygeol de Lacour . . . . . . . . . .   10
 5 Jeanne Leyrat du Bos de Bar. . . . . . . . . .   10
 6 Françoise-Eulalie Champeval de Saint-Augustin . .   10
 7 Marie Meris, du Mons. . . . . . . . . . . . .   10
 8 Catherine Neuville . . . . . . . . . . . . . .   10
 9 Marie Laporte de Nouaillat. . . . . . . . . . .   10
10 Pierre Mas        id.       . . . . . . . . . .   10
11 Jeanne Meyrignac du Mons. . . . . . . . . . .   10
12 Jeanne Bassaler du Deveix . . . . . . . . . .   10

## 1821, — 8 septembre.

 1 Marie Chalaux du Soulier de Corrèze. . . . . . . .   1 l. 10
 2 Louise de Lapeul . . . . . . . . . . . . . . .   15
 3 Louise Madelmont . . . . . . . . . . . . . . .   10
 4 Louise Verdier. . . . . . . . . . . . . . . . .   10
 5 Toinette Mougen. . . . . . . . . . . . . . . .   10
 6 Jeanne Chassaing d'Hublanges . . . . . . . . .   10
 7 Jeanne Bassaler de Ceaux. . . . . . . . . . .   10
 8 Emérentianne Soleilhavoup d'Hublanges. . . . . .   10
 9 Marie Presset du Mons. . . . . . . . . . . . .   10
10 Emérentianne Bellardie de Ceaux. . . . . . . . .   10
11 Toinette Dieuaide. . . . . . . . . . . . . . .   10

## 1822. — 8 septembre.

 1 Suzanne Touzac de Ceaux. . . . . . . . . . . .   15
 2 Anne Madelmont de Ceaux. . . . . . . . . . . .   10
 3 Jeanne Bassaler du Deveix . . . . . . . . . . .   10
 4 Léonard Géraudie de Cousein. . . . . . . . . .   10
 5 Jeanne Chassaing d'Hublanges . . . . . . . . .   10
 6 Madeleine Neyrat du Soulier. . . . . . . . . .   5
 7 Emerentianne Soleilhavoup d'Hublanges. . . . . .   8
 8 Léonard Neyrat du Soulier de Corrèze. . . . . . .   10
 9 Louise Nouaillat de Ceaux. . . . . . . . . . .   5
10 Marguerite Nouaillat de Ceaux. . . . . . . . . .   5
11 Marie Nouaillat de Bouysse. . . . . . . . . . .   5
12 Jeanne Combes de Cousein. . . . . . . . . . .   10
13 Marie Presset du Mons. . . . . . . . . . . . .   10
14 Marie Madelmont . . . . . . . . . . . . . . .   5

— 243 —

### 1823. — 8 septembre.

```
 1 Léonarde Bellardie d'Orliaguet de Gimel . . . . . . 1 l. 10 sols
 2 Marie Val de Vitrac. . . . . . . . . . . . . . . . . 1    »
 3 Anne Hospital de Ceaux . . . . . . . . . . . . . .   10
 4 Antoine Dubech de Mars de Gimel . . . . . . . .      10
 5 Jeanne Leyrat des Angles. . . . . . . . . . . . .    10
 6 Françoise Dulaurent du Soulier de Corrèze. . . . .   10
 7 Emerentianne Soleilhavoup d'Hublanges. . . . . .     10
 8 Marie Nouaillat de Bouysse. . . . . . . . . . . .     5
 9 Toinette Maugein . . . . . . . . . . . . . . . . .   15
10 Louise Nouaillat de Ceaux . . . . . . . . . . . .     5
11 Toinette Géraudie de Tulle. . . . . . . . . . . .    10
12 Elisabeth Chambon de Chastres. . . . . . . . . .      5
13 Emilie Petitearmée fille de M. Moncourrier des  1    »
      Champs de Brach.
```

### 1824. — 8 septembre.

```
1 Toinette Maugen du Mons . . . . . . . . . . . . .    10
2 Toinette Géraudie de Tulle. . . . . . . . . . . .   - 5
3 Charlotte Géraudie de Menchamps . . . . . . . .      8
4 Léonarde Combes du Mons de Bar . . . . . . . .      10
5 Jeanne Bassaler du Deveix. . . . . . . . . . . .    10
6 Emilie Petitearmée de la Moncourrier. . . . . . .   15
```

### 1825. — 8 septembre.

```
1 Mademoiselle Gouttes de Tulle . . . . . . . . . .    12
2 Jeanne Bassaler du Deveix. . . . . . . . . . . .     10
3 Jeanne Chaumeil de Corrèze, du village du Caire .     5
4 Jeanne Combes de Bouysse de Bar . . . . . . . .      10
```

### 1826. — 8 septembre.

```
 1 Mademoiselle Teyssier d'Hublanges. . . . . . . . 1 l. 10 sols
 2 Jeanne Courteix de Champeval. . . . . . . . . .      12
 3 Catherine Mas de Bouysse . . . . . . . . . . . .     12
 4 Antoinette Meyrignac de Bouysse. . . . . . . . .     12
 5 Léonarde Bessou de Cousein . . . . . . . . . . .     12
 6 Léonarde Brudieu des Combes . . . . . . . . . .      12
 7 Marguerite Lacroix du Bos. . . . . . . . . . . .     12
 8 Toinette Vedrenne de Menaud . . . . . . . . . .      12
 9 Françoise Mazellier du Bos. . . . . . . . . . . .    12
10 Emerentianne Meyrignac du Deveix. . . . . . . .      12
11 Anne Croussac du Bourg. . . . . . . . . . . . . .    12
12 Jeanne Soleilhavoup de Bouysse. . . . . . . . . .    12
13 Marguerite Jeandie de Laplanade. . . . . . . . .     12
```

14 Léonarde Ceaux du Deveix. . . . . . . . . . . . .    12 sols
15 Anne Champeval de Cousein . . . . . . . . . . . .    12
16 Jeanne Chassaing, à Hublanges. . . . . . . . . .    12
17 Marie Mercier de Lafon. . . . . . . . . . . . . .    12
18 Marie Merpillat. . . . . . . . . . . . . . . . . .    12
19 Jeanne Val de Montmaremme. . . . . . . . . . . .    12
20 Léonarde Vergnole de Cousein. . . . . . . . . . .    12
21 Jeanne Chassaing de La Bouteyrie . . . . . . . . .    12
22 Léonarde Massoulier de La Bouteyrie . . . . . . .    12

### Porte-croix de la chapelle de Chastres.

1 Mademoiselle Joséphine Teyssier . . . . . . . . . .    2 fr.
2 Premier ruban : Catherine Mas de Bouysse. . . . .    15
3 Second ruban : Marie Bach de Lacour . . . . . . .    15

### Reinages de la Sainte Vierge du 8 septembre 1826.

1 Marie Leix de Gimel. . . . . . . . . . . . . . .    15
2 Léonarde Leyrat de Lavialle. . . . . . . . . . . .    10
3 Anne Hospital ne Ceaux. . . . . . . . . . . . . .    10
4 Jeanne Leyrat du Bos . . . . . . . . . . . . . .    10
5 Catherine Bassaler de Ceaux . . . . . . . . . . .    10
6 Jeanne Monéger de l'Hospital de Corrèze . . . . .    10
7 Jeanne Bassaler du Deveix. . . . . . . . . . . . .    10
8 Toinette Verdier du moulin du Gaud de Gimel. . .    10

### 1827. — 8 septembre.

1 Gabrielle Dugeorge de Cousein. . . . . . . . . . .    5
2 Léonarde Géraudie de Cousein. . . . . . . . . . .    5
3 Martialle Geraudie de Ceaux . . . . . . . . . . .    5
4 Léonarde Laporte de Ceaux . . . . . . . . . . . .    5
5 Léonarde Nouaillat de Ceaux. . . . . . . . . . . .    5
6 Catherine Moneger de Ceaux. . . . . . . . . . . .    5
7 Léonarde Ceaux du Deveix. . . . . . . . . . . . .    5
8 Catherine Chaussade de Ceaux. . . . . . . . . . .    5
9 Marguerite Chaussade de Ceaux . . . . . . . . . .    5
10 Marguerite Jeandie de Cousein . . . . . . . . . .    1
11 Léonarde Brudieu de Combes. . . . . . . . . . . .    5
12 La servante du grand métayer de Bar . . . . . . .    5
13 Toinette Meyrignac de Lavialle. . . . . . . . . . .    5
14 La servante de Champeval de Meyrignac. . . . . .    5

### Porte-croix et rubans.

Mademoiselle Joséphine Teyssier. . . . . . . . . .    1 fr.
Léonarde Vergne du Mons. . . . . . . . . . . . . .    12 sols

### Reinages de la Sainte Vierge du 8 septembre 1827.

| | | |
|---|---|---|
| 1 Marie Mercier de Lafon | 10 sols |
| 2 Léonard Mercier de Lafon | 10 |
| 3 Catherine Bassaler de Ceaux | 10 |
| 5 Jeanne Bassaler du Deveix | 10 |

### Année 1828. — 8 septembre.

| | |
|---|---|
| 1 Léonarde Lacroix de Champeval | 15 |
| 2 Catherine Bassaler de Ceaux | 10 |
| 3 Jeanne Bassaler du Deveix | 10 |
| 4 Marie Chabanier du Peuch de Corrèze | 10 |
| 5 Marguerite Geandie de Cousein | 5 |
| 6 Léonarde Brudieu des Combes | 5 |
| 7 Catherine Chaussade de Ceaux | 5 |
| 8 Catherine Monéger de Ceaux | 5 |
| 9 Anne Hospital de Ceaux | 10 |
| 10 Léonard Breuil | 10 |
| 11 Françoise Maugein de Gimel | 10 |
| 12 Marguerite Combes de La Chaud d'Orlhac | 10 |
| 13 Marie Martinie de Tulle | 5 |
| 14 Léonard Bousseyrol de Bar | 5 |
| 15 Madeleine Mas de La Chaux d'Orlhac | 5 |
| 16 Martialle Geraudie de Ceaux | 5 |
| 17 Les deux petites de Jean Val portent les rubans | 10 |

Une feuille détachée nous donne les reinages de l'année 18.4; nous croyons devoir les ajouter ici.

### Reinages de la Sainte Vierge de la seconde fête de Pentecôte 19 mai 1834.

| | | | |
|---|---|---|---|
| 1 Gabriel Rol de St-Hilaire-le-Peyroux | 1 fr. | 15 sols |
| 2 Jeanne Reol du bourg de St-Hilaire-Peyroux | 2 | 10 |
| 3 Anne Bourg de Chameyrat | 2 | » |
| 4 Jeanne Gagniere du bourg de St-Hilaire-Peyroux | 1 | 5 |
| 5 Marie Auzol de Chameyrat | | 17 |
| 6 Jeanne Madelmont de La Vigne de Naves | | 15 |
| 7 Jeanne Champeval de Tulle | | 10 |
| 8 Toinette Bellardye de Lestrade d'Orliac | | 10 |
| 9 Françoise Rigaud de Cornil | | 10 |
| 10 Marie Martinie du Combalou d'Hublanges de Bar | | 10 |
| 11 Françoise Bachelerie de Reygnac de Corrèze | | 5 |
| 12 Marie Moneger de Combes de Bar | | 5 |
| 13 Léonard Malaurie d'Hublanges de Bar | | 10 |

Reinages de la Sainte Vierge du 8 septembre 1834.

1 Françoise Combes. . . . . . . . . . . . . . . . . . . . .     15 sols
2 Marie Moneger . . . . . . . . . . . . . . . . . . .     5
3 Léonarde Combes . . . . . . . . . . . . . . . . .     5
4 Marie Chabanier du Peuch. . . . . . . . . . . . .     5
5 Léonarde Martinie de Ceaux. . . . . . . . . . .     10
6 Berthou Lachaud de Fressinges de Gimel. . . . . .     5

# CHAPITRE HUITIÈME

## Les pieux usages de Chastres.

1. Usages publics et rituels. — 2. Usages privés. — 3. Observations sur ces pieuses pratiques.

Nous ne pouvons résister au plaisir de citer, en tête de ce chapitre, les paroles suivantes de l'illustre auteur de *Notre-Dame de France* : elles font trop d'honneur au Limousin en général et surtout au Bas-Limousin, auquel elles s'appliquent peut-être avec plus de vérité. Après avoir dit que la province de Bourges se distingue entre toutes, par son culte pour la sainte Vierge, il ajoute :

« La seconde marque (après les nombreuses associations en l'honneur de Marie dont M. Hamon vient de parler), la seconde marque à laquelle se reconnaît l'esprit religieux d'un pays consiste dans les pratiques pieuses que ce pays adopte; car il ne goûte que celles qui reviennent à l'esprit qui l'anime. On ne saurait dire toutes les pratiques pieuses par lesquelles le Limousin s'est attaché à témoigner son amour à la sainte Vierge.

« Jusqu'en 1301 le Limousin avait fixé le commencement de l'année au jour de Pâques; mais alors Pierre Fabry, chancelier de la cour de Limoges, le fixa au 25 mars, « jour de l'Annonciation de la Bienheureuse Vierge Marie ». Sa piété, écho fidèle du sentiment public, trouva du bonheur à commencer l'année sous les auspices de Marie; il ordonna de dater les actes en conséquence ; et cet usage fut en vigueur jusqu'à l'édit de 1564.

« Inspirées par le même esprit de piété envers la sainte Vierge, beaucoup de familles, non seulement dans la ville épiscopale (Limoges) mais dans presque toutes les villes du diocèse, avaient sur le devant de leur maison, une petite chapelle ou niche de Notre-Dame, qu'on éclairait toute la nuit avec des lanternes ou des lampes. Les filles et les femmes du quartier, non contentes de fournir aux frais du luminaire, se réunissaient chaque soir, autour de ces oratoires, chantaient les litanies de la sainte Vierge ou des cantiques en son honneur, prenaient soin des voiles, des couronnes, des robes, dont on parait la statue, soit aux jours ordinaires, soit aux jours de fête, surtout à la fête particulière de chaque chapelle ; et le lendemain de cette dernière fête on mettait aux enchères ces ornements devenus précieux par l'usage auquel ils avaient servi. Quelques-unes de ces chapelles avaient droit d'élever des reposoirs où, à un jour déterminé, le curé de la paroisse venait donner la bénédiction du Saint-Sacrement. De ce nombre était la chapelle du Saint-Esprit, dont on attribuait la fondation à saint Martial » (1).

Les nombreuses pratiques pieuses qui ont été ou qui sont encore en usage à Notre-Dame de Chastres sont inspirées par les sentiments les plus délicats et les plus profonds de l'esprit religieux.

### USAGES PUBLICS ET LITURGIQUES

1° Le grand bonheur des pèlerins est de communier dans la chapelle, sous le regard de la madone bien aimée.

(1) HAMON. *Notre-Dame de France*, Province de Bourges, 282, 283.

C'est pour cela que chaque année, huit jours avant la fête de la Nativité de la sainte Vierge, qui est aujourd'hui la fête principale, ont lieu dans le sanctuaire de Chastres les exercices d'une retraite ou mission préparatoire : de nombreux fidèles viennent avant le jour de la fête y accomplir leurs devoirs de piété. Ces exercices commencent le premier septembre ; et, après la solennité, chaque jour de l'octave, le saint sacrifice de la messe est offert dans la chapelle, afin que les pèlerins qui n'ont pas pu se rendre à la fête, puissent à leur tour satisfaire leur dévotion.

2º Chaque année, la veille de la Nativité, on porte processionnellement la statue de Notre-Dame de Chastres dans l'église paroissiale de Bar, en souvenir du séjour qu'elle y a fait, à partir de la fin de la Terreur jusqu'à la reconstruction de la chapelle en 1816. Le lendemain, jour de la fête, suivie du long cortège des pèlerins, elle rentre triomphalement, au chant des cantiques, dans l'humble sanctuaire qu'elle a préféré, dit la tradition, même à l'église paroissiale du vieux Bar.

Autrefois, le lundi de Pentecôte, la procession avait pour station la source qui arrose le pré des *Mescanleaux* ou de La Chapelle, à cent mètres environ du sanctuaire, sur la route de Chastres à Hublanges, pour une raison mystique, et aussi, ajoute la tradition, pour consacrer le souvenir d'une tentative d'enlèvement. N'écoutant que leur amour, les femmes de Tulle emportaient en secret la madone; mais la sainte image qui devenait à chaque pas de plus en plus lourde, atteignit, à leur arrivée au filet d'eau, une telle pesanteur, que les femmes durent renoncer à ce pieux larcin.

Depuis que M. Chauviniat, curé de Bar, a ouvert le

pittoresque chemin de ronde, qui passe devant la grotte et côtoye l'abîme, la procession a lieu à chaque fête et ne suit pas d'autre parcours. Vraiment cette foule recueillie dans la prière ou chantant des hymnes et des cantiques, en formant une couronne mouvante autour de la chapelle, de la grotte miraculeuse et de l'esplanade, avec ces mille cierges qui brûlent aux mains des fidèles ou dans la grotte, offre un spectacle aussi émouvant pour le cœur que pittoresque aux regards.

3° Comme dans tous les sanctuaires de Marie, comme dans les paroisses en général, à la fête du saint patron, avait lieu, à chaque fête de Notre-Dame de Chastres, la dévotion des reinages qui a si légitimement, pendant le moyen-âge, passionné les fidèles. Le pèlerin qui, dans cette rivalité de générosité pieuse, avait obtenu un titre, et par cela même, un rang d'honneur, dans l'état-major de la Vierge, s'avançait aussitôt à la Table sainte ou au pied de l'autel; le prêtre lui imposait l'étole sur la tête, tandis que le chœur chantait avec élan (1) le verset : *Deposuit potentes de sede et exaltavit humiles*, suivi du *Gloria Patri* et de l'oraison du jour; parfois même, à ce moment, on sonnait les cloches; mais ce n'était point l'usage à Chastres. Il est évident que cette cérémonie mettait une certaine animation, le mot dissipation serait trop fort, dans l'assemblée : mais elle était si religieusement contenue, que le prêtre n'avait pas à rappeler le respect du saint lieu. M. Bouscarel, curé de Bar (1849-1860), crut devoir abolir les reinages de Chastres. Nous le regrettons ; parce

(1) Parmi ces villageois si fiers de « chanter à l'église, » il nous semble voir encore le « père Machemi, de la Vialle, » partant toujours le premier et communiquant son ardeur aux autres.

qu'ils étaient chers aux pèlerins, dans la pensée desquels ils étaient un moyen d'obtenir la protection de la très sainte Vierge. Le siècle ne les comprend plus ? Sans doute, mais que comprend-il, que sait-il, notre siècle, en matière religieuse ? Elles avaient raison, ces familles chrétiennes, de tenir à honneur de conserver, pour ainsi dire héréditaires, dans l'humble palais de la Vierge, au milieu de la pompe des processions solennelles, ces titres et ces rangs de roi, de reine, de page de la reine des cieux et de la terre. C'était vraiment un office d'honneur ; c'était en même temps un titre à la protection particulière que la Vierge honorée étendait aux enfants après l'avoir accordée aux pères. Est-ce que les reinages ne sont pas la vraie prière ? De nos jours les chrétiens ont adopté l'exemple de Caïn : ils n'offrent à Dieu que le rebut ou la partie infime et méprisable de leurs biens. Que dis-je ? ils ne veulent rien offrir ; la prière qu'ils pratiquent, ne doit être, à leurs yeux, qu'une simple demande absolument égoïste. Comme si nos relations avec Dieu ne consistaient pas, de même qu'avec nos semblables, dans l'échange des dons et des bons offices ! Dieu veut que nous achetions les biens supérieurs que nous sollicitons de sa miséricorde, par l'offrande, et partant, le sacrifice des biens temporels. Le Saint-Esprit a dit : « C'est la prière du pauvre qui parvient aux oreilles du Seigneur (1) », parce qu'elle est toujours accompagnée du sacrifice.

4º La chapelle de Chastres, avons-nous dit, était baptismale, c'est-à-dire, en quelque sorte église paroissiale. C'est pour cela sans doute, qu'aux jours des fêtes, les

______

(1) Deprecatio pauperis usque ad aures ejus perveniet. (Eccles. XXI, 6.)

prêtres bénissaient une grande quantité d'eau que les fidèles se partageaient ensuite. Ils la conservaient dans leurs
maisons pour s'en servir pendant les orages, en cas de
maladie et d'épidémie et dans les divers accidents de la vie.
Ils la répandaient sur leurs moissons et sur leurs troupeaux, surtout en temps d'épizootie.

On bénissait aussi du sel que l'on donnait aux animaux
malades ; des cierges que les pèlerins faisaient brûler devant
la statue de la Vierge, ou dans la grotte, ou qu'ils emportaient pour s'en servir surtout pendant l'agonie des
mourants.

5° Avant la Révolution qui a renversé, avec la chapelle,
beaucoup de saintes coutumes, une lampe brûlait nuit
et jour devant la statue de Notre-Dame, entretenue spon-
tanément par la dévotion des fidèles. L'expérience leur
avait appris que la sainte Vierge récompense généreusement pour les sacrifices qu'on fait en son honneur. Ce fait
nous explique l'habitude des pèlerins d'apporter autrefois
à Chastres de l'huile et de la cire en abondance.

6° Les petits enfants avaient leur fête spéciale : c'était
le lundi de Pentecôte, dit la tradition, confirmée encore de
nos jours par la pratique universelle. Les enfants sont
nombreux à Chastres, ce jour-là. Les parents, les mères
surtout se font une joie de les présenter et de les consacrer
à leur Mère du ciel et au petit Jésus, leur frère. La foi leur
dit que leurs petits enfants trouveront à Chastres mieux
que Siméon et Anne la prophétesse pour les prendre et les
bénir ; que la louange des enfants est la plus parfaite ; que
si le courroux d'un père tombe en présence de son petit
enfant, la juste colère de notre Dieu s'apaise, à la vue de
l'enfance et à la prière qu'elle balbutie.

7º Nous ne pouvons passer sous silence une coutume spéciale aux pèlerins de Chastres. De tout pèlerinage on est heureux d'emporter en se retirant un objet pieux qui en consacre et en rappelle le souvenir, et qu'un commerce souvent aussi intéressé que peu religieux, étale jusqu'à la porte des sanctuaires. Il n'y a de *magasins de piété* d'aucune sorte, à Chastres ; aussi les pèlerins écrivent leurs noms sur les rochers de la grotte, ou dérobent un petit fragment de la pierre, ou une feuille des arbres voisins, sachant par expérience que ces menus objets, comme la frange du vêtement, contiennent une vertu merveilleuse. Ils possèdent un trésor surtout, s'ils obtiennent « un bout du ruban de la Madone ». Afin de rendre irrésistibles leurs pressantes sollicitations, ils apportent des flots, des bouquets de rubans qu'ils tiennent à attacher de leurs mains aux dentelles qui décorent la sainte image. Ils sont innombrables ceux qui nous ont déclaré avoir éprouvé l'efficacité médicale « du ruban de Chastres », qui a surtout une vertu merveilleuse pour chasser la fièvre.

8º Quand la sécheresse ou les pluies menaçaient, en se prolongeant, de compromettre les récoltes, c'est à Chastres qu'on venait solliciter la disparition du fléau : on y a vu des députations venues de Tulle et des paroisses des Monédières. C'est à Chastres encore aujourd'hui, que se font les processions et que se célèbrent les messes pour obtenir la cessation du mauvais temps ; et le concours des fidèles, dans ces circonstances, est toujours considérable.

9º N'oublions pas une coutume antique et touchante que nous voudrions voir rétablir. Nous voulons parler de l'adoration de la croix et du baisement des pieds du Christ qui, de grandeur presque naturelle sur une croix de bois, au centre de l'ancienne chapelle — celle qui existait avant la Révolution — dominait les assemblées des pèlerins. Comme à Roc-Amadour, après avoir gravi les degrés à genoux et en priant, les pèlerins de Chastres, quelquefois après un long chemin parcouru nu-pieds, se recueillaient au pied de ce calvaire, et dans ce baiser de la foi et de l'amour, épanchaient toute leur âme, avec leurs vœux. Nous faisons appel à la générosité des pèlerins pour rétablir dans la chapelle de Chastres cet antique et nécessaire monument : il semble que le nouveau sanctuaire soit inachevé et la piété des pèlerins en souffrance.

### PRATIQUES PRIVÉES

1° Les objets qui ornaient la chapelle détruite en 1794 étaient autant d'offrandes de la piété. Des cœurs symboliques en or ou en argent formaient une riche guirlande autour de la madone, conservant les noms des familles qui se mettaient sous la garde de la Vierge. L'un de ces cœurs, contenait les noms de tous les membres d'une famille miraculeusement sauvée de la mort dans une inondation. Des tableaux commémoratifs, une foule d'autres objets rappelaient des infirmités guéries : tous ces objets que la piété et la reconnaissance avaient offerts, furent détruits sur la place publique, en 1794.

Quoique la générosité se soit refroidie autant que la foi, en notre siècle, les familles honorables et les vrais dévots à la sainte Vierge, tiennent à honneur d'être représentés dans le sanctuaire bien aimé, par un don de leur foi. M. Porte, le « saint » supérieur du Grand Séminaire de Tulle, ce père de tant de générations sacerdotales, aimait à venir en pèlerinage à Chastres, avec ses jeunes lévites : c'est lui, avons-nous dit, qui a donné l'ornement en soie rouge.

La famille Vidalin, de Tintignac, a fait don du calice ; en 1867, le 8 septembre, les habitants de Laguenne ont apporté une belle aube ; une pieuse personne de Tulle a donné cinq cents francs à M. Peyralbe, curé de Bar, qui, avec cet argent, a acheté l'ornement en drap d'or et l'ostensoir en argent. En 1898, M. l'abbé Salagnac a offert une aube et deux costumes complets d'enfants de chœur ; Madame René Vidalin, un riche ornement, œuvre de ses mains ; M. Paul Toinet un beau tapis. En 1899, Mademoiselle Sirieix, d'Hublanges, a fait don d'une housse et d'un parement d'autel. En 1900, M^{lle} Julia Bessou a offert une housse brodée pour porte-missel, une belle robe en dentelle sur velours à franges d'or fin pour la madone, et une aube de prix ; un anonyme a donné un thabor et des candélabres. Enfin, car nous ne pouvons faire ici l'état des offrandes, ce sont des monceaux de gerbes de fleurs que les pèlerins — beaucoup ne peuvent offrir davantage — apportent, à chaque solennité, aux pieds de la Vierge et du divin Enfant. « Je suis la fleur des champs et le fruit de la vie, disait le petit Jésus à sainte Véronique Giuliani » (1).

2º Les enfants demandent à offrir leur cierge de première communion à Notre-Dame de Chastres, et, depuis que l'église paroissiale est plus rapprochée, la messe d'actions de grâces et l'acte de consécration ont lieu dans la chapelle de Chastres.

Les époux, aussitôt après leur mariage, y font célébrer la sainte messe ; et les mères viennent y célébrer la fête de l'attente de leur enfantement, et y consacrer leurs nouveau-nés, auxquels ils font porter les livrées de la Vierge.

(1) RIBADENEIRA. 9 juillet, p. 107.

Nous avons déjà dit que chacun des prêtres originaires de la paroisse s'est empressé, après l'ordination, d'offrir le saint sacrifice à l'autel de Notre-Dame de Chastres.

3° Les premiers chrétiens avaient pour les saints Evangiles le même culte que pour la sainte Eucharistie. Ils les conservaient dans des cassettes d'or massif (1) ; ils les transcrivaient sur des membranes teintes de pourpre ; ils les lisaient assidument pour se pénétrer de la divine doctrine, selon le conseil de saint Jérôme à la vierge Eustochium : « Que le sommeil vous surprenne avec ce livre, et que votre tête appesantie par la fatigue ne tombe que sur la page sainte ; » ils les plaçaient dans les tribunaux pour rappeler aux juges que la loi divine jugera les justices. Les Rois de France mirent le saint Evangile au nombre des insignes de l'empire ; et Lothaire désigna son fils Louis pour son successeur, en lui remettant la couronne, le glaive et l'Evangile (2).

C'est surtout le sublime début de l'évangile selon saint Jean, qui fut l'objet de leur culte : saint Augustin et les Platoniciens, nombreux alors, dans leur admiration auraient voulu qu'on l'écrivît en lettres d'or et qu'on le mît sous les yeux des fidèles, dans toutes les assemblées. Pendant des siècles, les chrétiens l'ont porté suspendu à leur cou, comme un talisman contre les vexations du démon (3).

(1) En 531, Childebert après avoir tué Amalaric, brutal persécuteur de sa femme, sœur de Childebert, parce qu'elle était catholique, lui enleva ses trésors : sexagenta calices, quindecim patenas, vigenti Evangeliorum capsas detulit, omnia ex auro puro ac gemmis pretiosis ornata ; sed non est passus ea confringi. Cuncta enim ecclesiis et basilicis sanctorum dispensavit. (S. GREGOR. TURON. *Histor.* lib. III, cap. X, 113, 114 )

(2) MARTIGNY, *Diction. des antiq.* Art. Evangile.

(3) CARDIN. BONA. *Liturg.* pag. 110.

C'est la piété des fidèles qui l'a fait ajouter à la fin de chaque messe. De toute antiquité on l'a récité comme conclusion du baptême qui vient de conférer à un pauvre enfant de péché la qualité d'enfant de Dieu (1). Il est un des sacramentaux, comme l'eau bénite, comme le pain bénit, comme le Credo (2).

Par ordre du pape Paul V, les prêtres, visitant les malades, devaient le réciter, en leur mettant la main sur la tête, comme pour les exorcismes (3).

Au temps de Jeanne d'Arc on le lisait journellement sur les malades, les enfants, les chrétiens (4). Cette coutume était encore très suivie au XVIIe et au XVIIIe siècle (5).

Est-il étonnant qu'à Chastres, où nous avons rencontré, à chaque pas, les vestiges de la foi et de la piété primitives, nous retrouvions aussi le culte de l'Evangile ? et, comme nous l'ont raconté les vieillards, qu'à chacune des fêtes, mais surtout le lundi de Pentecôte, il ait fallu « nombre de prêtres pour donner satisfaction à la dévotion des fidèles qui faisaient réciter l'évangile de saint Jean sur la tête des enfants ? »

Le siècle, cet homme animal qui ne perçoit pas les choses de Dieu, a beau ne voir dans ces actes de foi que des inventions de l'insatiable cupidité sacerdotale et une exploitation de la crédulité, les fidèles savent que le mys-

---

(1) Durand. *Rational.* II, 535, 636.
(2) Fabri. Concio IV in Dom. III Quadrag. I, p. 397.
(3) Durand. *Rational* II, 535, 636.
(4) Mgr Ricard. *Jeanne d'Arc*, 15.
(5) « Madame de Saint-Herem était la créature la plus étrange dans sa figure et la plus singulière dans ses façons... Elle s'était ruinée, elle et son mari, qui étaient si riches, par imbécillité, et il n'est pas croyable ce qu'elle dépensait à se faire dire des évangiles sur la tête. » (Saint-Simon. *Mémoires*, II, 240.)

tère de la Croix sera jusqu'à la fin des temps, pour les Juifs savants, un scandale; pour les païens de tous les siècles, une folie; et ils continuent d'orienter leur vie d'après la foi, et de vouloir qu'on leur impose sur la tête, à Chastres l'Evangile, à Lourdes l'Ostensoir; convaincus que Dieu, que sa parole, cette parole qui a créé le monde, peut à plus forte raison délivrer de tous les maux.

Ames pures, âmes douces et généreuses que le prêtre rencontre dans les humbles rangs du peuple, aux champs et dans les villes, c'est l'Evangile qui vous nourrit de sa divine substance! Chefs des peuples sans ambition ni cupidité, uniquement passionnés pour le bonheur public, pour la justice et pour le bien, c'est l'Evangile qui vous forme pour le bonheur des peuples! De tous les souverains du monde, seul Garcia Moreno osa protester en face de tous les rois du monde, honteusement muets, contre l'usurpation des Etats de Pie IX. Que lui importait l'universelle lâcheté? Il ne demandait ses inspirations qu'à Dieu. « Le texte de l'Evangile, dit son historien, lui servait habituellement de sujet d'oraison; il en faisait ses délices et le savait par cœur (1). » « L'Evangile ne vieillit pas plus que Dieu même. Il est la loi dernière, la loi parfaite de l'humanité » (2).

2° Tant que le service militaire a été soumis aux chances du sort, beaucoup de familles avaient recours à Notre-Dame de Chastres. On commençait par une neuvaine de prières, au foyer, qu'on venait, au dernier jour, terminer dans le sanctuaire par l'offrande du saint sacrifice de la messe et la sainte communion. Si les vœux des suppliants

(1) BERTHE. *Garcia Moreno*, 354.
(2) LAMENNAIS. *Journaux*, 210.

n'étaient pas toujours directement exaucés, d'autres grâces leur étaient providentiellement accordées en retour.

3° En certains endroits, notamment dans la haute région du canton de Corrèze, les familles ajoutent à leur prière du soir un *Pater* et un *Ave* à Notre-Dame de Chastres. Nous savons que beaucoup de personnes de Corrèze « se rendent, surtout le dimanche, à la croix de fer, » à l'entrée de la ville, et, le regard tourné vers Chastres, récitent une prière en l'honneur de la très sainte Vierge.

4° Signalons surtout une pratique générale, qui montre combien profonde et populaire est la dévotion pour Notre-Dame de Chastres. Dans tout le rayon de la chapelle, des points surtout où elle est visible et que pour ce motif on appelle « *lo regardado de Tsastras*, la vue de Chastres, » les passants ne manquent pas de saluer la sainte Vierge. On se découvre ; on interrompt la conversation, les plus dévots se mettent à genoux. Des plateaux qui s'étendent du Bech, de Corrèze, à l'Habitarelle et aux puys qui dominent les Angles, cette édifiante pratique est observée, quoique l'on n'aperçoive pas la chapelle de Chastres. Ceux qui traversent l'esplanade au bout de laquelle s'élève le sanctuaire, même les habitants du village en se rendant à leurs travaux, s'agenouillent aux fenêtres, prennent de l'eau bénite, parfois même jettent une obole dans la chapelle ou dans le tronc, et saluent Notre-Dame avec les paroles que le ciel lui envoya par le ministère de l'Ange Gabriel : *Ave, gratia plena!*

5° Dans les paroisses éloignées, quand il est décidé qu'on fera un pèlerinage à Chastres, souvent la famille entière se prépare par une neuvaine de prières, le soir. Au départ du pèlerin tous les parents prient à genoux avec lui, parfois même, si les circonstances le permettent, ils se rendent à l'église et communient avec celui qui va les représenter ·au sanctuaire de Notre-Dame. Au retour du pèlerin, tous baisent avec respect, le « ruban de Chastres » qu'il apporte, et on le fait baiser aux petits enfants dans le berceau. Comment la Vierge sainte ne récompenserait-elle pas cette foi si sincère et si tendre ? Oui, elle veille sur ces âmes, à domicile, dans leurs entreprises et dans toutes leurs voies : *In viis ostendit se illis hilariter, et in omni providentia occurrit illis* (Sap. VI, 17); c'est à elles qu'appartiennent surtout son sourire et sa sollicitude maternelle.

6º Nous regrettons la disparition (1861) d'une foule d'objets de diverses nature, déposés en ex-voto dans le sanctuaire ; même ces formes de cire qui représentaient des membres humains guéris, parfois même des animaux préservés de la contagion ; nous regrettons surtout la disparition des béquilles de ce jeune homme de Tulle qui recouvra l'usage de ses jambes, le jour de la dédicace de la chapelle. Depuis quelques années le sanctuaire s'enrichit : déjà un certain nombre d'ex-voto en marbre, avec initiales et millésimes, ornent les murs, et dans des vitrines on aperçoit : une croix de la Légion d'honneur, venant de M. le capitaine Paraud ; deux médailles militaire ou de sauvetage dont l'une appartenait à M. Dubois de Bouysse ; une croix en or avec pendants à chaque extrémité, une de ces croix antiques qui dans les familles aisées de la paroisse de Bar, passent de la mère à la fille, et qu'on appelle ordinairement « un Saint-Esprit ; » parce que la croix a généralement la forme d'une colombe ; enfin un certain nombre de bouquets de mariages. C'est ainsi que dans nos mœurs, à la confusion de notre siècle, persévèrent les pratiques dont parle la Bible : « Vous offrirez pour le péché cinq statuettes d'or et cinq rats d'or, selon le nombre des provinces, et parce que tous ont été frappés d'une même plaie. Vous ferez donc des figures humaines portant les marques de la maladie, et des images des rongeurs qui ont ravagé la terre, et vous rendrez gloire au Dieu d'Israël, afin qu'il retire sa main de vous, et de vos dieux et de votre terre... Ils mirent l'Arche de Dieu sur le char, avec la cassette où étaient les rats d'or et les figures humaines » (1).

Plus nombreuses sont les pratiques de la dévotion des fidèles, plus nombreuses sont les formes de « la superstition » aux yeux de ces ignorants qui pullulent de nos jours et qui, par un contre-sens vraiment trop audacieux, osent se qualifier esprits forts. Ils ont beau nous couvrir de leur pitié, après qu'ils se sont lassés d'invectives contre nous ; nous avons la certitude qu'ils ont, au contraire, besoin de notre indulgence et de notre pitié. Pour leur instruction, nous résumons l'homélie de saint Augustin « sur l'enfant du Centurion et les paroles par lesquelles il se déclare indigne de la présence du Seigneur » (2).

Dieu qui pourrait gouverner par lui-même l'univers son ouvrage, se plaît à le gouverner par ses anges ; au lieu de nous faire le bien directement il emploie des voies indirectes et détournées. C'est ainsi qu'il nous donne la vie, nous nourrit, nous garde, nous protège, nous conseille, nous instruit, nous guérit par nos semblables, par les

(1) I Reg. VI.
(2) *De verbis Domini, in S. Matthæum. orat.* VI, tom. X. 8, et suiv.

créatures, par les éléments ; nous inculquant, par les faits, par des leçons de choses, la loi du mutuel secours. Il est tellement fidèle à suivre cet ordre, que nous crions miracle, si le bien ne nous arrive pas par cette voie.

Ce qui est plus étonnant encore, Dieu nous communique les biens invisibles et surnaturels, par les canaux des choses sensibles, comme il s'est lui-même donné à nous, par notre propre humanité.

Il n'y a qu'un Seigneur, une foi, un baptême (1), un seul Christ ; du Christ toutes les nations, dans tous les siècles, doivent recevoir le salut. Cependant l'Homme-Dieu n'a été corporellement donné qu'au peuple juif. Par quel moyen tous les hommes de tous les temps pourront-ils se mettre en relation avec lui ; et, par quelque attouchement mystérieux, lui arracher cette vertu qui lui fait dire : « Quelqu'un m'a touché ? » Comment toucher l'invisible et l'absent ? Vous qui avez des yeux pour voir, élevez vos regards. Vous avez la frange de son vêtement, cela suffit à votre salut. Vous n'avez qu'à la toucher pour être guéri. Cette frange, c'est l'Eglise, ce sont les pasteurs unis au Cœur du Christ ; ce sont les sacrements, ce sont les cérémonies sacrées, les pratiques de la piété chrétienne. Gardez-vous de les mépriser. Quoi de plus futile qu'une frange ? Cependant il suffit de la toucher pour être guéri. Touchez la frange du vêtement du Christ, et une vertu sortira de lui qui vous guérira. Si tous ne sont pas guéris c'est leur faute. Les foules accablent le céleste médecin ; quelques-unes seulement le touchent ; car c'est l'âme terrestre qui l'accable, c'est la foi chrétienne qui le touche et

(1) *Unus Dominus, una fides, unum baptisma.* (Ephes. IV, 5)

qui fait dire au Maître : « Quelqu'un m'a touché » (1).

C'est par la foi que la femme de l'Evangile toucha la frange divine, et de ce bout de frange s'éleva jusque dans les hauteurs insondables de la divinité ; par la foi, qu'en touchant la frange du vêtement elle frappa à la porte du sanctuaire du Cœur divin (2). Quels trésors n'entrevit point cette femme dans le Cœur de Jésus, puisque dans la frange de sa robe elle vit toute la vertu de Dieu (3).

Pèlerins de Notre-Dame, approchez humblement, approchez pleins de foi : touchez avec votre cœur, touchez avec votre foi. Avec vos larmes versez votre prière, répandez votre vœu aux pieds de Marie ; ayez recours aux sacre-

(1) Dominus in solo Judaeo populo corpore fuit, apud alias gentes nec de Virgine natus est, nec passus est, nec pedibus ambulavit, nec humana pertulit, nec divina mirabilia fecit... Erigite igitur oculos obsecro vos qui habetis unde videatis. Habetis fimbriam vestimenti : sufficiet ad salutem... Habetis vestimenti fimbriam quam tangatis ut a profluvio sanguinis, id est, a carnalium voluptatum fluxu sanemini. Habetis, inquam vestimenti fimbriam quam tangatis. Vestem putate Apostolos, sub textura unitatis adhærentes lateribus Christi... In veste novissimum et minimum fimbria est. Fimbria cum contemptu aspiscitur, sed cum salute tangitur. Tange... Exiet virtus de illo cujus vestis est et sanabit te... Turbae te, inquiunt discipuli, comprimunt, et tu dicis : Quis me tetigit ? Sic etiam nunc est corpus ejus, id est Ecclesia ejus. Tangit eam fides paucorum, premit eam turba multorum... Caro enim premit, fides tangit. (S. Aug. X, 8 et seq.)

(2) De summitate fimbriae pervenit ad totam deitatis summam. (I. Petrus Chrysol, Serm., 34, p. 31.)

Cum tangit fimbriam Christi tum divini pectoris pulsat arcanum. (S. Pet. Chrysol. Serm., 35, p. 32.)

Et quocumque introibat in vicos, vel in villas aut civitates, in plateis ponebant infirmos et deprecabantur eum, ut vel fimbriam vestimenti ejus tangerent et quotquot tangebant eum, salvi fiebant. (S. Marc, vi, 56.)

(3) O quid ista mulier vidit habitare in interioribus Christi quæ in Christi fimbria divinitatis totam vidit inhabitare virtutem ! (S. Pet. Chrysol. Serm. 34 p. 31).

ments, faites avec confiance tout ce que l'Eglise approuve : des pieuses pratiques, du sanctuaire, de la grotte, du ruban qui est la frange de la Madone, s'échappera la vertu souveraine dont la source est au Cœur de Jésus. Alors Jésus se retournera ; il vous regardera. Heureuses les âmes que Jésus regarde ! elles sont exemptes de peines, elles sont comblées de bonheur (1).

« Rien n'est donc plus chrétien et même plus philosophique que cette prétendue bêtise de la foi. Laissez-les donc, femmes chrétiennes, laissez-les donc, ces censeurs aussi impies qu'absurdes, accuser de superstition votre piété sincère, votre culte raisonnable, vos pratiques de foi. En cela, comme toujours, ils ne font que blasphémer ce qu'ils ignorent ; *quæcumque ignorant blasphémant* (S. Jud. I, 10). Oh ! que votre superstition, si elle en est une, est au moins belle, honorable, sublime, puisqu'elle vous obtient des prodiges, vous confirme dans la foi, vous fait aimer la vertu et sert d'aliment à la vraie dévotion » (2).

« Les malades qui ne pouvaient se rendre auprès de Geneviève (la bergère de Nanterre, la patronne de Paris) se faisaient apporter les franges de ses vêtements, et en les recevant ils étaient guéris (3) ». Enfants de Notre-Dame de Chastres, continuez de vous faire apporter ou les gouttes de vin qui restent après le sacrifice, ou la frange du ruban de la Vierge : si votre foi n'est pas récompensée par la réalisation du vœu que vous avez

(1) Donatur bonis, malis caret quem viderit Deus. (S. Pet. Chrysol. Serm. 34, p. 32.)
(2) VENTURA. Femmes de l'Evangile. I, 81.
(3) DARRAS. Hist. de l'Eglise, XIII, 545, 546.

exprimé, elle le sera par l'accroissement de la sagesse, des saintes pensées, de l'intelligence des mystères qui sont la récompense de la piété (1).

Allons à Marie, et Jésus, qu'elle porte dans ses bras, se tournant miséricordieusement vers nous : « Allez en paix, dira-t-il ; votre foi vous a sauvés ! »

(1) Pie agentibus dedit sapientiam. (Ecclis. XLIII.)

# CHAPITRE NEUVIÈME

## Notre-Dame de Chastres Toute Puissance suppliante

### OU GESTES DE DIEU PAR NOTRE-DAME DE CHASTRES

1. Elle est le secours des chrétiens dans le péril. — 2. Elle est leur salut et leur consolation dans la maladie et les infirmités. — 3. Elle est leur guide et leur étoile dans les difficultés. — 4. Réflexions sur les faits.

Le nombre des merveilles que, dans l'ordre de la grâce et dans l'ordre de la nature, Notre-Dame de Chastres a opérées dans le cours des siècles ne peut être connu que du ciel. Si elles avaient été écrites, la chapelle de Notre-Dame ne pourrait contenir les livres qui les raconteraient.

Parmi les faits que nous avons recueillis, quelques-uns sont très anciens et conservés par la tradition ; les autres sont modernes et pour la plupart contemporains. Beaucoup d'entre ces derniers sont accompagnés des noms des personnes et des lieux ; d'autres sont anonymes, par déférence au désir des personnes et des familles généralement ; quelquefois aussi par sentiment de réserve et scrupule d'exactitude historique de notre part. Il y a, en effet, plus de trente ans que nous les écrivions pour ainsi dire sous la dictée, aussi laconiquement que possible, convaincu que notre mémoire pourrait nous fournir les circonstances et les détails complémentaires, au moment prochain où nous reviendrions sur notre premier travail. Mais la force des événements nous a obligé de l'interrompre de longues années. En le reprenant si tardivement, nous croyons devoir reproduire simplement nos premières notes, de crainte, en les complétant par des souvenirs, de commettre des erreurs ou des confusions.

*Notre-Dame de Chastres, protection dans le danger.*

1º Un des habitants de Chastres, de la première maison à l'ouest de la chapelle, venait des champs et déliait ses vaches pour les mettre à l'étable. Elles étaient à peine libres, qu'elles se jetaient l'une sur l'autre avec fureur. Dans leur lutte acharnée, elles arrivent jusqu'au bord de l'abîme, près de la chapelle et tombent dans le vide... « Notre-Dame de Chastres, sauvez-les ! » s'écrie le malheureux. Il avait à peine prononcé ces paroles que du haut du rocher, il apercevait ses deux vaches saines et sauves au delà de la rivière, sur la rive droite de la Corrèze, où une force mystérieuse les avait transportées à travers l'abîme.

Au commencement du XIXe siècle, cette maison fut détruite par un incendie. La famille Bellardye qui en était propriétaire, possédait un nombreux apier — avant la Révolution le hameau de La Court payait une rente de cire bouillie au seigneur de Bar — et cet apier se trouvait au pied du mur devant la maison. La pieuse femme Bellardye supplia Notre-Dame de Chastres de sauver ses abeilles, trésor de la famille ; et, malgré le chaume embrasé qui se détachait du toit, elles furent sauvées « par un miracle évident ».

2º Anne Pasquet, femme Bellande, a raconté bien souvent le fait suivant qu'elle tenait de Mme Mas, des Angles, au service de laquelle elle était restée longtemps. M^me Mas, Marie Delaurens-Puylagarde, avait habité le bourg du vieux Bar, pendant les dernières années de son oncle, le vénérable J.-F. Nugon, curé de la paroisse; elle était donc pour ainsi dire témoin du fait. M. Baluze, avocat, demeurant au Chez, paroisse de Sarran, avait une sœur, Marie-Thérèse-Pétronille Baluze du Salvaneix, mariée à M. Jean-Joseph Teyssier, d'Hublanges. Un jour qu'il allait visiter sa sœur et son beau-frère, son cheval, au moment où il passait sur l'esplanade de la chapelle, fut subitement pris de frayeur et se précipita vers l'abîme. « Notre-Dame, sauvez-moi ! » s'écrie le malheureux qui se crut perdu. Et déjà cheval et cavalier avaient sans accident passé entre le chevet de la chapelle et le précipice, franchissant un passage difficile et dangereux, même pour un piéton.

M^me L. Mas (Clarisse-Reine-Eulalie Brival de Lavialle), citait le châtiment de l'un de ces impies audacieux qui abondaient au xviii^e siècle. Ce malheureux avait, mais en vain, fait tous ses efforts pour introduire son cheval dans la chapelle, dans l'intention de la profaner : le lendemain l'animal fut trouvé mort dans l'étable.

3° Un autre fait était resté bien vivant dans la mémoire des vieillards. Le plateau de la chapelle est une palestre où les enfants se plaisent à prendre leurs ébats. Les recommandations, les interdictions sont inefficaces, et les parents, avec leurs travaux, ne peuvent exercer la surveillance nécessaire. Or, une mère éplorée, cherchait avec anxiété son petit enfant, qu'elle n'avait pas vu depuis plus de deux heures ; personne ne pouvait lui en donner des nouvelles. Elle n'osait interroger l'abîme, de crainte d'acquérir la certitude de son malheur, quand une voix, la voix de son enfant, l'appelle du fond du précipice. Elle se retourne et aperçoit le petit enfant, encore tout ruisselant d'eau, sur la rive opposée de la Corrèze. Comme elle allait le gronder : « Maman, lui dit l'enfant, du rocher je « suis tombé dans la rivière ; mais une dame habillée de « blanc est venue de la chapelle ; elle m'a sorti de l'eau « et m'a déposé sur le rivage ; puis, elle a disparu. »

4° Un jeune homme de la paroisse de Bar faisait son service militaire, et se trouvait sur un vaisseau qui fit naufrage dans une tempête. « Notre-Dame de Chastres, sauvez-moi ; je suis perdu ! » s'écrie ce jeune homme en tombant dans les flots. Aussitôt il se présente une épave ; il la saisit, et, quelques heures après, la mer était calme et il abordait heureusement au rivage. Son premier soin fut d'écrire à ses parents pour leur recommander de faire célébrer une messe d'actions de grâces à Notre-Dame de Chastres.

Il n'y a que quelques mois (écrit en 1867), un autre militaire, en garnison à Toulouse, demandait aussi par lettre, une messe d'actions de grâces à Notre-Dame de Chastres, en reconnaissance d'une faveur signalée dont il venait d'être l'objet, par son intercession. « Je n'ai jamais, ajoutait-il, invoqué en vain Notre-Dame de Chastres. »

« Je reçus de M. Florentin, mort greffier de la Justice « de paix, à Corrèze, et alors soldat, un manteau fort « beau de velours cramoisi, en reconnaissance de la pro-« tection sensible dont il avait été l'objet de la part de « Notre-Dame de Chastres (1). »

5° Le souvenir des fêtes de Chastres rayonnait comme

(1) Extrait d'une lettre de M. Peyralbe, ancien curé de Bar.

un beau jour, dans l'âme des vieillards qui avaient traversé la Révolution. Une vénérable femme se plaisait à nous raconter qu'âgée d'une douzaine d'années environ, elle avait été conduite par ses parents au sanctuaire de Chastres. L'été était désastreux : le mauvais temps avait détruit presque toute la récolte. Dans leur détresse les populations recoururent à Notre-Dame de Chastres ; elles vinrent en foule des paroisses voisines ; les habitants de Tulle, encore si dévots envers notre Madone, s'y étaient rendus, au nombre de plus de trois mille, disait la bonne femme qui n'avait pu apprécier par elle-même, et qui répétait le nombre donné dans toutes les conversations. On prit la statue miraculeuse, et, dans une marche triomphale, au chant des cantiques et des supplications solennelles, on la porta à l'église paroissiale du vieux Bar ; puis, rebroussant aussitôt chemin, on la rétablit avec la même pompe, sur le trône de son sanctuaire préféré. Cet acte solennel, de foi et de confiance, ce cri de la détresse d'une région entière assemblée et suppliante, cet assaut de prière monta jusqu'au ciel. Esther intercéda pour son peuple, et des trésors inépuisables de la bonté de Dieu sortit l'abondance. C'étaient les derniers beaux jours ; ce fut peut-être la suprême fête de Chastres.

6° On lit aux archives paroissiales de M. Chauviniat, curé de Bar :

« On était au milieu du mois de juillet 1878. Des pluies incessantes et torrentielles compromettaient les récoltes et mettaient la mort dans l'âme des pauvres cultivateurs. Dans cette triste situation, une députation des notables de la paroisse se rend auprès de M. le Curé, le prie de faire une procession en l'honneur de Notre-Dame de

Chastres, en portant sa statue miraculeuse de Chastres à l'église paroissiale de Bar.

« Après avoir obtenu l'autorisation de l'Evêché, M. le Curé du haut de la chaire fixe le jour où il célèbrera à Chastres la messe suivie de la procession. Cependant les paroisses voisines furent averties. Impossible de dire quelle fut l'affluence au jour indiqué.

« Le pasteur célèbre le saint sacrifice. Mais il pleut toujours à torrents. Est-ce qu'il sera possible d'ordonner une procession ? La foule est impatiente ; d'elle-même elle se met en rangs ; on descend de son trône la statue miraculeuse, on l'établit sur un brancard, et, au chant des litanies, on se met en marche. Quel spectacle que celui de ces deux interminables lignes de fidèles gravissant la côte, sous un ciel qui s'abîme en torrent de pluie, et jetant sans cesse le cri puissant de son ardente supplication ! »

« Nous avions fait deux kilomètres de chemin quand M. le Curé entendit derrière lui cette vive observation : « Tiens, regarde ; les nuages tournent. » Et vaincu par une détestable habitude l'observateur avait assaisonné ses paroles de l'une de ces locutions qu'une théologie rigoureuse appellerait blasphématoires. « Malheureux, répondit le pasteur en se tournant vivement, est-ce là le moyen d'attirer la bénédiction du ciel ? — C'est vrai, M. le Curé, j'ai eu tort ; mais, regardez, les nuages ne viennent plus du côté de la pluie. » Et tous de constater que changeant subitement de direction, les nuages venaient du nord. On continua de chanter mais avec plus d'élan encore et de confiance, pendant les deux kilomètres qui restaient à gravir.

« Arrivés à l'église paroissiale, la statue de la Vierge est placée sur un trône préparé d'avance, et la cérémonie se termine par la bénédiction du Très Saint Sacrement. Consolée et pleine d'espérance la foule se disperse. Le soir le soleil se couchait là-bas bien loin dans un océan de feu, inondant nos montagnes de ses rayons d'or. Notre-Dame de Chastres nous avait donné le beau temps et pour de longs jours ; les récoltes furent faites et emmagasinées aux chants de la reconnaissance et de l'amour envers Notre-Dame. *Laus Deo et Mariæ in æternum.* »

*Notre-Dame de Chastres salut des infirmes.*

1° La tradition, cette tradition fidèle que nous n'avons jamais trouvée en faute, a conservé le souvenir de « nombreux prodiges » qui eurent lieu à Chastres, lorsque l'image de Notre-Dame fut découverte dans la grotte sur l'abîme : « des sourds, des muets, des aveugles, des malades nombreux » y furent subitement guéris. « Un aveugle de Tulle y recouvra la vue. » Ce miracle a été peut-être le principe de la grande dévotion que les habitants de Tulle ont encore aujourd'hui pour Notre-Dame de Chastres.

2° Les mêmes merveilles se sont renouvelées des siècles après, lorsque, en 1816, dans le sanctuaire relevé par la pieuse famille Mas, l'antique image de la Vierge, sauvée de la tourmente révolutionnaire, fut après vingt ans d'exil dans l'église du vieux Bar, réintégrée avec une pompe et une émotion sans exemple.

Une jeune personne de Saint-Germain-les-Vergnes fut ce jour-là instantanément guérie d'une grave infirmité dont la tradition ne précise pas la nature. Cette miraculée et sa mère, pendant vingt-quatre ans, c'est-à-dire pendant toute leur vie sont venues chaque année en pèlerinage d'actions de grâces. Elles étaient très connues dans le pays, mais, selon l'habitude, par leurs noms de baptême seulement.

3° M. Champeval, actuellement vieillard octogénaire plein de santé, avocat et ancien notaire, à Corrèze, avait atteint le nombre normal des années, et cependant il ne pouvait marcher. Pleins d'inquiétude, les parents eurent recours à Notre-Dame de Chastres. Ils portèrent l'enfant dans le sanctuaire et la sainte messe fut célébrée à leur intention. Qui pourrait dire le bonheur de ces pieux parents ? Avant de sortir de la chapelle, l'enfant, sous le regard miséricordieux et tout-puissant de la Vierge, avait marché d'un pas bien assuré, sur ses jambes subitement déliées et affermies. M. Champeval nous fait l'honneur de nous dire, d'une écriture agile et ferme, que le fait est exact ; qu'il se souvient d'en avoir entendu parler par ses parents, en famille.

4° Il n'y a pas encore deux ans (écrit en 1867), un enfant de la famille Peyrussie, de La Vialle, quoique âgé de six ans, ne pouvait marcher, ni même se tenir debout, à cause de l'extrême faiblesse de ses jambes. Le père et la mère firent offrir le saint sacrifice de la messe dans la chapelle de Chastres, où ils apportèrent le petit infirme : le lendemain le petit Peyrussie marchait comme les enfants de son âge.

Ce fait était de notoriété publique au moment où nous en prenions note. Après trente-trois ans, quand nous avons voulu nous renseigner encore, nous avons appris que la famille Peyrussie ne se trouve plus à La Vialle.

5° Jérôme Collin, du hameau de La Garenne, commune de Saint-Jal, déjà âgé de cinq ans, ne pouvait ni marcher ni parler. Ses parents le recommandent à Notre-Dame de Chastres : aussitôt sa langue se délie, ses pieds s'affermissent ; il parle, il marche librement. Ce fait a eu lieu l'année dernière. (Ecrit en 1867.)

Les noms des lieux et des personnes, par leur précision, rendaient le contrôle facile, même après plus de trente ans. Voici la réponse que M. le Curé de Saint-Jal a bien voulu nous donner : « Jérôme Collin habite actuellement le bourg de Saint-Jal. Les dates, les circonstances du fait, tout est exact : la mère, avant de mourir, l'a ainsi raconté à son enfant. Cet enfant non seulement ne marchait pas, mais de plus il était muet et prononçait à peine papa, maman. Ses parents, personnes de grande foi, le recommandent à Notre-Dame de Bar. L'enfant fut immédiatement guéri de ses deux infirmités, et depuis il n'en a absolument plus souffert. 27 septembre 1900. A. GAILLOT, curé de Saint-Jal. »

6° Antoinette Condat, de Puynède, paroisse de Corrèze, était estropiée ; elle ne marchait qu'avec beaucoup de gêne et de souffrance. Sa dévotion envers la Sainte Vierge lui ayant inspiré la pensée de se recommander à Notre-Dame de Chastres, elle vient en pèlerinage offrir un cierge à son autel. Elle ne fut pas exaucée ; mais la pauvre infirme ne se découragea point. Elle revint, elle revint encore, et, nouvelle Chananéenne, elle finit par triompher, grâce à sa foi persévérante. En peu de temps, ses jambes ont pris la position normale ; sa marche est libre et alerte, elle est entièrement guérie. « Oh ! oui, disait-elle, je n'espérais pas guérir... Rien ne m'a guérie que Notre-Dame de Chastres ; on ne me persuaderait jamais le contraire. » C'est la réponse qu'elle fait à tous ceux qui lui expriment leur étonnement de sa guérison si prompte et si complète. (Ecrit en

1867). Nos recherches en 1900, pour contrôler ce fait certainement authentique, sont restées sans résultat.

7° Jean-Baptiste Coulamy, dit Armand, était réduit à la dernière extrémité, par une longue crise de convulsions causée par les ascarides; ses bras, ses jambes étaient contournés. On le recommande à Notre-Dame de Chastres et il est instantanément guéri. Actuellement (1867) âgé de huit ans, il jouit d'une excellente santé.

8° « Le 8 septembre 1876, je me préparais à célébrer la sainte messe, lorsque je vois arriver une mère éplorée, portant dans ses bras une petite fille de quatre à cinq ans, dont l'état pitoyable faisait peine à voir. Sur la demande de la mère, je donnai à cette petite infirme la bénédiction du rituel pour les enfants malades, et la pauvre mère, avec son cher fardeau, rentra dans la foule.

« Assis à la banquette, près de la sainte Table, pendant le chant du *Gloria*, j'aperçois la petite malade au deuxième rang : les pâleurs de la mort sont répandues sur son visage émacié. La mère, les yeux pleins de larmes et fixés sur la sainte image de Celle qui est la consolation des affligés et la santé des malades, adressait à Notre-Dame de Chastres la prière sublime d'un cœur de mère brisée par la douleur.

« La messe était terminée et j'avais perdu de vue ma petite martyre. Comme je regagnais mon presbytère lointain, et que j'avais déjà franchi le pont, au-dessous du village, dans la côte je rencontre un groupe de personnes émues, pleines d'attentions et de tendres caresses pour une frêle petite fille. Je la regarde : quel n'est pas mon étonnement et ma surprise ! C'était la pauvre mourante que j'avais vue et bénite le matin, dans les bras de sa mère. En pleine santé elle marchait au milieu d'un cortège transporté de joie, d'admiration et de reconnaissance. « M. le Curé, me dit la mère, ivre de joie, c'est l'enfant que vous avez bénite, ce matin : la Vierge de Chastres me l'a guérie ! »

« Alors .tombant à genoux dans le chemin, le regard tourné vers le sanctuaire que nous apercevions, à quelques centaines de mètres devant nous, nous avons récité, nous laissons penser dans quels sentiments, une prière d'actions de grâces. Dans l'émotion causée par un événement si extraordinaire, je n'eus pas la pensée de demander le nom de cette mère et de son enfant, qui étaient étrangères à la paroisse. Si jamais j'ai eu un regret, c'est dans cette circonstance » (1).

Cette enfant du miracle est connue. Voici, pour complément du récit de M. Chauviniat, ce que sa mère a raconté à M. le Curé de Saint-Salvadour : « L'Elévation venait de se faire quand mon enfant glissa de mes bras et alla toute seule, marchant droit, jusqu'à la sainte Table ; depuis ce jour elle a continué de marcher. » La mère de cette miraculée est sœur de Ratonie, de Ceaux ; par son mariage elle s'appelle Combes et habite Lidove, commune de Saint-Salvadour. La miraculée de Chastres est aujourd'hui (1899) une bonne mère de famille. Je fis venir la mère chez moi, et c'est sur ses indications précises que je rédigeai moi-même le procès-verbal qui est aux archives de Bar (2). » Cette partie des archives a disparu.

9° « En 1877, les Religieuses Ursulines de Tulle recommandent à Notre-Dame de Chastres, une de leurs compa-

(1) Archives paroissiales de M. Chauviniat, curé de Bar.
(2) Lettre de M. l'abbé Peyralbe.

gnes gravement malade ; une neuvaine est commencée à cette intention, et, avant qu'elle soit terminée, la malade est hors de danger. Dans la chapelle de Chastres, un ex-voto perpétue le souvenir de cette guérison et rappelle sans cesse à la Vierge, la reconnaissance du monastère (1). »

10° M. Félix Bouladoux, curé de Bar (1881 à 1883) écrit à son tour dans les archives paroissiales : « Survient une longue et bien douloureuse maladie (au moment où il venait de poser la première pierre du nouveau presbytère) qui me cloue au lit pour plusieurs mois. Enfin Dieu le veut ainsi ; et l'auguste Vierge Marie, à l'intercession de laquelle j'attribue le rétablissement de ma santé, le demande avec tant d'instance que me voici guéri : le médecin me considérait comme perdu. »

11° Voici la réponse que nous avons reçue, à une demande de renseignements :

« Monsieur le Curé,

« Le récit du miracle est très exact. Celui qui en a été l'objet est encore, grâce à Dieu, bien portant. C'est mon père, qui est âgé de soixante-un ans. Il vit encore à Laguenou, où il nous apprend par sa parole et surtout par ses exemples, à aimer et à invoquer Notre-Dame de Chastres.

« Ce miracle eut lieu vers 1848. Mon père, Jean Meyrignac, avait alors sept ou huit ans. Ses deux frères venaient de succomber, et lui-même, de l'aveu du médecin, ne devait pas tarder à les suivre. C'est alors que les dames Mas, du village de La Font, qui s'occupaient quelque peu de l'instruction des petits enfants, étant venues le voir, lui passèrent au cou une médaille qui avait été bénite dans la

(1) **Archives paroissiales de M. Chauviniat.**

chapelle de Chastres, commencèrent immédiatement une neuvaine et firent célébrer une messe pour obtenir, toujours par Notre-Dame de Chastres, la guérison de l'enfant. La grâce sollicitée ne se fit pas attendre : le quatrième jour de la neuvaine, il était guéri, si bien qu'il put aller remercier Notre-Dame de Chastres, dans son sanctuaire. L'état désespéré du malade et la promptitude de la guérison, ne peuvent laisser dans l'esprit aucun doute sur le miracle. Nous serions heureux de pouvoir étendre, en proclamant cette grande grâce, la dévotion à notre grande Bienfaitrice... Charles MEYRIGNAC. »

12° Le neveu de M. Peyralbe, curé de Saint-Salvadour, atteint du croup, inspirait les plus vives inquiétudes, surtout après une crise survenue pendant la nuit, crise si violente que chacun se disait : « Avant le jour, cet enfant aura cessé de vivre. » On recommande le cher malade à Notre-Dame de Chastres, on promet un pèlerinage au sanctuaire et une messe d'actions de grâces à son autel. A l'instant même une amélioration se manifeste dans l'état du malade ; elle se maintient, elle augmente : bientôt l'enfant est guéri.

13° Antoinette Meyrignac, femme Boudrie, meunier au moulin de Bar, avait un bras presque desséché. Les médecins avaient successivement déclaré son état incurable. Antoinette Meyrignac a recours à Notre-Dame de Chastres, se rend à son sanctuaire et assiste à la sainte messe célébrée à son intention : elle est entièrement guérie.

Un jour de pèlerinage à Chastres, Antoinette Meyrignac fit la rencontre d'une femme étrangère « venue du pays-bas ». « J'avais au visage, lui dit cette femme, un affreux cancer. Je me suis recommandée à Notre-Dame de Chastres et je suis guérie. Chaque année, le lundi de Pentecôte, je viens ici ; si je ne pouvais pas marcher, je me ferais porter. »

14° « M. Bonnélye, professeur au Collège de Tulle et bibliothécaire de la ville, m'affirme que son fils, âgé de dix-huit ans, gravement malade et abandonné des médecins, a été instantanément guéri, à la fin d'une neuvaine à Notre-Dame de Chastres. Cette famille ne manque pas de venir à Chastres, chaque année, renouveler ses actions de grâces et sa reconnaissance » (1).

15° « A la Coutausse, près de Tulle, le métayer de M. Tarsat, neveu de M. Espinat, mort curé d'Orliac, labourait dans le champ voisin de sa maison. Il avait un enfant de huit à neuf ans extrêmement malade. Tout à coup il entend un cri de douleur : « Notre enfant est mort, » venait de lui crier la pauvre mère. Le mari vole à la maison... « Notre-Dame de Chastres, sauvez mon enfant : je serai reconnaissant ! » L'enfant semblait mort, la respiration avait cessé, les yeux étaient fermés. Soudain il les ouvre, regarde ceux qui l'entourent, la parole revient. Les parents sont dans l'allégresse. On porta à Chastres, où je disais la sainte messe, cet enfant guéri. » Lettre de M. Saint-Bonnet, curé de Bar (1824 à 1859), du 15 juin 1868.

16° « Le lundi de la Pentecôte, j'arrivais à La Cour. Un Monsieur qui paraissait bien triste, montait avec M. Bach, dit le Saint (*lou seinte*), quelques pas devant moi. « M. le Curé, me dit-il, je suis des environs de Brive. Il n'y a pas longtemps que je suis marié. Ma femme est très malade, et je voudrais bien la conserver. Je veux le premier reinage,

_______

(1) Lettre de M. Bouyssou, curé de Bar (6 août 1867).

coûte que coûte. » — « Ceci ne dépend pas de moi, répondis-je ; quand je les publierai, parlez : il est à celui qui pousse le plus haut. » Ce reinage atteignit quatorze francs cinquante centimes. Chose faite, il me dit : « Quand il serait monté à cent vingt francs, personne autre que moi ne l'aurait eu. » Il me donna aussi quelques messes. L'année suivante, il revint content, joyeux. « Je viens rendre grâce à la bonne Vierge qui m'a exaucé », me dit-il.

« Beaucoup de personnes pendant mon séjour de vingt-cinq ans, à Bar, ont été guéries de la fièvre, de la surdité, d'autres souffrances et infirmités.

« Une fille de la paroisse ne pouvant se rendre à la fête du huit septembre, s'en fut sur le puy de la chapelle (1). Prosternée sur la bruyère, elle supplie Notre-Dame de Chastres de délivrer sa mère d'une fièvre tyrannique : elle fut exaucée à l'instant. » Lettre de M. Saint-Bonnet, curé de Bar, du 15 juin 1868.

17° Madame Bellande, aubergiste à Tulle, quartier du Trech, avait comme pensionnaire une jeune fille appelée Marie Pauphile qui, atteinte de la fièvre, prit, sur son conseil, quelques fils du ruban de Notre-Dame de Chastres (usage très répandu dans le pays) dans un bol de tisane. La fièvre que cinq ou six accès au moins, avaient affermie, disparut sans retour. C'était en l'année 1866.

### *Notre-Dame de Chastres Notre-Dame de Bon-Conseil.*

1° En 1833 apparut au vieux Bar un homme étrange ; il s'appelait Antoine Lafarge ; il était originaire de Nébou-

(1) Il n'y a pas de puy de ce nom ; mais dans chaque village, le puy qui est en vue de la chapelle s'appelle, dans le langage usuel, puy de la chapelle.

zat, canton de Rochefort d'Auvergne (1). Après avoir passé quelques années dans la grande famille enseignante du Bienheureux de La Salle, il se sentit irrésistiblement appelé à la vie contemplative et érémitique. Sous l'influence de cette pensée, il vint, après une étape d'un moment dans les bois de la Ratonie, commune de Naves, se fixer définitivement sur la lisière de la forêt de Bar, à quatre cents mètres du vieux bourg. La charité lui dressa une cabane, avec quelques poutres, et du mortier mêlé de paille. Hanté par le souvenir des petits enfants qu'il instruisait naguère, il se mit à assembler autour de lui les enfants du vieux Bar, pour leur apprendre à lire et à écrire, et surtout à aimer Dieu comme lui : ce fut le commencement des difficultés.

L'autorité civile, l'autorité ecclésiastique surtout, le pasteur de Bar et l'Evêché se demandaient, on le comprend facilement, si l'on pouvait confier des enfants à un inconnu, à un religieux en rupture de règle et de cellule, qui, dans le désir d'une vie plus parfaite, prétendait, en plein dixneuvième siècle, renouveler les exemples des Paul et des Antoine de la Thébaïde.

Cette réserve prudente, ou plutôt cette opposition formelle de l'autorité diocésaine étant connue du public, les langues s'aiguisèrent, quoique l'ermite fût d'une grande austérité de mœurs et qu'on ne pût lui reprocher que la

---

(1) Au *Bulletin* de la Société des Lettres, de Tulle (année 1881, pag. 426 à 429), l'auteur d'une monographie très superficielle de la commune de Bar, fait de l'Ermite un portrait aussi injuste que ridicule. M. Melon de Pradou ne connaissait pas le Frère Antoine Lafarge. Celui qui l'a renseigné a cru faire preuve d'esprit, en donnant, selon son habitude et sa nature, une forme grotesque à ce qui mérite le respect et la vénération.

singularité de son dessein. Quelles angoisses pour cette âme d'une vertu délicate, qui croyait à la vérité de sa vocation, et qui voyait dans les supérieurs ecclésiastiques l'autorité même de Dieu ! Sa défense fut toujours la prière soutenue par la mortification ; c'est pourquoi, dans ce moment pénible et décisif, il eut recours à Notre-Dame de Chastres.

Pendant neuf jours, ou plutôt pendant neuf nuits consécutives, cet homme timide comme l'oiseau, se rendit chaque soir, dans les ténèbres, à travers les bois infestés de bêtes dangereuses, à quatre kilomètres de distance de sa cabane, au sanctuaire fermé de Notre-Dame de Chastres. Là, à genoux sur la pierre des pèlerins et des passants, devant l'une des deux grandes baies grillées de la façade, comme il priait ! comme il répandait son âme angoissée ! La prière d'Anne d'Elcana, au tabernacle de Silo, était moins impétueuse (I Reg., 1). Ceux qui ont vu cet homme de Dieu au pied de l'autel peuvent seuls imaginer quels flots de prière jaillissaient de ses lèvres et de son cœur. Homme de désir (Dan. x, 11, 19), il devait être exaucé comme le prophète. Le jour même où se terminait cette héroïque neuvaine que, seul, pouvait entreprendre l'homme qui ne veut pas d'autre trésor que Dieu, toutes les difficultés étaient aplanies. A partir de ce moment, le pieux ermite s'est donné corps et âme à la vie contemplative, avec une ferveur qui ne s'est jamais démentie ; à l'apostolat d'un enseignement qui a duré plus de trente ans et qui a été si heureusement fécond pour la paroisse. Si, avant toutes les autres, la paroisse de Bar a eu le bienfait de l'instruction primaire, c'est au zèle et à l'initiative du Frère qu'elle le doit ; si la foi et les habitudes chrétiennes sont plus florissantes à Bar qu'ailleurs, c'est à la piété et aux leçons de ce premier éducateur que ce bienfait est dû.

2° L'année dernière (écrit en 1867), une jeune personne de Tulle, d'une famille très honorable, flottait entre le monde et la vie religieuse. Elle s'adresse à Notre-Dame de Chastres et vient au sanctuaire demander à connaître sa voie. Elle n'était pas encore sortie de la chapelle, et déjà ses doutes étaient dissipés; un mois après, elle était dans un cloître, pleine de joie et de reconnaissance, et offrait une belle nappe pour l'autel de la Vierge.

3° Il y a quelques mois seulement (écrit en 1867), un séminariste qui n'est jamais venu à Chastres, qui ne connaît que par ouï-dire ce pèlerinage, demandait par lettre, une messe à l'autel de la Vierge, en témoignage de sa reconnaissance, pour une grâce spirituelle qu'il venait de recevoir.

4° Tous les prêtres qui, depuis la Révolution, ont été pasteurs de la paroisse de Bar, attribuent hautement à la dévotion envers Notre-Dame de Chastres, l'esprit de foi, de respect, de docilité et de piété qui distingue les habitants de cette antique paroisse.

Que de familles rétablies dans l'union et l'affection ! Que de cœurs glacés ou flétris ont fleuri ! Que d'âmes égarées sont rentrées dans le bon chemin ! Que de consciences incertaines ou troublées ont été inondées de lumière et de paix ! Que de souffrances corporelles ou morales guéries dans ce sanctuaire ! Levez les yeux : cet autel, ces ornements, ces tableaux, ces fleurs, tout jusqu'à ces pierres est l'expression de la reconnaissance et l'attestation d'un bienfait.

Le lundi de Pentecôte, en 1867, M. Bouyssou, curé de

Bar, nous écrivait : « J'ai questionné aujourd'hui les pèlerins que j'ai rencontrés : je n'en finirais pas si je racontais les faveurs dont ils croient avoir été l'objet de la part de Notre-Dame de Chastres. Ils sont peu nombreux peut-être les pèlerinages où l'auguste Vierge répand les grâces avec tant d'abondance. »

Le même pasteur nous écrivait encore : « Lorsque du haut de la chaire, j'ai invité mes paroissiens à fournir des renseignements pour l'histoire du pèlerinage, ils se sont présentés en foule. C'était de l'allégresse, de l'enthousiasme ! Chacun avait des « miracles » à signaler. »

La conséquence naturelle de ces faits merveilleux que le ciel semble multiplier de nos jours, d'autant plus que notre siècle s'obstine davantage à les rejeter, devrait être la diffusion et l'affermissement de la foi et de la vie chrétienne. La perversité moderne n'y trouve qu'une occasion nouvelle de blasphémer. « A quoi bon les miracles ? Il n'y a pas de miracles ! Ce que Dieu fait pour l'un, il le fait, il doit le faire pour tous, puisqu'il agit par bonté et par miséricorde. »

A ces ineptes propos, saint Chrysostôme répond : « Mais n'avez-vous pas lu l'Evangile ? Jésus interrogeait les malades et les infirmes, avant de les guérir ; avant de rendre la santé, l'usage des membres, la vie, il voulait être imploré ; parce qu'il voulait montrer que ces infortunés étaient vraiment dignes de ses faveurs : sa miséricorde ne trouve-t-elle pas, en quelque sorte, sa raison d'être dans la foi de ceux qui l'implorent ?

« Puis, le divin Maître voulait donner l'essor aux âmes vers une région supérieure, par la confession de sa puissance souveraine ; enfin il voulait augmenter la perfection des uns, et, en la donnant pour modèle aux autres, exciter leur zèle ; il honorait les uns pour les faire imiter par les autres. Ce n'est qu'après ces précautions que le Sauveur laissait agir sa puissance et son cœur divin, qu'il levait la main (autre formalité significative) et disait : « Votre foi vous a sauvé » ; confirmant par ces paroles les suppliants dans leur foi, et indiquant qu'ils avaient leur part dans le miracle. »

Cette admirable explication, après quinze siècles, n'a rien perdu de son éclatante lumière et de sa force irrésistible. Nous pouvons donc ajouter avec le même saint docteur : « Ne cherchez donc pas les miracles, mais la santé de votre âme qui en est la fin. Si nous menions tous la vie qui nous est tracée ; si notre vie était telle qu'elle doit être, elle inspirerait aux ennemis plus d'étonnement que les miracles ; une vie sainte, en effet, est supérieure à tout soupçon, et toutes les bouches doivent se taire devant la réalité de la vertu (1). »

L'impiété ignorante fait un grief à l'Eglise de sa tolérance, à plus forte raison des encouragements et des bénédictions qu'elle accorde à ce mouvement universel des âmes vers la bienheureuse Vierge. Est-il donc contre l'ordre que Dieu honore un faible mortel, par la grâce du miracle, et par l'entremise de celle que la théologie appelle co-rédemptrice du monde ? « Qu'on remarque bien tout ce qu'il y a de *correct*, doctrinalement parlant, dans cette croyance (le miséricordieux secours de Marie); c'est à cause de son Fils, c'est par son Fils et dans son

---

(1) S. Chrysostome, Hom. XXXI et XXXII in Matth. Edit. grecq. lat. Vivès, XII, pp. 105, 117-118, 150.

Fils que Marie est secourable ; *c'est lui qui guérit* : elle *procure* seulement la guérison (1). »

Ecoutons saint Bernard (2) :

« C'est avec vérité que Marie est appelée le centre du monde. Vers elle comme vers le centre, comme vers l'Arche de Dieu, comme au principe des choses, comme vers l'unique affaire des siècles se dirigent tous les regards, et de ceux qui habitent les cieux, et de ceux qui habitent les régions inférieures, et de ceux qui nous ont précédés, et de ceux qui vivent encore, et de ceux qui viendront après nous, et des enfants de nos enfants, et de ceux qui en naîtront : les habitants du ciel pour leur récompense ; ceux d'en bas, pour leur salut ; car c'est elle qui a donné à tous la vie et la gloire. En elle les anges trouvent la joie, les justes la grâce, les pécheurs le pardon à jamais. Oui, c'est avec raison que vers vous sont tournés les regards de toute créature ; car c'est en vous, c'est par vous, c'est de vous que la main miséricordieuse du Tout-Puissant a réparé tout ce qu'il avait créé. »

« O Notre-Dame de Chastres, désormais, comme autrefois, puisse votre tendre bonté manifester au monde, à cette paroisse de Bar, à vos pèlerins, la grâce que vous

(1) Aug. NICOLAS, *Vierge dans l'Eglise*, II, 54.

(2) Quæ mirabili proprietate terræ medium appellatur. Ad illam enim sicut ad medium sicut ad Arcam Dei, sicut ad rerum causam, sicut ad negotium sæculorum respicimus, et qui in cælo habitant et qui in inferno, et qui nos præcesserunt, et nos qui sumus, et qui sequentur, et nati natorum et qui nascentur ab illis. Illi qui sunt in cœlo ut resarciantur, et qui in inferno ut eripiantur : quæ omnibus generationibus vitam et gloriam genuisti. In te enim angeli lætitiam, justi gratiam, peccatores veniam inveniunt in æternum. Merito in te respiciunt oculi totius creaturæ, quia in te, et per te, et de te, benigna manus omnipotentis quidquid creaverat, recreavit.

(S. BERNARD, II, 328. Serm. II in Pentec.)

avez trouvée devant Dieu, en obtenant par vos divines supplications, aux coupables le pardon, aux malades la guérison, aux cœurs pusillanimes le courage, aux affligés la consolation ; à ceux qui sont en danger le secours et la délivrance ; dans chacun des jours de solennité et de joie de votre sanctuaire, à tous vos pauvres serviteurs qui viennent invoquer votre nom plein de douceur et chanter vos louanges, grâce à vous, ô Reine de clémence, qu'il prodigue les dons de sa grâce, Jésus-Christ votre Fils et notre Seigneur Dieu béni par dessus tout dans les siècles ! (1) »

(1) Sit deinceps pietatis tuæ ipsam quam apud Deum gratiam invenisti, notam facere mundo ; reis veniam, medelam ægris pusillis corde robur, afflictis consolationem, periclitantibus adjutorium et liberationem sanctis tuis precibus obtinendo. In hac quoque die solemnitatis et lætitiæ dulcissimum Mariæ nomen cum laude invocantibus servulis, per te, regina, clemens, gratiæ suæ munera largiatur Jesus Christus filius tuus Dominus noster qui est super omnia Deus benedictus in sæcula. (S. BERN. II, 430, Serm. IV in Assumpt.)

# CHAPITRE DIXIÈME

## Privilèges accordés aux Pèlerins de Notre-Dame de Chastres.

1. Les indulgences ; raison actuelle des indulgences. — 2. Privilèges généraux. — 3. Privilèges particuliers. — 4. Epilogue.

Notre-Dame de Chastres attire les âmes en les comblant de bienfaits ; à son tour, l'Eglise encourage les dévots de la sainte Vierge en ouvrant pour eux le trésor des indulgences.

Cependant l'Eglise n'ignore pas que le monde abuse de sa condescendance pour la calomnier, et qu'il se trouve des catholiques, trop nombreux, pour l'accuser d'ouvrir trop largement et trop facilement le trésor des mérites infinis de Jésus-Christ, de la Vierge et des justes, en faveur des chrétiens pusillanimes et des pécheurs. A leurs yeux, elle commet une sorte d'usurpation sur les droits de Dieu, à qui il appartient de remettre la peine ; elle livre les indulgences à la dérision et au mépris, en les renouvelant pour ainsi dire, à tout propos, et contre l'antique coutume de l'Eglise ; enfin, elle favorise le mal en ôtant aux pécheurs l'unique frein qui les retient encore.

Au lieu d'incriminer, il serait juste de plaindre l'Eglise, de ce qu'elle est réduite à cette extrémité, de ce que la perversité et la lâcheté des catholiques lui forcent la main. Dans la primitive Eglise, la vertu des chrétiens était robuste ; ils avaient le mal en horreur, et ils expiaient une faute passagère par des années de pénitence, de privations et d'humiliations publiques. Aujourd'hui le péché s'est multiplié incroyablement et il s'accroît tous les jours ; il n'inspire plus de honte ; il n'est qu'une chose sans importance ; on le commet par amusement et plaisanterie.

L'Eglise imposerait-elle des pénitences proportionnées aux crimes ? Elle serait accusée de folie ; elle tenterait l'impossible ; elle ne ferait que creuser davantage l'abîme qui la sépare des pécheurs ; parce que les remèdes seraient rejetés avec obstination et colère ; parce que les âmes de notre temps, profondément et universellement molles, lâches et douillettes, sont incapables d'effort. Cette génération ne croit pas à la pénitence, et n'en accepte aucune : comment lui appliquer l'antique rigueur des canons ?

Il faut pourtant que l'Eglise remplisse la mission que Dieu lui a confiée et qui s'étend à tous les siècles, de soigner, de guérir la société chrétienne, par les moyens possibles. Il faut qu'elle impose des peines, parce que le coupable doit l'expiation et la réparation ; parce que la peine est médicinale ; l'indulgence même doit avoir, au moins dans quelque mesure, ces caractères.

Cependant le médecin se trouve en présence d'un malade tellement anémié, exsangue, qu'il est incapable de prendre et peut-être de supporter les remèdes que le mal exige. Que fera l'Eglise ? Certes, elle ne demanderait pas mieux que de voir les chrétiens d'aujourd'hui, à l'exemple de ceux des premiers siècles, acquitter leurs dettes envers Dieu, avec leur propre fond, avec leurs œuvres, leurs pénitences personnelles ; mais dites aux chrétiens de notre temps de prendre le cilice, de coucher sur la dure, de se mettre au pain et à l'eau, et, criminels publics, d'implorer les suffrages des justes aux portes des églises !

Quand tous les citoyens sont dans l'abondance, il n'y a pas lieu d'ouvrir le trésor public ; mais nous sommes en pleine famine ; l'indigence est extrême, en toutes choses, surtout en œuvres expiatoires ; et, pour comble, on ne peut en proposer aucune, pas même un simulacre de jeûne.

Il y a donc toute nécessité, toute raison, toute bonté pour l'Eglise, de suppléer avec son fonds de réserve sainte, en ne demandant du malade que ce qu'il peut donner, c'est-à-dire qu'il se laisse faire. C'est pourquoi contrainte, gémissante, l'Eglise, pour amener les pécheurs à résipiscence, leur présente l'appât d'une récompense disproportionnée, magnifique, en retour d'une œuvre facile, d'une simple démarche, d'une courte prière. Il serait insensé de ne pas donner un centime pour avoir une pièce d'or ; il devrait mourir de faim, en vérité, celui qui refuserait de travailler une heure, cette heure étant récompensée comme la journée entière. Sans besoin pressant, n'achète-t-on pas à cause du bon marché ? Ne va-t-on pas dans les villes et dans les maisons qui donnent à bon compte ? Quel est le commerçant intelligent et sage, qui ne s'ingénie pas à diminuer ses prix, afin de vendre plus souvent, d'arriver à une somme d'affaires plus considérable, et par conséquent d'augmenter ses bénéfices ?

Dans son cœur de mère l'Eglise a dit : Les pécheurs, pour jouir d'incomparables avantages, accompliront sincèrement mes prescriptions légères, et par conséquent, ils rentreront en eux-mêmes, ils se repentiront de leurs fautes devant Dieu, ils se pénètreront du danger où ils se trouvent de leur perte éternelle, et ils sortiront de leur misère. « Que tardons-nous ? Pourquoi ne rien faire ? On donne du blé à bon marché en Egypte ; allons en acheter pour vivre, et ne mourons pas de faim, » (Gen. XLII, 2.)

Voilà ce que fait l'Eglise, ce qu'elle est réduite à faire dans notre malheureux siècle ; et c'est la seule manière possible et efficace de soigner, de guérir son grand malade. Quand elle applique cet unique remède, le monde se moque d'elle et la colomnie, et des catholiques la censurent amèrement ; mais le divin Maître lui rend justice ; il approuve Madeleine versant le parfum de grand prix sur les pieds du Sauveur, sur les membres de son corps mystique, et déclare que son action est bonne, qu'elle est préférable à ce que tous les censeurs pourraient proposer dans leur étroite sagesse.

Les rois et les grands de la terre, en certaines circonstances, par exemple à leur avènement, à leur couronnement, à l'occasion d'une victoire, d'un mariage, d'un anniversaire, accordent plus volontiers des grâces, et d'eux-mêmes répandent plus généreusement les bienfaits, — commutations et remises de peines, largesses, titres honorifiques, — ce qu'ils ne font pas les autres jours. A plus forte raison, aux fêtes de Notre-Dame de Chastres, qui rappellent les mérites suréminents de la Vierge et qui émeuvent tous les cœurs, l'Eglise fait à sa manière largesse aux pieux enfants de Marie, et marque ces saints jours par la profusion des grâces.

Nous croyons répondre au vœu des pèlerins en leur signalant certaines indulgences qu'ils peuvent gagner partout facilement, et par conséquent chaque fois qu'ils visitent le sanctuaire :

1º La prière de saint Bernard : « Souvenez-vous, ô très pieuse Vierge Marie, etc. » Indulgence de 300 jours chaque fois qu'on récite dévotement cette prière ; indulgence plénière, une fois chaque mois, quand on la récite au moins une fois chaque jour pendant le mois, aux conditions ordinaires de l'indulgence plénière, savoir : la confession, la communion, une prière pour le Souverain Pontife dans une église ou un oratoire public.

2º Les *Litanies de la Sainte Vierge* : 300 jours d'indulgence chaque fois ; plénière aux fêtes de l'Immaculée-Conception, la Nativité, l'Annonciation, la Purification et l'Assomption, aux conditions de l'indulgence plénière, comme ci-dessus.

3º *Salve, Regina* : 100 jours une fois chaque jour ; sept ans et sept quarantaines chaque dimanche ; indulgence plénière : deux fois par mois, en deux dimanches, au choix, chaque fête de la Bienheureuse Vierge et le jour de Toussaint ; à l'heure de la mort ; aux conditions que nous avons dites.

4º Le *Magnificat* : 100 jours d'indulgence une fois chaque jour ; sept ans et sept quarantaines chaque samedi.

5º *Ave, Maris stella* : 300 jours, une fois chaque jour.

6º *Stabat Mater dolorosa* : 100 jours chaque fois.

7º Monseigneur l'Evêque de Tulle, sur la demande de M. le Curé actuel de Bar, a accordé quarante jours d'indulgence à quiconque invoque pieusement Notre-Dame de Chastres en disant : « Notre-Dame de Chastres, priez pour nous ! »

M. M. Gorse, curé de Bar (1884-1897), profita de son pèlerinage à Rome pour obtenir d'autres faveurs. On lit dans la *Semaine religieuse de Tulle* (année 1888, p. 552) :

« Pour encourager la dévotion des pèlerins et contribuer de plus en plus à la gloire de Notre-Dame de Chastres, M. le Curé de Bar a pu obtenir du Saint-Père et rapporter de son pèlerinage de Rome de précieuses faveurs d'indulgences :

« 1º Une indulgence plénière à gagner ce jour de 8 septembre ;

« 2º Une indulgence de cent jours à gagner, *positis ponendis*, pour toute prière récitée pieusement dans le sanctuaire de N.-D. de Chastres.

« Bar, le 29 août 1888.

« M. GORSE, p<sup>re</sup>, *doct. en théol.* »

Cette concession, dont nous n'avons pu retrouver le titre, était à coup sûr temporaire, et actuellement elle doit être périmée. C'est pourquoi M. le Curé actuel de Bar, en présence du concours toujours croissant des pèlerins, a adressé au Souverain Pontife la supplique suivante :

*A Notre Très Saint Père le Pape Léon XIII*
*glorieusement régnant.*

« TRÈS SAINT PÈRE,

« Prosterné aux pieds de Votre Sainteté, Pierre Roche, curé de Bar et de Notre-Dame de Chastres, au diocèse de Tulle, en France, supplie très humblement le Vicaire de Jésus-Christ, d'ouvrir le trésor des indulgences en faveur des nombreux pèlerins de Notre-Dame de Chastres.

« Le concours des fidèles dans ce sanctuaire le lundi de Pâque, le lundi de Pentecôte, en la fête de l'Assomption et surtout de la Nativité de la Bienheureuse Vierge, atteint parfois le nombre de trois mille personnes.

« Le suppliant implore avec instance le bienfait de l'indulgence plénière pour tout fidèle qui, confessé, communié, accomplit le pèlerinage de Chastres : 1° le lundi ou le mardi de Pâques; 2° le lundi ou mardi de Pentecôte: 3° un des jours de l'Octave de l'Assomption ; 4° un des huit jours de la retraite préparatoire à la fête du 8 septembre, ou l'un des huit jours de l'octave de cette fête.

« Motifs :

« 1° L'antiquité du sanctuaire qui, d'après la tradition, remonte jusqu'à l'évangélisation de la Gaule;

« 2° Les faveurs sans nombre et de tout ordre que la Bienheureuse Vierge ne cesse de prodiguer à Chastres ;

« 3° La fidélité et le courage de cette paroisse qui, pendant la tourmente révolutionnaire de la fin du dernier siècle, défendit son église contre les brigands étrangers, conserva ostensiblement son vénérable pasteur et l'honora par des dignités civiles, au moment où partout ailleurs le prêtre proscrit était jeté en prison ou en exil;

« 4° La piété et l'union des familles qui sont toutes sous la protection spéciale de Notre-Dame de Chastres. Si la faveur sollicitée est accordée, elle sera le principe et la cause du retour à l'union première, si exemplaire, de cette antique paroisse que depuis quelques années le transfert de l'église paroissiale a troublée et divisée.

« P. Roche,

« Curé de la paroisse du Sacré-Cœur de Bar<br>
« et de Notre-Dame de Chastres.

« Bar, le 23 janvier 1901, en la fête des Fiançailles<br>
de la Bienheureuse Vierge. »

Le Souverain Pontife a daigné agréer cette supplique et répondre par le bref suivant :

## LEO PP. XIII

Universis X̃tĩ fidelibus p͡tes Litteras inspecturis Salutem et A͡plicam B͡nem.

Ad augendam fidelium religionem et animarum salutem cœlestibus Ecc͡liæ thesauris pia caritate intenti omnibus utriusque sexus X̃tĩ fidelibus vere pœniten. et confessis ac S. Communione refectis, qui Sanctuarium B. M. V. loci vulgo « de Chastres » Dⁱˢ Tutelensis feria secunda aut feria tertia post Pascha, feria secunda aut tertia post Pentecostes ab ortu, diebus festis Assumptionis B. M. V. ac Nativitatis vel uno ex septem diebus immediate respective præcedentibus vel subsequentibus a primis vesperis ad occasum solis dierum humodi quotannis devote visitaverint, ibique pro X̃tianorum Principum concordia, hæresum extirpatione, peccatorum conversione ac S. Matris Ecc͡liæ exaltatione pias ad Deum preces effuderint, quo die p͡torum id egerint, plenariam omnium peccatorum suorum indulgentiam et remissionem, quam etiam animabus X̃tifidelium, quæ Deo in caritate conjunctæ ab hac luce migraverint per modum suffragii applicare possint misericorditer in D͡no concedimus. P͡tibus ad septennium valituris. Datum Romæ apud S. Petrum sub Annulo Piscatoris die xxvii Februarii MDCCCCI Pontificatus Nostri Anno Vigesimo Tertio.

Pro Dⁿᵒ Card. Macchi :

(Place du sceau.) Visum :

J. Graffeuil, *v, g.*      N. sub. Marini.

## LÉON XIII PAPE.

A tous les fidèles du Christ qui les présentes Lettres verront, Salut et Bénédiction Apostolique.

Pour l'accroissement de la religion des fidèles du Christ, pour le salut des âmes considérant, dans les sentiments de la charité, les trésors célestes de l'église : à tous les fidèles du Christ, de l'un et de l'autre sexe, vraiment repentants, confessés, et réconfortés par la sainte communion, qui visiteront pieusement le sanctuaire de la B. V. M. vulgairement appelé de Chastres, au diocèse de Tulle, le lundi ou le mardi de Pâques, le lundi ou le mardi de Pentecôte dès le lever du soleil, les jours des fêtes de l'Assomption et de la Nativité de la B. V. M., ou l'un des sept jours qui précèdent ou qui suivent immédiatement chacune de ces fêtes, à partir des premières vêpres jusqu'au coucher du soleil de ces jours, chaque année ; et là, pour la concorde des Princes chrétiens, pour l'extirpation des hérésies, pour la conversion des pécheurs et pour l'exaltation de notre Sainte Mère l'Eglise, adresseront à Dieu de ferventes prières, celui des jours précités où ils rempliront ces conditions, indulgence plénière et rémission de tous leurs péchés ; et cette indulgence peut être appliquée, par manière de suffrage, aux âmes des fidèles du Christ qui unies à Dieu par la charité, ont émigré de ce monde : c'est ce que nous accordons dans la miséricorde de Dieu. A valoir pour sept ans. Donné à Rome près de S. Pierre sous l'Anneau du Pêcheur le 27 février 1901, de Notre Pontificat la Vingt-troisième Année.

Pour M. le card. MACCHI

N. sub. MARINI

(Place du sceau)   Vu :

J. GRAFFEUIL, *v. g.*

Il résulte de ce bref, qui sera fidèlement renouvelé tous les sept ans, et qui est plus étendu que la supplique, que tout fidèle, aux conditions ordinaires, peut gagner une indulgence plénière à Chastres :

1º Le lundi ou le mardi de Pâques ;

2º Le lundi ou le mardi de Pentecôte ;

3º Le jour de l'Assomption et de la **Nativité de la B. V. M.** ;

4º L'un des huit jours qui précèdent et l'un des huit jours qui suivent la fête de l'Assomption ;

5º L'un des huit jours qui précèdent et l'un des huit jours qui suivent la fête de la Nativité.

Faveurs insignes que le monde méprisera, selon son habitude, car les vils animaux, dit l'Evangile, ne font aucun cas des perles précieuses (S. Matth. VII, 6)! Mais les pèlerins de Chastres seront heureux d'en faire leur profit ; ils les recueilleront avec empressement et reconnaissance. Nous avons tous devant Dieu une dette personnelle ; les pauvres âmes du purgatoire aussi sont débitrices, et seuls nous pouvons leur venir en aide : prions, sous les auspices de Notre-Dame de Chastres ; mettons notre cœur dans toute la pureté des sentiments et des dispositions chrétiennes ; et Dieu, faisant part aux uns et aux autres des mérites infinis de son divin Fils, remettra à ces âmes souffrantes, nous remettra à nous-mêmes la plénitude de la dette, quelque indignes serviteurs que nous soyons ; serve nequam, omne debitum dimisi tibi quoniam rogasti me. (S. Matth. XVIII, 32.)

A cause des dispositions parfaites qu'elle exige, nous ne pouvons guère nous flatter d'obtenir une amnistie complète ; mais nous diminuons du moins considérablement notre dette, et c'est là un bienfait inappréciable. Pèlerins de Chastres, écoutez donc l'Eglise, écoutez votre Dieu, écoutez Notre-Dame qui vous disent : « Vous devez cent barils d'huile au divin Maître ? eh bien, prenez votre billet ; asseyez-vous, et, dans ce sanctuaire, au lieu de cent, souscrivez cinquante. Et vous, vous devez cent mesures de froment ? prenez votre billet, et faites-en un autre de quatre-vingts seulement. » (S. Luc. XVI, 5, 6, 7.)

En diminuant votre dette personnelle, vous diminuez d'autant la dette publique de la société chrétienne : car, de même que nous avons un trésor spirituel commun, la communion des saints, dans lequel l'Eglise vient de puiser si généreusement en notre faveur, de même nous avons une dette commune, à l'égard de laquelle nous sommes, dans une certaine mesure, solidaires devant Dieu. En considération des justes, Dieu épargne la société coupable ; à cause des pécheurs, la société entière est frappée. A l'heure présente, comme à la veille d'une catastrophe imminente, l'Eglise, en multipliant les grâces, en répandant le parfum sur le corps social chrétien qui est le corps mystique du Christ, s'efforce d'éloigner, au moins d'adoucir les coups de la souveraine justice. Pieux pèlerins, venez à Chastres ; profitez des trésors spirituels que le Souverain Pontife met si libéralement à votre disposition : vous ferez acte de patriotes, acte de Français en même temps que de chrétiens.

## EPILOGUE

« Nous entendîmes les premiers coups de foudre sur les côtes de la Croatie. A trois heures on plia les voiles et l'on suspendit une petite lumière dans la chambre du capitaine devant une image de la Sainte Vierge. J'ai fait remarquer ailleurs combien il est touchant ce culte qui soumet l'empire des mers à une faible femme. Des marins à terre peuvent devenir des esprits forts comme tout le monde, mais ce qui déconcerte la sagesse humaine ce sont les périls : l'homme dans ce moment devient religieux et le flambeau de la philosophie le rassure moins au milieu de la tempête que la lampe allumée devant la madone » (1).

Mon opuscule est achevé. Que n'ai-je pu élever à l'honneur de Notre-Dame de Chastres un monument, ce monument plus durable que l'airain, dont parle le poète (2)! Mais il aurait fallu le génie pieux d'un saint Anselme et l'ardent amour d'un saint Bernard ; encore si j'avais eu la plume enchantée de Lasserre ! L'indulgente Vierge ne détourne pas son regard du plus humble des hommages qui monte d'un cœur sincère ; elle prête l'oreille à la plus faible des voix ; elle comprend l'idiome du laboureur, de l'humble femme et du pauvre pâtre des champs, aussi bien que le docte langage des savants. Quelque insuffisant et médiocre que soit mon petit livre, je l'ai écrit avec respect et timidité, parce qu'il m'était douloureux le devoir de contredire ceux qui ont écrit sans étude et même ceux qui ont trop écouté la passion ; je l'ai écrit avec respect et tremblement, parce qu'il me semblait que je recueillais dans le sanctuaire de la tradition, des paroles sacrées ; je l'ai écrit avec la tendresse filiale de l'enfant qui parle de sa mère, de la plus parfaite des mères qu'il ne connaît que par son cœur et par la louange publique. Oserai-je l'ajouter ?

(1) CHATEAUBRIAND, *Itinéraire*, 36.

(2)        Exegi monumentum ære perennius.

(HORACE, Odes, l. III, xxx.)

Une voix intérieure me dit que je l'ai écrit avec l'acquiescement de Notre-Dame. Heureux d'avoir pu le conduire à bonne fin, j'ose le suspendre aux pieds de la Madone, faible lampe qui veillera auprès de la sainte effigie, humble hommage de ma piété filiale et de la piété de mes proches ; car, les premiers, ils ont aimé, ils m'ont appris à connaître et à aimer Notre-Dame de Chastres. Ils conservèrent intacte la foi de leur baptême, ils firent de la bonté la loi de leur vie : que la miséricorde divine efface les éclaboussures qui ont pu les atteindre des contagions de ce monde, et qu'un jour, nous soyons réunis dans la lumière et la paix au séjour des âmes qui n'est autre que Dieu même ! C'est la prière silencieuse et perpétuelle de mon petit livre à vos pieds, ô Notre-Dame de Chastres !

Mais ce premier essai d'histoire sur notre cher pèlerinage, est aussi l'œuvre de mes compatriotes : ils ont dicté ; j'ai écrit. Ensemble nous le déposons dans le sanctuaire, comme gage de la piété paroissiale, de notre reconnaissance et de notre amour, comme notre lampe d'alarme et de prière durant la tempête.

Cette vallée de Chastres, domaine de Notre-Dame, cette paroisse de Bar autrefois tranquille comme un port bien abrité, subit, depuis quelques années, le contre-coup des tempêtes qui agitent la haute mer de la société chrétienne. L'implacable ennemi de Dieu et de la Vierge, durant la crise lamentable des derniers jours du dix-huitième siècle, alors que le puits de l'abîme était ouvert sur la France, ne put installer sa tyrannie sacrilège dans cette paroisse courageuse et invinciblement fidèle ; il ne put même y recruter un adepte : aujourd'hui, avec la peste des journaux, il inocule le poison dans les familles, dans les âmes qui ne s'étaient nourries jusqu'à ce jour que de la moelle de l'Evangile. Dieu, l'Eglise, le prêtre, le pasteur autrefois conseiller, confident, ami intime de chaque famille : à Bar comme ailleurs, tout est mis en question ; il y a défiance ; on se demande si l'on ne voit pas poindre la haine. Pour comble à tous ces maux, l'église paroissiale est moins fréquentée, sous ce prétexte pour plusieurs qu'elle n'est pas l'église séculaire où ils ont prié, à côté de leurs pères, auprès de la tombe de leurs aïeux.

O Notre-Dame de Chastres, Bar est votre Court, votre camp et votre famille de choix : dans le péril où sont vos enfants, montrez que vous êtes leur Mère. Les formes mêmes de votre sanctuaire, parlant à la fois à leurs yeux et à leurs cœurs, leur ont toujours rappelé que vous les gardez sous vos bras maternels, comme la poule abrite ses petits sous ses ailes : que votre manteau soit pour eux une cuirasse et votre main un bouclier ; car vous n'êtes pas seulement aimante, vous êtes toute-puissante. Lorsque chaque dimanche, du sommet où s'épanouit leur nouvelle église, ils se tournent vers votre chapelle, pour vous adresser leur hommage, à l'exemple de vos sujets du ciel en vous disant avec l'Archange : *Ave, Maria*, ô Notre-Dame, parlez à leurs cœurs !... Vous avez renouvelé votre sanctuaire, renouvelez cette paroisse que vous aimez encore davantage. On a dit peut-être ici : Notre-Dame de Chastres, avant de pouvoir dire : Notre-Dame de France. Vous avez eu ici peut-être un sanctuaire, une Court, une Armée, un Camp, une Ville, avant d'avoir votre Cour de France, votre armée de France, votre nation Franque, votre oratoire et votre cité de Reims ; vous aviez peut-être ici adopté nos pères avant d'adopter les Francs de S. Remi et de Clovis; vous étiez peut-être Reine de Chastres, avant d'être Reine de France; on disait peut-être ici la vallée de Marie avant qu'on pût dire de la France : le Royaume de Marie. Notre petit livre devrait être un écrin d'or et de pierreries, et il est à peine le réduit sauvage et grossier du rocher qui servit d'asile à votre antique image; cependant il est tout plein de vous. Parce que vous le pouvez, ô Notre-Dame de Chastres, vous en ferez jaillir une lumière mystérieuse et bienfaisante; et, comme autrefois à la grotte, attirés à vos pieds et aux pieds de Jésus par votre charme souverain, vos enfants de Bar retrouveront le bonheur dans la charité et dans la pratique de l'Evangile. C'est la prière que notre petit livre balbutie devant vous, nuit et jour, ô Notre-Dame !

Hélas ! cette tempête locale n'est qu'une épave de l'effroyable ouragan qui sévit sur la France depuis plus d'un siècle !

De la brousse non plus de Saint-Augustin, de Beaumont et d'Orliac, mais de la bohème, de la basoche, de la caserne, des comptoirs de l'agiotage véreux est sortie une nuée de malfaiteurs. Ce n'est pas sur le château et l'église de Bar et l'oratoire de Chastres qu'ils se sont abattus, c'est sur l'Eglise de France, sur la France très chrétienne. Usurpateurs de tous les pouvoirs, maîtres de toutes les forces vives du pays, ils blasphèment, ils pervertissent, ils persécutent, ils détruisent au nom de la France stupéfaite et ligottée. Avec sa voix, avec sa plume, avec son bras, ils l'outragent, ils lui font accomplir toutes les iniquités, toutes les indignités qu'elle réprouve, qu'elle rejette avec horreur, qui l'humilient et la perdent.

Cependant une puissance occulte semble enrayer leurs

efforts : ils ont beau supprimer Dieu dans les écoles de la France, dans les tribunaux de la France, dans les armées de la France, dans les assemblées de la France ; ils ont beau réduire la religion à la condition d'un simple détail de la vie privée, toléré mais funeste, ils ne trouvent que de faibles échos ; une France invisible leur résiste avec sa foi, sa religion, ses institutions séculaires ; ils ne réussissent pas à fonder la France de leurs rêves, leur France sans dogmes, sans morale, apostate, impie comme eux, une France à rebours de la nature de la France.

Quelle est la raison de cet échec, de cette réprobation universelle qui croît en proportion de leurs progrès apparents ? La raison ? Aux yeux de tous, ces hommes ne sont pas la France, ne représentent pas la France ; pas plus que les brigands des Monédières n'étaient les paisibles et religieux habitants de Bar et ne les représentaient. Ils ne sont que des passants, des maîtres de hasard, de surprise et de coup de main. Ils en sont convaincus, car ils se hâtent d'accomplir leur affreuse besogne ! Exécuteurs violents et inconscients de quelque châtiment providentiel, ils passeront avec la rapidité des exterminateurs et de la foudre vengeresse, et ils seront punis à la fin pour les crimes qu'ils auront multipliés.

Ils ne sont pas la France ! Par conséquent la Vierge de la France les répudie. Ce n'est pas avec une fausse France qu'elle a fait alliance, il y a quatorze siècles ; ce n'est pas avec des ministres parlementaires, avec des députés du suffrage universel ; c'est avec son roi, avec son pontife, son armée, son peuple tout entier ; c'est avec chaque Franc présent et signant au contrat, avec toute la nation, tous ses chefs, depuis le plus humble jusqu'au souverain, qu'elle a fait alliance ; c'est chaque Franc en personne qu'elle a pris sous sa protection, avec chacun qu'elle a fait un pacte éternel.

Il serait impie de dire que cette alliance, ce mariage mystique du peuple franc avec la Vierge, œuvre de Dieu, n'a pas les caractères de l'œuvre de Dieu, du mariage institué par Dieu : l'unité, la perpétuité, l'indissolubilité ; et que ce mariage, comme une sorte de sacrement, n'est pas accompagné de cette grâce d'état qui s'étend à toute la durée et n'est autre chose que la vertu de fidélité perpétuelle et de dévouement incessant, déposée au cœur de la France.

La France, après plus de quinze siècles, peut se dire comme au premier jour, « pure de toute hérésie... gardant la piété... » (1). Tous les assauts dans le passé ont été impuissants ; ils sont encore à l'heure actuelle impuissants, quoique violents comme ils ne l'ont jamais été. Le protestantisme, enhardi par la complicité des pouvoirs, est devenu audacieux ; de toute part, avec des cris de joie, il monte à l'assaut de la France catholique : applaudi par beaucoup parce qu'il est l'ennemi, il ne fait point de prosélytes ; au contraire, il rend l'incompatibilité plus profonde et plus évidente : croyants et incroyants s'accordent, en effet, pour proclamer que le caractère français est réfractaire à cette hérésie pourtant si accommodante.

La raison en est que la France a le culte de la Vierge, sa souveraine, dont le pied écrase toutes les hérésies, et qu'à aucun prix elle n'entend l'abdiquer. Le protestantisme, au contraire, semble concentrer toute son hostilité contre le culte de la Sainte Vierge, plutôt que contre nos dogmes.

_______

(1) Début de la loi salique. (GABOURD, *Hist. de France*, II, 249.)

Ce n'est donc pas des simples accidents et des formes, mais des principes et de l'essence même des choses que naît l'antagonisme irréductible de la France et du protestantisme.

Phénomène significatif ! Lorsque toutes les religions, confondues dans une promiscuité anti-rationnelle, sont déclarées également bonnes ou mauvaises, le culte, la religion de la Vierge fait exception ; il reste populaire et je ne sais si jamais il fut plus répandu. Ceux qui ne vont pas à l'église se rendent à l'oratoire ; ceux qui ne prient plus invoquent encore la Vierge ; s'il y a des démonstrations religieuses publiques et nationales, c'est presque toujours aux sanctuaires de la Vierge : Lourdes, La Salette, Pontmain et tant d'autres sanctuaires, chaque année le Mois de Marie : quelles preuves éclatantes de l'amour de la France pour Marie ! Là est notre espérance ; car notre salut repose dans l'amour réciproque de la France et de la très sainte Vierge, sa patronne et sa reine. On a dit que si l'Enfant prodigue avait eu une mère, il n'aurait pu quitter la maison paternelle.

La France atteste sa fidélité au pacte originel ; la Bienheureuse Vierge à son tour manifeste avec éclat son tendre attachement pour la France. Non, aucun temps ne fut plus fertile en miracles ; jamais par plus d'effets la Vierge ne montra son pouvoir : quatre apparitions suivies de prodiges sans nombre, dans notre temps ; sans parler des grâces merveilleuses répandues par elle dans chaque diocèse, dans chaque paroisse, chaque foyer, attestent magnifiquement que la Vierge, comme le Christ, aime toujours les Francs.

O Notre-Dame de Chastres, Dame de France, prêtez l'oreille à la voix de mon petit livre, qui est une des voix de la France : il y a grand'pitié au royaume de France ! Le peuple que vous aimez est bien malade ; venez avant qu'il ne meure. Confondez l'orgueilleuse Babel qui se dresse contre le ciel. Chassez les brigands qui se sont approprié la vigne, qui la saccagent, qui maltraitent, étouffent les serviteurs fidèles, se révoltent contre le Maître pour le chasser de son domaine (S. Marc, xii), et la France, renouant ses saintes traditions, rédeviendra

L'Auxiliaire de l'Eglise,

Le Sergent du Christ,

Le Missionnaire de l'Evangile,

et tous les peuples reconnaîtront que c'est par le bras et le cœur de la France que Dieu accomplit ses grands desseins en ce monde : *Gesta Dei per Francos !*

NOTRE-DAME DE CHASTRES, PRIEZ POUR NOUS !

L. J. C.

# ERRATA

—

Page  46, ligne 26,     *au lieu de* : faisaient, *lire* : faisant.
— 110, — dernière,     —  1789,     — 1799.
— 130, — première,    —  1802,     — 1801.
— 146, — av.-dernière, —  Desplasses, — Desplasse.
— 204, — 11,      —  Gibelin,    — Gebelin.
— 206, — 28,      —  asservantum,— asservatum.

# TABLE DES MATIÈRES

## CHAPITRE Ier

### CHASTRES ET LA COURT



## CHAPITRE II

### PREMIÈRE RESTAURATION DU CULTE — PÈLERINAGE



## CHAPITRE III

### L'ÉPOQUE DE LA DÉCOUVERTE DE LA STATUE

## CHAPITRE IV

### SECONDE RUINE DE CHASTRES



## CHAPITRE V

### SECONDE RESTAURATION OU CHAPELLE MAS



## CHAPITRE VI

### LA STATUE DE NOTRE-DAME DE CHASTRES



## CHAPITRE VII

### LES FÊTES DE NOTRE-DAME DE CHASTRES

# CHAPITRE VIII

### USAGES ET COUTUMES DE CHASTRES



# CHAPITRE IX

### NOTRE-DAME DE CHASTRES TOUTE-PUISSANCE SUPPLIANTE



# CHAPITRE X

### PRIVILÈGES DES PÈLERINS DE CHASTRES



M

Tulle, imprimerie J. Mazeyrie.